자녀교육, 이 한권으로 충분하다

독이 되는 부모 약이 되는 부모

우리교육의 참상

곽영승·유윤상 저

서문

누구든 내 아이가 공부를 잘하고, 인생에서 성공하기를 바랍니다. 그런 소망은 노력해야 이루어집니다. 많은 부모님들이 자녀의 성공을 간절히 원하면서도 노력은 부족합니다. 자신은 노력하지 않으면서 아이만 닦달하기도 합니다. 후회와 반성 없이 세상을 사는 사람은 없을 겁니다. 노을 속을 걸어갈 때쯤이면 더 많은 회한이 밀려듭니다. 부모로서 서툴렀던 아쉬움이 남습니다. 아이들에게 "공부하라"고 잔소리하면서 정작 '부모공부'는 하지 못했습니다. 아니 부모역할도 공부해야 잘 하는 것인지도 모른 채 아이들을 키웠습니다.

이 책은 자녀와 부모사이에 벌어지는 갈등과 성공에 관한 글입니다. 이 책에 나온 사례들은 대치동 등에서 30년 넘게 영어학원을 운영해온 유윤상 선생이 체험한 것입니다. 저는 그의 오랜 친구로 이따금 그를 만날 때 이 책에 소개한 충격적인 이야기를 들었습니다. 물론 가슴 울리는 감동적인 이야기도 있습니다. 이 이야기들은 우리나라의 교육 실상, 학부모와 아이들의 고민과 고통의 현장을 적나라하게 전하고 있습니다. 저는 부모님들에게 도움이 되고자 사례별로 전문가들의 해결책과 대안을 제시했습니다. 저는 사교육을 권장하지 않습니다. 진정한 공부는 스스로 생각하며 혼자 하는 공부이기 때문입니다.

어떤 학생은 자신이 원하는 대학에 철썩 붙는데 어떤 학생은 3~4수를 해도 떨어집니다. 왜 그럴까요? 핵심은 부모님의 양육 훈육 교육의 차이 때문입니다.

인생에서 성공과 실패를 좌우하는 여러 가지 요인이 있습니다. 1. 어릴 때 체득한 부모의 가정교육 2. 본인의 노력 결단력 자제력 3. 시대적 상황이나 사회적 환경 등입니다. 이런 요인들 중 자신이 좌우할 수 있는 것들과 없는 것들이 있습니다. 2. 노력 결단력 자제력은 자신이 좌우할 수 있으나 나머지 1과 3은 나의 의지와는 무관합니다.

1, 2, 3이 모두 맞아떨어지는 사람은 반드시 성공가도를 달립니다. '그 사람은 운이 좋다.'는 말을 할 때 운이 좋다는 것은 바로 1, 2, 3이 교집합을 이루는 것을 말합니다. 즉 내가 좌우할 수 있는 2와 나의 노력과는 무관한 1과 3이 합치될 때 성공합니다. 누구는 줄기차게 노력하는데도 성공하지 못하고 누구는 쉽게 성공합니다. 그것은 바로 1과 3의 도움이 있었기 때문입니다.

그러면 우리 아이들, 학생들의 경우는 어떨까요? 학교성적이나 대학입시의 합격, 불합격을 좌우하는 것은 1(부모의 가정교육)과 2(본인의 노력 결단력 자제력)입니다. 대입시를 앞둔 학생의 경우 3은 대입제도나 당시의 경쟁풍토 같은 것들인데 이것은 당락에는 크게 영향이 없습니다.

1과 2중에 학생 본인이 좌우할 수 있는 것은 2인데 2는 사람마다 다릅니다. 왜 다를까요? 부모로부터 물려받은 유전자와 부모의 양육 훈육 교육이 다르기 때문입니다.

결국은 2도 학생 자신보다는 부모가 좌우한다고 할 수 있습니다. 그렇다면 아이의 대입시 성공여부는 부모의 노력(1+2)과 시대적 상황(3)에 따라 갈리는데 시대상황은 큰 영향이 없으니 부모의 노력 즉 어릴 때 가정교육, 밥상머리교육과 아이의 노력 결단력 자제력을 길러주는 부모의 훈육 교육이 아이의 대입시를 좌우한다고 볼 수 있습니다. 훈육과 교육의 핵심은 부모가 행동으로 보여주는 모범입니다.

그렇다면 결론은 단 하나, 부모의 모범이 아이의 성적과 인생의 성패(成敗)를 좌우하는 핵심요인입니다. 아이는 부모의 말을 듣고 따라하는 것이 아니라 행동을 보고 배웁니다. 그러나 이 간단한 원칙과 원리, 즉 밥상머리교육과 모범이 사실은 너무나 힘겹고 어렵습니다. 쉽다면 모든 부모의 아이들이 자신이 원하는 대학에 척척 붙고 인생에서 당당하게 성공할 것입니다. 자녀교육보다 어려운 게 있던가요? 세상에서 제일 어려운 것이 자식농사입니다. 그것은 우선 부모부터 '진정한 어른'이 되어야하기 때문입니다.

이 책은 부모의 훈육 교육에 따라 자녀가 어떻게 성장하고, 대학입시의 당락이 어떻게 갈리는지, 사회에서 어떻게 살아가는지를 보여줍니다. 부모의 과도한 교육열이나 방임이 낳은 처참한 결과들, 게임중독으로 인한 참상, 전학의 역기능과 선행학습의 폐해 등 여러 가지 사례를 소개하고 세계적인 석학과 전문가들이 수행한 연구결과로 대안을 제시했습니다. 또 어려운 가운데 자녀를 잘 키워낸 부모님들의 모범적인 사례들도 소개했습니다.

독서를 많이 한 학생은 성적이 저조하더라도 마음만 먹으면 금방 실력이 좋아집니다. 이 책은 무엇보다도 독서의 중요성을 강조하고 있습니다. 독서가 중요한 것은 우리가 단어로 생각하기 때문입니다. 어휘력이 부족하면 생각도 좁아집니다. 아이들은 수많은 유혹에 노출돼 인내심과 자제력이 흔들립니다. 유혹을 극복하고 공부할 수 있는 힘은 강한 동기부여, 꿈에서 나옵니다. 동기부여 방안을 소개했습니다.

누구든 짧은 일생을 보람되고 가치 있게 살아가고자 합니다. 그 소망을 이루는 길은 어린 시절의 교육에서 출발합니다. 이 책의 부제는 '우리교육의 참상'입니다. 그 적나라한 참상을 이 책에서 아프게 느낄 수 있습니다. 이런 참상의 원인은 잘못된 교육제도와 경제·사회적 환경입니다. 환경과 제도는 역사적 정치적 결정의 산물입니다. 내 아이의 교육과 미래를 정치적 결정에만 맡길 수만은 없습니다. 가정에서부터 다시 시작해야 합니다.

서문 002

1부 부모의 강압 010

1장 의사부모 휴대전화로 20분마다 아이통제 014
/ 자율성결핍 놀이시간부족은 어떤 결과를 초래하는가? /
이럴 수가! 아이 감시위해 방마다 감사카메라 설치한 어머니 018
/ 아이는 오히려 어머니 속이고 학원 빠져
2장 강압에 의한 선행학습, 삶이 아니라 전투였다 025
/ 명문대교수 부모의 과도한 교육열, 잘못된 독서 /
3장 학원가기 싫어 장롱에 숨고 집에 가기 싫어 집주변 배회 033
/ 초교생이 1주에 6일 한번에 5시간씩 수학공부, 3수 시킨 엘리트부모 /
4장 부모는 교육에 무지한 거부(巨富), 아이는 학교 전전하는 문제아 043
/ 대화상대 없는 아이, 초교 때부터 강압교육으로 우울증 /
5장 부모의 한풀이로 1초도 자유 없는 사춘기 아이, 자해(自害) 052
/ S대 의대에 갈 모범생이 엇나가 재수, 전문대 입학 /
6장 아버지의 구타로 기면증까지 걸린 아이 062
/ 재벌급 부자 부모 자녀교육에 무지, 남들 따라하기만 /

2부 부모의 방치 072

7장 부모의 무관심, 3년을 돌고 돈 4수생 077
/ 아버지는 고교교사, 중산층 부모의 자녀교육 방치 /
8장 "공부를 왜 해요? 부모님 건물 물려받으면 되는데" 087
/ 의학박사부부 자녀교육방치, 꿈도 공부습관도 없어 전교 꼴찌 /
가난한 과일장사 부모의 남매 088
/ 부모 교육정보에 무지, 아이들 독서부족 공부습관 없어 /
9장 부유층과 권력층의 역설 096
/ 아버지는 검사 어머니는 의사, 아들은 심성 꼬이고 성적 낮아 /

10장 S대 출신 부모, 부부사이 나빠 자녀방치 107
/ 대입시스템 복잡, 부모가 재능 발굴 도와야 아이 성장 /

11장 애지중지 버릇없이 키운 아들, 필리핀 유학도 적응 못해 114
/ 아이는 학교 학원 과외 모두 실패, 게임 등 놀기만 /

12장 외할머니 손자양육의 문제점? 122
/ 부모는 부유한 대학교수, 아이는 자신감과 말이 없는 우울한 성격 /

3부 독서가 전부다 134

13장 독서로 역경을 극복하다 138
/ 힘들게 자매 키운 홀어머니, 학원 못 보내고 책벌레 딸과 독후토론 /

14장 어머니 구박으로 사춘기 아들 사고뭉치, 동기부여로 공부 150
/ 어린 시절 가족 모두 공부한 모습이 마지막 버팀목 돼 /

15장 속독의 폐해, 성적(成績) 초조감으로 기면증 걸려 158
/ 부모의 과잉기대, 과도한 선행학습 /

16장 부잣집 무남독녀 **3**수생, 고집강하고 교만 169
/ 목표만 크고 잘못된 독서습관, 두 번 전학 /

4부 게임중독 휴대전화에 빠진 아이들 176

17장 게임중독으로 인생망친 멘사(IQ **148**이상)회원들 178
/ 게임중독으로 **1**등급 과학고생 **4**명 집단퇴학, **1**명은 재수(再修) /

18장 게임과 휴대전화는 필요악인가? 190
/ 가난한 홀어머니 휴대전화 못 사줘, 정보도 친구도 없는 외톨이 /

5부 전학(轉學)과 재수(再修)는 잘해야 본전? 202

19장 자신감 상실하고 외톨이, 게임몰두에 실어증까지 206

/ 경기도 Y시에서 서울 강남으로 전학, 전교 **6**등이 **30**등 밖으로 /

20장 중**3**이 엄마와 떨어지려고 전학을! 외로움에 게임과 TV 시청뿐 213

/ 엄마가 **6**살부터 공부압박, D시에서 강남 전학한 여학생의 추락 /

21장 의지력은 쓸모없어, 재수생 **70**%는 성적 떨어져 220

/ 엄마강압으로 **6**살부터 학원 **10**곳 다녀, 사춘기 반항으로 재수 /

22장 **8**수생? 어쩌다 이렇게까지 됐을까? 229

/ 고집불통에 이기적, 부모는 명문대 출신의 고위공무원 /

23장 공부는 밑 빠진 독에 물 붓기, 막판에 넘치게 붓자 238

/ 모의수능이후 방심으로 **3**수, 뒤늦게 깨달아 S대 합격 /

6부 자녀의 성공을 선택한 부모들 244

24장 아이와 함께 공부 계획하고 도서관 다니며 독후토론 246

/ S대 입학, 교육왕도는 부모가 아이와 함께 하는 것 /

25장 아이는 초교입학 전까지 놀아, 인성교육에 역점 254

/ 부모는 중위권대 졸업, 어머니 적절한 교육으로 아이 Y대 입학 /

26장 열등생 딸 눈높이 교육으로 공인회계사 만들어 260

/ 평범한 중산층 부모, 딸과 함께 공부해 시너지효과 /

7부 수렁에서 탈출해 촛불을 든 아이들 266

27장 엘리트갑부 조부모, 된장녀 어머니, 망나니 **5**대 독자 270

/ 전교 꼴찌가 어머니 정성으로 미국 컴퓨터공학 박사 /

28장 엄마의 맞벌이가 모범생을 문제아로, 그러나 행복한 결말 277

/ 가출, 술, 담배에 찌든 여학생, 어릴 때 본 부모 성실함이 버팀목 돼 /

29장 동기유발로 미군전투기 조종사되다 286

/ 놀기만 하던 아이 미국에서 충격 받고 성공의 길로 /

30장 가난한 부모 이혼, 일진폭력배가 명문대생으로 294

/ 돈 없어 학원 못 가고 책도 못 사, 교과서 통째 외우며 학교공부 몰입 /

31장 도전과 끈기 302
/ 학생 스스로 골프유학-학교수업-영어로 노선변경, 노력해 성공 /

8부 도대체 공부는 왜 해야 하나? 306

32장 이럴 수가! 미국유학과 부모님 고생을 물거품 만든 형제 311
/ 도전의욕 창의성 부족한 형제 귀국 후 다시 대학 가려고 재수 /

8-1 공부하는 이유와 목적 320

8-2 공부를 잘하려면 326

8-3 4차 산업혁명시대의 교육 332

결문 338

부모의 잔소리
너무 애태우지 말자

인용서적 344

1부

부모의 강압

부모의 강압

우리나라 교육열은 세계적이다. 아이들의 공부시간은 세계에서 가장 길고, 대학생보다 초등학생의 공부시간이 더 많다.

이런 교육열은 학벌로 인한 차별과 입시제도가 원인이다. 소위 명문대를 졸업해야 좋은 직장에 취직할 가능성이 높아진다. 중소기업과 대기업간의 임금격차, 고졸과 대졸간의 사회적 차별 등 학력으로 인한 구별과 장벽이 너무나 심각하고 현실적이다. 어떤 부모인들 내 아이가 이런 장벽 앞에서 좌절하기를 바라겠는가? 엄마의 교육열은 당연하고도 자연스러운 생명현상이다. 그 이전에 학벌로 인한 사회적 차별을 없애야 하고 빈부격차를 고착, 심화시키고 있는 입시제도와 국가시스템을 총체적으로 개혁해야 한다.

과도한 교육열이 가라앉고 교육이 희망의 사다리가 되면 우리 아이들도 자신이 좋아하는 것에 몰입할 수 있는 행복한 청소년기를 보낼 것이다. 행복한 아이가 더 크게 성공하고 더 보람찬 삶을 살고 사회, 국가에도 더 크게 기여한다.

현 교육은 우리나라가 선진국으로 성장하는 데 필요한 창의성을 죽이고 있다. 아이들이 '생각 없는 지식과 정보출력의 로봇'이 돼가고 있

1부

다. 내신은 공부 잘하는 소수의 아이들을 위한 제도로 전락했고, 창의성을 함양하겠다며 도입한 학생부종합전형은 금수저 아이들만을 위한 전형으로 변질돼 부작용을 낳고 있다는 비판이 거세다. 가정교육 역시 이런 국가교육체제의 영향아래 잘못된 길을 가고 있다. 많은 부모들이 아이들을 달달 볶아대고 있다. 양육 훈육 교육이 아니라 아이들을 시들게 하는 '잔인한 사육'이라는 비난이 당연할 정도다.

창의력은 멍 때릴 때나 놀 때 직관에서 번뜩하고 나오는 것이다. 물론 그 밑바탕에는 훈련된 지적 역량, 과제를 남들과 협력해서 수행했던 경험, 견문과 다양한 체험 등이 있어야 한다. 앞으로는 창의력으로 먹고 살아야 하는데 여전히 주입식교육에서 벗어나지 못하니 아이들의 장래, 국가의 미래가 어둡다.

수많은 뇌 과학자들의 연구결과에 따르면 아이에 대한 부모의 과도한 간섭이나 방치는 성장기 뇌 발달에 악영향을 미친다. 1부에서는 부모의 과도한 억압의 실제 사례, 억압이 낳은 결과와 개선책을 전문가들의 연구를 통해 알아본다.

1장

의사부모 휴대전화로 20분마다 아이통제

자율성 결핍, 놀이시간 부족은 어떤 결과를 초래하는가?

한 어머니가 고등학교 1학년 학생과 함께 서울 강남구 대치동에 있는 '유윤상선생의 영어학원(학원)'으로 상담하러 왔다.
아버지는 명문 S대 의대 출신의 대형종합병원 의사, 어머니 역시 명문 Y대 전문의과정을 마치고 개업해서 병원장으로 일하고 있다. 아들이 둘, 상담하러 온 학생이 첫째고 둘째는 중3이다.
아들 둘 다 공부를 열심히 하고 있는데 100점이 안 나온다고 했다. 어머니는 "아들이 항상 한두 개를 틀려서 S대 의대를 가야하는데 걱정"이라고 했다. 중학교까지는 거의 전 과목에서 100점을 받았으나 고등학교에 들어와서 전 과목에서 5~6개 정도 틀린다고 했다.
성적은 학생들의 총체적인 생활의 결과물이다. 이 학생의 성적이 떨어진 것은 생활상의 문제점이 성적으로 드러난 것이었다. 가장 큰 원인은 어머니가 병원에서 오후 7시에 퇴근하다보니 두 아들을 제대로 돌볼 시간이 없었던 것. 어머니는 두 아들에게 수업시간을 제외하고 정확히 20분마다 1년 365일 문자를 보냈다. 어떻게 그럴 수 있을까? 상상불가다. 아들들이 자는 시간을 빼고는 무엇을 하는지, 어디를 가는지 항상 통제했다. 두 아들은 어머니의 사랑이 낳은 '아바타'였다.

큰 아들은 특목고를 갈 수 있었지만 기숙사 생활을 하기 때문에 통제가 불가능하다고 생각해서 안 보냈다고 했다. 유아 때부터 하루 일과의 시간표를 어머니가 일일이 다 짜주었기 때문에 아이들은 자유시간이 전혀 없었다.

시간표를 집에 두고 왔을 때는 어머니에게 전화해서 "지금은 무엇을 해야 하는 시간이에요?"라고 물어볼 정도였다. 유아 때부터 강제로 통제했으니 두 아들은 스스로 생각하고 판단하는 뇌의 기능이 제대로 성장하지 못했을 것이다. 두 아들은 친구들과 어울릴 시간도 뜻대로 갖질 못했다. 아이들은 인생을 살아가면서 꼭 필요한 많은 자원을 어린 시절 친구들과 놀면서 체득하게 되는데 이 어머니는 노는 시간을 단순한 시간낭비라고 잘못 생각한 것이다.

아들들에게 필요한 물품도 전부 어머니가 구입했다. 100% 수동적인 삶이었다. '펄펄 끓어야 할 10대'는 사라졌고 '왜곡된 모성' '과잉 모성' 앞에 부모님이 바라는 '참한 책둥이'만 있었다.

결국 고등학교에 들어가면서 문제가 터졌다. 큰 아들은 사춘기에 들어선 중3 때부터 어머니의 감시를 피할 수 있는 방법에 몰두하다 보니 공부에서 서서히 멀어졌다. 어머니는 필요한 경우를 제외하고는 현금도 전혀 주지 않았다. 현금카드로 주기 때문에 아들들이 어디에서 무엇을 사는지, PC방에 들어가는지 등 생활 일체를 알 수 있었다. 물론 PC방 출입을 금지시켜서 게임은 절대 할 수 없었다. 휴대전화도 게임이나 동영상은 볼 수 없도록 해놓았다. 아이들은 사춘기가 되면서 어머니의 '말씀'을 따르지 않고 엇나가기 시작했다.

수업시간에는 졸거나 자고 그 동안 대화할 친구가 없어서인지 옆 친구에게 계속 말을 붙여서 수업에 방해가 되곤 했다. 쇠창살에 갇혀야만 감옥이 아니다. 대화상대가 없는 것도 감옥이다. 이 아이들은 대화상대, 친구, 자유가 없는 투명감옥에서 살아온 것이다. 사춘기 전까지는 선행학습 등 공부양이 많았으나 잘해냈다. 이 학생에게는 수업시간이 유일한 자유 시간이었다. 모든 학원수업이 끝나고 집에 가도 밤 12시까지 오로지 공부만 해야 했다. 텔레비전은 명절 때만 볼 수 있었다. 당연히 정보가 없으니 학교에서 친구들과 세상 돌아가는 이야기도 함께 나눌 수 없었다. 친구들 사이에서 소외됐고 외로움을 느꼈다. 공부는 물론 학교생활 전반에서 위축됐다.

그러나 여러 분야의 책을 읽어 박식했다. 고집이 강하지 않아서 어머니 말씀을 잘 듣는 편이었지만 사춘기가 되면서 서서히 자신의 뜻을 펴기 시작한 것이다. 동생은 반대로 고집이 여간 아니었다. 동생 역시 형을 따라 학원에 나왔다.

이 형제들의 문제점은 공부에 있는 것이 아니라 어머니에게 있었기 때문에 풀기 어려웠다. 어머니가 자신의 훈육의 문제점을 깨우치고 바꿔야 하는데 그럴 수 있을 것 같지 않았다. 이런 상황에서 학생에게 갑자기 자유시간을 주면 완전히 무너질 수 있기 때문에 아주 조심스럽게 문제를 해결해야 한다. 학생의 독립심, 자율능력, 사고력, 판단력이 부족하기 때문에 최악의 경우 공부를 포기할 수도 있다.

어느 날 어머니에게 요청했다. "아이에게 자유시간을 좀 주시고 일정표도 스스로 짜도록 하시지요?" "엄마인 제가 누구보다도 내 아이를 잘 알기 때문에 그럴 생각이 없습니다." 아이는 자신의 공부계획을 스스로 짜거나 자신의 의견이 반영돼야 공부에 더 집중한다. 어머니는 이런 단순한 두뇌작동원리를 무시했다.

이 어머니는 아이의 시간만 잘 통제하면 모든 것이 제대로 될 것이라고 생각했다. 어머니는 자신의 아들이 현재 처해있는 상황을 몰랐다. 어떻게 해야 이 학생이 남아 있는 2년간의 고교생활을 큰 문제없이 잘 보낼 수 있을까?

고심 끝에 수업보다는 학생의 대화상대가 되고, 학생의 마음을 이해해주는 휴식처가 되고자했다. 학생과 서서히 가까워졌고 원래 착한 아이였던 터라 학생도 조금씩 따라왔다. 그러나 중간 중간 학교와 학원을 빠지고 홀로 거리를 헤매고, 어떻게 돈을 구했는지 PC방에 들어앉아 게임을 하는 등 방황했었다.

그러나 성실하게 사는 부모의 모습을 보고자란 덕분에 크게 벗어나지는 않았다. 마음고생을 뒤로하고 공부하기로 마음을 먹었다. 고3 시작하는 3월 전국모의고사에서 영어 100점을 받았다. 마음의 안정을 찾아서인지 다른 과목도 거의 100점으로 올랐다. 이 학생은 결국 부모가 원하는 S대 의대에는 가지 못했으나 명문 의대에 입학했다. 우리 사회에는 아직도 이런 부모들이 상당히 많다. 아이들은 기계가 아닌데 기계처럼 다루는 고학력 부모들이 있다.

이 학생은 입시를 앞두고 다행히 마음을 다잡았지만 어린 시절 길렀어야 할 사고력 판단력, 놀이에서 배웠어야 할 협동심과 배려 등 많은 것들을 잃어버렸다. 흘러간 시간은 다시 오지 않기에 너무나 큰 손실을 안고 인생을 출발한 것이다. '마마보이'가 되지 않을까 걱정했다.

아이가 자율성이 부족하고 놀지 못하면 어떻게 되는지 수많은 전문가들이 심히 걱정스런 연구결과를 쏟아내고 있다. 이들의 연구결과가 부모에게 도움이 될 것이다.

이럴 수가! 아이 감시위해 방마다 카메라 설치한 어머니
아이는 오히려 어머니 속이고 학원 빠져

고1 남자아이였다. 아버지는 중견대학을 나온 대기업의 중간간부, 어머니는 약사로 약국을 운영했다. 집은 상당히 부유했으나 부모 모두 아이를 돌볼 시간이 없었다. 형은 고교 3학년으로 공부를 잘하는 편이라고 했다. 아이 성적은 과목에 따라 1~3등급이었다.

학원에는 1주일에 두 번 나오게 돼 있지만 1주일에 한번 나왔다. 어머니에게는 학원에 간다고 하고 친구들과 놀거나 PC방에서 게임을 했다. "너 학원 제대로 안 나오면 어머니에게 말씀드린다. 제대로 나와라" "선생님 제발 그러지 마세요. 그러면 저 죽어요. 아주 지겹습니다."

무슨 말인지 자초지종 물어봤다. 아이는 어릴 때부터 어머니의 잔소리를 들으며 학원을 순례했다. 아이를 제대로 돌볼 시간이 없었던 부모님은 아이가 거리를 헤매지 못하도록 학원에 붙잡아둔 것이다.

중학생이 되면서 아이가 약간 엇나가자 부모님은 집의 방마다 감시 카메라(CCTV)를 설치했다. '아이가 죄인인가? 도둑놈인가?' 아이로부터 카메라 이야기를 듣고 아연실색했다. 아이들을 가르치면서 별희한한 일을 다 경험했지만 이런 경우는 처음이었다. 카메라를 설치하면 부모님의 휴대전화로 아이의 일거수일투족을 다 볼 수 있다. 아이의 게임과 텔레비전 시청을 막기 위해서였다.

이 아이는 학원을 순례하기에 집에 있는 시간도 얼마 안 되는 데 그 시간에도 쉼 없이 공부만 하라는 것이었다. 아이는 친구들과 놀지도 못하고 게임도 못하고 텔레비전도 못보고 오로지 공부하는 기계로만 살아야 했다. 아이가 미치지 않는 것이 이상했다. 어른도 이런 생활은 감당할 수 없다.

두 살 위인 형은 부모님 말씀을 잘 듣고 공부도 알아서 잘해 카메라가 필요 없었으나 이 아이는 살짝 빗나가자 부모님이 덜컥 놀랐다고 했다. 놀란 마음에 카메라를 설치했는데 아무리 생각해도 너무 심했다. 꼭 이런 방법까지 써야했을까?

아이는 부모님에게 "엄마 아빠 너무한 거 아니에요."라고 대들었으나 근본 심성은 착한 아이라 카메라를 떼지는 못했다. 어머니는 "다 널 위해서다. 네가 약속을 어기고 게임하고 텔레비전을 보니 어쩔 수 없다"고 했다.

기막힌 일은 또 있었다. 어느 날 어머니가 전화했다. "선생님 우리 아이 잘 부탁드립니다. 성적이 생각만큼 올라가지 않네요. 화장실에 간다고 하면 2분 만 갔다 오라고해주세요." 화장실 가는 시간이 아까운 것인가? 상황에 따라 2분 이상 걸릴 수도 있는 것인데 화장실 가는 시간까지 통제하다니! 이런 요청을 어떻게 이해해야 하는지 헷갈렸다.

10대 청소년이 어떻게 1년 내내 하루도 쉬지 않고, 화장실 가는 시간까지 아껴가며 공부할 수 있다고 생각하는 것인지 도저히 이해할 수 없었다. 더구나 피가 끓고 가슴이 뛰는 사춘기 아이에게 이런 식의 감옥살이를 시킬 수는 없는 것이다.

아이는 집에서 가끔 게임을 하거나 텔레비전을 봤으나 그것도 못하게 됐다. 그러자 어머니를 속이고 아예 학원을 빠졌다. 살기위한 몸부림이었던 것이다. 그렇지 않으면 이 학생은 아마 큰 사고를 쳤을지 모른다. 이런 상황을 잘 알기에 어머니에게 아이가 학원을 빠진다고 말하지 못했다. 유일한 탈출구까지 막히면 아이가 폭발할지 모른다는 우려에서였다.

이 아이는 학원에 4~5개월 정도 나오다 말았다. 공부를 안 하니 성적이 오르지 않았다. 성적이 오르지 않자 어머니가 엄격하게 관리하는 스파르타식 학원으로 보냈다. 스파르타식 학원? 집과 학교, 학원만을 뺑뺑이 도는 어린 학생이 잠시도 쉴 틈이 없으면 어떻게 될까? 끓는 피가 어디로 튈지 모른다. 심사숙고해서 잘 접근해야 한다.

이건 교육도 훈육도 아니다. '무모한 사육'이라면 과한 표현인가? 좀 더 지혜로운 방법이 있었을 텐데 엘리트 부모님들이 어찌 이렇게까지 했는지 이해가 안 됐다.

조언과 해법

간섭받으면 바보되고 주도하면 똑똑해진다

아이가 스스로 혼자서 행동하고 탐구하고 실패를 감수하고 체득하지 못하면 아이는 끊임없이 도움을 구하고 혼자서는 아무것도 할 수 없는 어른으로 성장한다.[1]

계속 간섭받으며 자란 아이는 어른이 되어서도 무의식적으로 간섭받기를 원한다. 결정에는 책임과 의무가 따르기에 결정하는 과정은 스트레스를 준다. 따라서 남들이 결정한대로 따르면 편하기 때문에 간섭받기를 원한다. '마마보이' '마마걸'이 되는 것이다. 요즘 군대에서 가서도, 회사에서도 엄마에게 자문을 구하는 청년들이 있다는 기사가 나곤 하는데 이렇게 '미완성 성인' '외모만 성인'이 되는 것이다. 아이들을 언제까지 끼고 살 것인가? 그러면 부모의 인생도, 아이의 인생도 반쪽짜리가 되고 만다.

창의력은 개인적 특질로 생각에 제약이 없어야 한다. 부모의 과잉보호는 아이들의 생각열차 앞에 세워진 장애물이다.[2] 부모 없이도 인생을 헤쳐나가도록 키우는 것이 잘 키우는 것이다.

모든 것을 지시받고 준비해준 대로 하면 아이의 삶은 어떻게 될까? 이런 아이는 지적 정서적 자유를 상실한 채 아동기를 보내며 현 시대에 가장 필요한 자율성 창의성을 잃게 된다. 자신감, 자존감은 스스로 결정하고 노력하는 과정에서 형성된다. 과보호와 억압은 이런 기회를 뺏어 아이를 바보로 만든다.

복종하는 아이는 부모를 두려워할 뿐 존경하지 않는다. 아이는 자신의 욕구에 반응하는 부모를 신뢰하게 된다. 아이가 자신의 선택으로 인해 좌절감을 맛볼 때 부모는 그런 감정을 경청하고 인정해주면 된다. 아이가 좌절감을 느끼지 못하게 개입하면 그것을 통해 얻을 수 있는 교훈과 성장의 기회를 뺏는 것이다.[3]

모든 생명체는 생존을 위해 스스로 성장하고 경쟁한다. 본능적으로 공부를 하게 돼 있으니 아이를 믿고 공부환경만 조성해주면 된다. 아주 가끔, 아주 약간 옆구리만 슬쩍 밀어주면 된다.

인간은 자기의 삶, 자신의 일에 통제력을 발휘해야 행복해지고 수명도 늘어난다. 2차 대전 때 유태인 수용소에서 자신의 개성, 자존감, 자아를 포기한 사람이 가장 먼저 죽었다. 부모의 강압으로 자신의 의견이 전혀 받아들여지지 않으면 아이의 자아가 위축된다.[4]

엄마가 100% 나의 일정을 통제하는 삶에서는 안정감, 안전감은 얻을지 모르나 내 인생에 대한 통제감은 전혀 맛볼 수 없다. 내 인생이 잘못된다면 그건 모두 엄마의 책임이니 나는 다른 사람의 평가, 판단으로부터도 자유스럽다. 그러니 고민할 일도 없다. 자연히 사고력, 판단력을 키울 필요나 기회도 사라진다.

공부만 하면 양(羊)이 되고 놀면 성공한다

"난 불행했어. 하지만 내가 불행하지 않았다면 예일대에 들어오지 못했을 거야." "나는 지금껏 내가 한 일이 전부 싫다. 고등학교에서 한 일은 특히 더 싫다. 내 직업도 싫어할 게 뻔해. 내 남은 인생은 내내 이런 식으로 흘러갈 거야." "나는 하버드대 여학생이다. 4학년이 될 때까지 친구 한명 못 사귀었다."[5]

아이비리그(미국 동부의 세계적인 명문대학들) 대학생들은 지극히 평범하고 비슷하다. 이들은 실패를 경험하지 못했기에 실패를 생각하면 극도로 불안해 한다. 그 불안으로 인해 양치기가 가라는 곳으로만 가는 똑똑한 양이 됐다. 실패할지 모르는 일은 피했기 때문에 실패에서 얻어야할 교훈도 못 얻었다.

새로운 길을 가지 않는 인생이 인생인가? 인생은 비바람 속에서 산을 넘고, 살을 에는 북풍한설을 뚫고 들판을 건너며, 폭풍우치는 바다를 헤쳐 나가야 비로소 완성된다. 이 빛나는 여정을 누가 걸어가야 하는가? 청춘

만이 암흑을 넘어 영원한 영광을 거머쥘 수 있다.

우리 아이들은 독서, 운동, 놀이를 못하고 산다. 인생초기에 이보다 중요한 것은 없다. 아이에게서 이 세 가지를 빼앗느니 차라리 공부를 포기하는 게 좋다. 미국 소아과협회 케네스 긴스버그 박사는 "놀이가 아이의 사회성을 키우고, 부모와의 관계를 좋게 하고, 아이의 인지능력과 지능 발달을 촉진한다."고 했다.[6]

운동을 하면 기억을 담당하는 해마에 혈액량이 늘어나 기억력이 좋아지고 추론 문제해결력 집중력 추상적사고 등이 개선된다.[7] 아이가 좋아하는 것, 흥미를 느끼는 것, 작은 것부터 스스로 하도록 하면 행복호르몬인 도파민이 분출되고 성취감을 느낀 아이는 도전욕구를 불태운다.[8]

놀면 우뇌가 활성화한다. 즐겁게 일하거나 공부하려면 놀아야 한다. 웃음은 스트레스 호르몬을 줄여주고 면역시스템을 강화한다. 볼보 같은 세계적 기업들 중 일부는 사내에 웃음클럽을 운영한다.[9]

아이는 놀이를 통해 자신도 모르게 인생을 배운다. 놀이터에서 친구랑 놀다가 저녁때가 되면 배가 고파 집에 가고 싶은 데 친구가 더 놀자고 한다. 이 때 친구를 버리고 집으로 오는 것은 제대로 논 것이 아니다. 배고픔을 참고 친구를 배려해 함께 놀아주는 것이 잘 노는 것이다. 이러면서 배고픔을 참는 인내심, 친구에 대한 배려와 협력, 놀이에 대한 집중력 등을 얻는다. 이런 것이 밑바탕이 돼 공부도 잘하게 된다.

청소년시절 자극이 별로 없는 환경에서 자란 사람은 훗날 자신을 변화시킬 유연성이 부족해진다. 이는 학습 잠재력을 떨어트린다. 경험과 자극이 부족하면 뇌세포의 성장이 지체되고 단기기억을 장기기억으로 바꾸는데 필요한 해마 같은 뇌 영역이 새로운 뇌세포를 충분히 만들지 못한다.[10]

아이의 감정을 받아주고 성공을 규정하지 말라

스스로 결정을 내리는 경험이 축적돼야 주체적인 어른으로 성장한다. 부모가 아이의 감정을 흔쾌히 받아들여야 아이가 책임감을 기를 수 있다.[11] 비판을 받으며 자란 아이는 책임감을 배우지 못하고 다른 사람을 비판한다. 이런 아이는 자신감이 없어지고 다른 사람을 불신하고 비관주의자가 된다.

가정에서 지적인 대화도 중요하다. 아이가 말장난을 하면 크게 웃어준다. 부모가 감정을 표현하면 아이도 감정표현방법을 배운다. "이번 시험에서 길동이를 이겼어요" "그래! 고생했네." 굳이 "그렇게 다른 애랑 비교할 것 없어. 너만 잘하면 돼"라고 말할 것까지는 없다. 경쟁심, 라이벌의식은 성장에너지다. 이를 부정하지 말라. 그렇다고 부모가 억지로 라이벌을 만들면 안 되고, 남과 비교하면 더 안 된다.

휴대전화는 전 세계에서 가장 긴 탯줄로 아이들의 독립심을 가로막고 성인으로 성장하는데 지장을 주고 있다.[12] 아이가 바라는 것을 부모가 꺾어 버리면 아이는 그대로 수긍하는듯하나 의욕을 잃거나 점차 반항적으로 바뀌기 쉽다. 위에 소개한 학생이 딱 이런 경우다.

어른들은 한계와 조건, 제약을 만들어 놓고 아이에게 그 안에서 꿈꾸게 한다. 즉 어린 시절부터 성취, 성공의 길로 나아갈 수 있도록 일일이 점검하고 따진다. 그냥 부부가 함께 잘 사는 모습을 보여주는 것만으로도 자녀양육의 기본은 충분히 하는 것이니 조바심 낼 필요 없다.

2장

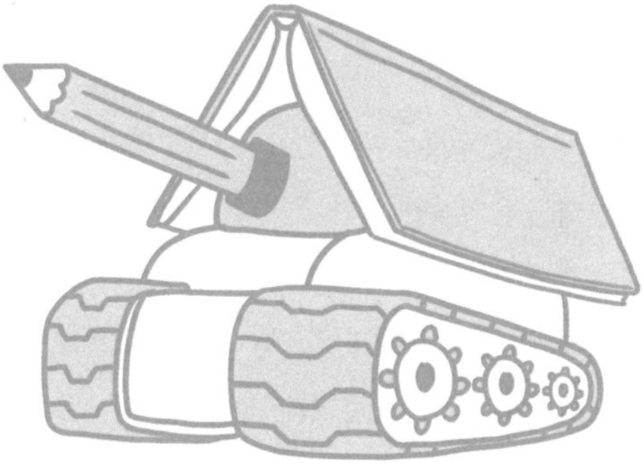

강압에 의한 선행학습, 삶이 아니라 전투였다

명문대 교수부모님의 과도한 교육열, 잘못된 독서법

"거기 학원이죠? 우리 애들이 중3인데 강북에서 꽤 잘했습니다. 고교과정 선행학습을 할 수 있을 까요?" 겨울방학 전 11월 어느 날, 어머니가 전화했다. 아이들의 교육을 위해 서울 강북에서 강남으로 전학했다. 아이들은 중3으로 쌍둥이 남매.

"지금 중학교에서 몇 점 정도죠?" "강북에서 선행학습을 많이 해서 거의 100점정도 됩니다. 고3 정도의 선행을 하고 싶습니다." 중3에게 고3과정을 가르치겠다는 것이다. "꽤 잘하네요. 쌍둥이가 성적이 비슷한가요?" "예. 거의 비슷한데요. 동생인 여자아이는 차분해서 점수가 좀 더 낫죠." 어머니는 자랑하듯 말했다.

"어려서 책을 많이 읽었나요? 책을 많이 읽어야 문장 이해력이나 추리력, 사고력이 발달합니다." "예. 많이 읽었고요. 영어원서도 많이 읽었어요. 한글속독에 영어속독까지 했습니다. 그리고 텝스, 토플도 공부해서 텝스 750점 정도, 토플 95점 정도 됩니다." (텝스 1,000점, 토플 120점 만점) "테스트를 해보겠습니다. 부모님도 같이 오세요."

어머니와 두 학생이 다음 날 오전에 왔다. 한글로 된 문제로 이해력 테스트를 하는데 두 학생은 누구나 맞출 수 있는 쉬운 문제는 빠른 속도로 풀어서 잘 맞추었으나, 사고력과 정독을 요구하는 문제는 빠르게는 풀었지만 거의 틀렸다. 어머니는 읽는 속도는 느렸지만 오히려 전부 맞췄다. 같은 문제를 영어로 낸 문제지에서도 마찬가지였다.

어릴 때 국어든 영어든 속독을 배우면 고등학교 때 문제가 심각해진다. 누구나 맞출 수 있는 쉬운 문제는 남보다 빠르게 읽어서 풀지만 사고력을 요하는 문제는 빨리 풀기는 하지만 답은 못 맞춘다.

아이들이 속독을 배우는 것은 공부를 더하고자 하는 의욕 때문인데 장단점이 있다. 쉬운 문제에서는 괜찮지만 어려운 문제에서는 걸림돌이다. 속독이 습관이 되면 고치기가 어렵다.

이들 두 학생은 세 살부터 어머니의 강한 교육열로 다양한 교육을 많이 받아서 상식도 풍부했다. 중3까지는 공부를 잘했다. 어머니와 아버지 다 명문대 출신에 명문대 교수였다.

테스트를 하고 다음 날부터 두 남매를 따로 개인지도하기로 했으나 어머니가 여러 과목의 학원일정을 과도하게 잡아놔서 시간조정이 매우 어려웠다. 중3 학생들이 1주일 내내 오전 9시부터 밤 10시까지 영어, 수학, 국어, 사회탐구 3과목, 과학탐구 3과목 등 9과목을 학원에서 배우는 강행군이었다. 아이들이 놀 시간이 전혀 없었다. 삶이 아니라 전투였다. 어머니는 아이들의 잠자는 시간도 통제해 한참 자야할 나이에 5시간이상 자지 못하도록 했다. 한때 4당5락(4시간 자면 합격 5시간 자면 낙방)이라는 말이 풍미했었다. 무지막지한 강압이다. 잠을 못자면 얼마나 나쁜지 뒤에서 설명한다.

“어린 학생들이 수업시간이 너무 많으면 중간에 포기합니다. 휴식시간도 필요하고요. 적절하게 시간표를 짜야합니다.” 아무리 설득해도 소용없었다. 아니나 다를까. 수업한지 1주일 만에 두 학생이 손을 들고야 말았다. 아이는 수업시간에 수시로 졸았고 본인도 모르게 아예 앉아서 잠이 들기도 했다. 우리나라의 많은 수험생들이 잠을 제대로 못 잔다. 불행한 사태다.

그래서 전체과목의 수업 횟수를 줄이고, 영어도 주 4회 2시간씩에서 주 3회 90분씩으로 줄였다. 그래도 학생들이 1주일 만에 또 손을 들었다. 어머니는 자신이 고등학교 때까지 그런 식으로 자신의 부모님이 짜준 시간표대로 공부했다고 했다. 그러나 어머니가 했던 그런 식의 공부는 기이(奇異)할 뿐이다.

여동생은 차분하여 문장 읽는 습관을 정독과 숙독으로 조금씩 수정해 나갔다. 수업을 잘 따라와서 그 다음해 2월 말까지 EBS 고3 영어수능과정 3년 치를 마쳤다. 사설기관이 내는 고3 수능모의고사를 20회 정도 풀었는데 거의 만점을 받았다.

반면 오빠는 황소고집이라 고칠 수가 없어 고1 수준에 머물렀다. 같은 부모님에 같은 시간 같은 선생의 지도하에서도 이렇게 차이가 난다. 그러니 부모는 자녀들을 세심하게 관찰해 특성을 찾아내야 한다. 이 아이들은 어머니의 결정으로 어려서 속독을 배웠다. 책 읽는 습관이 얼마나 중요한지를 보여주었다.

부모의 무모한 교육열이 어떤 결과를 낳는지 이 아이들의 과정과 결과가 증명한다. 남자아이는 서서히 엇나가기 시작했다. 옷에서 담배 냄새도 나고 벌겋게 충혈된 눈을 하고 학원에 오기도 했다. 밤새워 PC방에서 게임을 한 것이다. 학원과 학교를 빠지기도 하고 술도 마셨다. 어머니의 압박과 물샐틈없는 감시가 강화되자 자살도 생각했었다고 털어놨다. 정신과에서 상담도 받고 우울증약도 복용했었다. 어머니가 사태를 파악하고 강압의 고삐를 늦췄다. 아이는 다시 제 갈 길로 돌아왔다. 이 아이는 다행스럽게 돌아왔지만 많은 아이들이 엇나간 길에서 돌아오지 못한다.

이게 무슨 일인가? 우리의 아이들이 공부로 인해 자살하거나 자살을 시도하고 우울증에 걸리는 현실을 언제까지 방치해야 하는 것인가? 우리나라의 청소년 사망원인의 1위가 자살이다. 원인은 공부스트레스다. 누구를 위한 공부이고 무엇을 위한 공부인가? 이제 이런 식의 공부는 어디에도 쓸모없는 4차 산업혁명시대에 들어왔다.

조언과 해법

선행학습은 좋은 것인가?

아이들에게 선행학습을 시키는 부모들이 많다. 다른 아이들이 한다는데 내 아이만 안하면 불안하다. 그러나 선행학습은 역기능이 분명한 만큼 아주 조심스럽게 하거나 하지 말아야 한다.

선행학습을 한 아이는 학교수업을 흘려듣거나 선생님을 존경하지 않을 수 있다. 학교수업은 모든 학습의 기본이며, 선생님에 대한 존경심은 예의의 기본이다. 존경하지 않는 선생님의 가르침은 아이에게는 공허한 메아리다.

선행학습은 초·중학교까지는 성적에 약간 도움이 될 수 있지만 고등학교에서는 오히려 성적이 떨어질 수 있다. 이유는 자신이 안다고 생각해 선생님의 교습을 존중하지 않고 수업시간을 소홀히 하기 때문이다. 공부는 예습이 필요하지만 핵심은 복습이다. 완벽하게 알고 기억할 때까지 반복해서 복습해야 한다. 그런데 다 안다고 생각하면 이런 공부 열의가 당연히 떨어진다.[13]

선행학습으로 좋은 성적을 받으면 아이의 자신감이 올라간다. 그러면 다른 공부도 잘 할 수 있다. 이것은 선행학습의 좋은 면이다. 10대는 사춘기가 와서 혼돈의 시기를 보낸다. 이때는 공부에 소홀하다. 선행학습을 꼭 하고 싶으면 이 사춘기의 공백을 메울 수 있도록 한 학기 정도만 앞서 하는 것이 좋다.

가장 좋은 방법은 어릴 때부터 부모님이 책을 읽어주고, 아이도 책을 소리 내어 읽도록 해 독서습관을 들이는 것이다. 아이가 공부를 좋아하게 만들고 확실하게 기억하게 하려면 아이가 엄마를 학생이라고 생각하고 엄마를 가르치도록 하는 것이 최고다. 엄마는 "아 그렇게 푸는 거였구나. 잘 알았어. 고마워"라고 하면 아이는 신나서 더 열심히 공부한다.

독일 심리학자 에빙하우스의 망각곡선에 의하면 한 시간이 지나면 외운 것의 56%를 잊어버리고 하루가 지나면 74%, 1주일 후에는 77%를 잊는다. 반복해서 복습해야 한다.

공부는 생각하는 법을 배우는 것이다

학문, 배움은 세상과 떨어져 심사숙고하는 시간이다. 삶과 세상이 나를 집어삼키기 전에 생각하고 반성할 수 있는 방법을 배우는 기회다. 진정한 교육은 학생이 스펙이 아니라 질문을 품고 세상에 나가게 하는 것이다.[14]

이런 자질은 유대인의 하부르타교육처럼 어릴 때부터 길러져야 한다. 주입식 교육, 강압교육으로는 도저히 얻을 수 없는 경쟁력이다. 아이들은 합리적인 토론, 원칙에 근거한 의사소통, 상호존중 같은 덕목도 키워야 한다. 다채로운 경험을 통해 도덕적 지적 정서적으로 온전해지려고 노력해야 한다. 그것이 우리가 아이를 교육하고자 하는 진정한 목표다.

학생들이 공부를 하면 그것을 이용해 무엇을 이해했는지, 이해한 것으로 무엇을 할 것인지를 생각해야 한다. 그렇지 않고 주입식으로 하면 반드시 잊어버린다. 위의 사례에 나온 어머니는 이런 주입식 교육을 강행한 것이다.

이 정보가 왜 중요한가, 어떤 문제를 푸는 데 도움이 되는가를 생각하며 배워야 한다. 그러면 암기는 저절로 된다. 질문해야 뇌는 정보에 주의를 기울이고 저장하며, 응용력도 좋아진다.[15]

부모가 간섭하면 창의력과 도전욕구를 잃는다. 스스로 생각하고 문제를 해결해야지 알고리즘(주어진 방법에 따라 효율적으로 문제를 푸는 컴퓨터식 해결법)적 해결방식을 배워서는 안 된다.

부모가 자녀의 놀이행태, 공부할 과목, 과외활동 등의 내용을 지시하고 대학과 전공분야를 지정하고, 사회진출까지 주도한다. 심지어 자녀의 수학숙제를 고쳐주고, 에세이를 바로 잡고, 지원서류를 대신 작성하기까지 한다. 이렇게 성장한 사람에게서 창의성이나 상상력은 기대할 수 없다.

이 세상에 마마보이, 마마걸이 할 수 있는 일은 없다. 부모가 과도하게 간섭하면 아이가 우울증, 불안장애에 걸릴 수 있고 의사결정력 문제대처능력 공감력 자신감 자존감도 낮아진다. 정말 바보가 된다. 삶은 어떻게 살아야 하는 가를 배우는 기나긴 여정이다. 위의 학생처럼 강압으로 스트레스를 받으면 생각, 공부를 할 수 없게 된다.

수면부족은 지옥문을 여는 것이다

이 학생의 어머니는 아이들을 5시간 이상 자지 못하게 했다. 졸거나 멍한 상태로 공부하느니 아예 잠을 더 자고 맑은 정신으로 집중하는 것이 백배 낫다. 공부도 양보다 질이다.

잠이 부족하면 지능저하, 정서불안, ADHD(주의력결핍과잉행동장애), 우울증, 비만을 가져온다. 두뇌는 21살까지 발달하는 데 주로 취침 중에 이루어진다.[16]

잠을 자는 동안 뇌는 그날 학습한 것들을 기억영역으로 옮긴다. 낮 동안에 많이 배울수록 잠을 더 자야한다. 피곤하면 뇌가 기억에 필요한 시냅스(뇌신경이 결합한 회로)를 연결하지 못한다.

잠이 부족하면 그렐린이라는 호르몬이 증가해 배고픔을 느끼고 식욕억제 호로몬 랩틴은 떨어져 살이 찐다. 수면부족은 스트레스 호르몬인 코티졸의 수치도 크게 증가시켜 체내에 지방을 축적시킨다. 어린이들이 8시간 이하로 잠을 자면 10시간 자는 어린이에 비해 비만율이 300% 높다.

과학자들의 계산으로는 10대는 9시간15분 정도 자야한다. 미국청소년 중 그 정도 자는 아이는 15%정도다. 대부분은 하루 6시간 반도 안잔다.[17]

한국의 어린이·청소년 10명 중 4~5명은 수면 부족에 시달린다. 수면 부족 이유는 학원과 과외가 45.7%, 야간 자율학습 18.7%, 가정학습 13%, 게임 12.9%다.

밤잠이 부족하면 잠시 낮잠을 자거나 머리를 식혀야 학습한 것을 더 기억할 수 있다. 5~10분 정도의 낮잠은 더 없는 보약이다. 뇌는 잠자기 직전에 공부한 것은 더 잘 기억한다. 따라서 시험기간에 밤을 새며 공부하는 것보다 잠을 충분히 자야 공부한 것을 더 잘 기억해 시험에 유리하다.

폭포수 같은 사랑이 공부실력과 인성을 키운다

어릴 때 자리 잡은 감정체계는 그 상태로 유지될 가능성이 높다. 감정체계가 안정돼야 뇌도 발달하고 정서적 충격, 스트레스도 빨리 극복한다. 문제는 제대로 보살핌을 받지 못하거나 학대를 받으며 자란 아이의 감정체계 역시 쉽게 바뀌지 않는다는 점이다.[18]

아이의 성장은 부모님의 한결같은 사랑과 긍정적인 자극, 아이 자신의 안전에 대한 확신에 달려있다. 뇌의 중심인 변연계는 감정조절과 집중력, 정보수용력, 기억력에 영향을 미치는데 태어나서 5년 안에 거의 완성된다. 아이가 공부 잘하기를 바란다면 태어나서 5살까지 부모님의 사랑을 폭포수같이 쏟아 부어야 한다. 방치, 강압, 학대받은 아이들은 변연계 특히 편도체와 해마가 보통 아이들보다 작고 제대로 기능을 못한다. 이런 아이들은 공부를 못하는 것은 물론 이기적인 아이로 성장한다. 자신이 안전하지 않다고 느끼기 때문에 살기위해 필요한 음식 등 기본적인 욕구에 에너지를 집중해 이기적이 되고 새로운 것(공부)을 받아들일 여력이 없어진다.

뇌는 통제력을 행사하면 행복해지므로 스스로 결정하고 행동하려 한다.[19] 그러므로 강제로 공부시키면 아이는 불행해진다. 불행한 아이는 공부를 잘 할 수 없다. 행복감을 느끼며 자라야 커서도 무엇이든 도전하고 자발적으로 노력하게 된다.

3장

학원가기 싫어 장롱에 숨고 집에 가기 싫어 집주변 배회

초교생이 1주에 6일 한번에 5시간씩 수학공부, 3수시킨 엘리트부모

여학생이 상담하러 왔다. 아버지는 부장 판사출신 변호사, 어머니는 명문대에서 서양화를 전공한 전업주부다. 엘리트 부모님들이었지만 자녀교육에 대해서는 열정만 있었지 딸에게 필요한 실용적인 방법을 몰랐다.

여학생은 S예고 2학년, S대 서양화과에 가고 싶은데 전 과목 4등급이었다. 오빠는 중학교 때 미국으로 유학 갔다. 학생과 부모님이 함께 테스트를 받았다. 영어문제를 한글로 풀어놓은 문제지를 먼저 풀게 했다. 이해력에서 부모님은 전부 맞췄는데 학생은 50%를 틀렸다. 어려서 책을 많이 읽지 않았으며 열심히 노력하는데도 성적이 오르지 않는다고 했다. 독서량이 부족하면 열심히 해도 성적이 잘 오르지 않는다. 부모는 독서의 중요성은 간과한 채 학과공부만 열심히, 그것도 암기위주로 아이를 닦달하는 경우가 많다. 아주 잘못된 방법이다. 이 학생은 특히 수학을 못하는데다 공부가 싫어서 S예고에 갔다.

초·중학교 때 엄마가 1주일에 6일, 매번 5시간씩 억지로 수학학원을 다니게 했다. 수학이 너무 지겨워졌다. 그 정도면 어른도 버티기 힘들다. 초등학생이 한번에 5시간씩 수학공부를 한다는 것은 무모하다. 수학을 끝내면 1시간 동안 배회하다 다른 학원에 갔다. 또 수업이 끝나고 집에 들어가기 전에 아파트 주위를 30분~1시간 정도 빙빙 돌다가 들어갔다. 이건 악몽이다. 피기도 전에 꺾인 것이다.

이 학생은 수학으로 인해 다른 공부도 다 싫어졌다. 수학공부를 아무리 열심히 해도 성적은 제자리에서 맴돌 뿐이니 자신감이 없어지고 자존감도 상했다. '나는 할 수 있다. 해냈다.'는 자신감, 성취감이 아이를 밀고 가는 데 성취감은커녕 좌절감만 쌓였으니 잘할 수가 없다. 학생은 스스로 '내가 이것밖에 안되나'하는 열등감에 괴로워했다. 이 학생은 수학공부를 한 것이 아니라 수학으로 고문(拷問)을 당한 것이다.

이런 악몽에 시달리는 학생들이 너무 많다. 우리 교육현장의 슬프고도 아픈 모습이다. 한창 꿈을 꾸고 힘차게 뛰는 심장소리를 들어야 할 청소년들이 이럴 수는 없는 것 아닌가? 청소년은 대한민국의 미래다. 대한민국의 미래가 멍들고 쪼그라들고 있다.

학생은 어느 날인가 수학학원에 가기 싫어 장롱에 숨었다 잠이 들었다. 오빠가 코고는 소리를 듣고서 깨웠고 엄마에게 혼이 났다. 결국은 수학을 포기하고 S예고에 갈 수밖에 없었다. 강제로 시키면 아이는 그 과목이 싫어질 수밖에 없다. 한 과목이 싫어지면 공부 자체가 싫어진다. 자기주도 학습, 자발적인 공부가 아닌 공부는 오래갈 수가 없다. 성인도 그런 공부는 못한다.

부모님은 아이에게 공부를 강요해서는 절대 안 된다. 아이가 공부를 안 하는 것은 물론이고 부모자식간의 거리만 멀어진다. 아이가 공부 잘하기를 바란다면 부모가 모범을 보여야 한다. 부모는 책을 안보면서 아이보고 책보라고 하고, 부모는 텔레비전을 보면서 아이에게는 "공부해라"라고 하는 것은 말이 안 된다. 차라리 아이와 같이 텔레비전을 보고 대화하면서 즐겁게 노는 게 낫다. 그러면서 사회현안에 대한 식견을 늘릴 수 있고 부모자식간의 정도 더 깊어진다.

이 학생의 어머니가 서양화과에 입학할 당시는 단지 실기시험만 치르고 입학했다. 이 어머니는 중·고등학교 때 입시공부를 거의 안 해봐서 공부방법을 잘 몰랐다. 주관 없이 남들이 하는 대로 따라서 딸을 공부시키다 망가뜨렸다.

이 학생에게는 이해력을 증진시키는 것이 급선무였다. 그렇게 해서 1년 뒤인 고3 때 영어가 2등급으로 올라갔다. 어릴 때 독서를 많이 안 해서 국어가 3등급이상으로 오르지 못했다. 결국 수능에서 국어 4등급으로 대학 입학에 실패해 재수했다.

재수하면서 영어는 1등급이었는데 국어는 오히려 5등급으로 떨어졌다. S대 서양화과에 실기 시험은 통과했지만 수능성적 때문에 입학에 실패했다. 마지막이라는 다짐으로 3수를 결심해서 다시 공부했다. 다행히 겨우 최저등급(국 영 수 사탐 중 3과목이 3등급이상)을 넘어서 S대에 합격했다.

부모는 공부보다 자녀라는 '한 인격체'에게 더 많은 관심을 가져야 한다. 그 인격체와 대화하고 상담하고 상의해야 한다. 아이가 요즘 어떤 고민이 있는지, 어느 과목을 잘하고 못하는지, 못하는 과목은 어떻게 해결할 것인지 대화해야 한다. 아이의 의지와 결정이 자신의 교육과 관련된 계획과 선택에 충분히 반영돼야 한다. 그래야 아이의 동기를 촉발시킬 수 있다. 부모는 아이의 교육에 관한 책을 읽고 정보를 수집하는 정도의 노력, 최소한의 노력은 하면서 아이에게 주문해야 한다.

● 조언과 해법 ●

아이의견 반영한 눈높이 공부가 중요하다

아이들은 각각 다른 단계에서 다른 속도로 학습한다. 그러니 각각에게 다른 질문을 주어야 한다. 왜 공부시키는지, 단지 명문대를 나와 잘 먹고 잘 살라고 아이를 닦달하는 것은 아닌지 깊이 생각해봐야 한다. 공부는 그 이상으로 중요하고 복합적인 의미가 있다.

정답이나 알려주고 단편적인 지식을 기억하는 것은 공부가 아니다. 아이의 지적발달, 도덕적, 정서적 수준에 맞춰 공부시켜야 한다. 아이에게 적용 분석 종합 추론의 방법을 가르쳐야 한다. '왜 이것이 옳지? 이것에 대한 증거는 뭐지? 어떤 추론과정을 통해 이 결론에 도달했지?'를 질문해야 한다.[20]

위 학생의 어머니가 공부방법을 공부했다면 아이가 공부방법을 달리하도록 조언했을 것이다. 개인맞춤형 학습을 위해서는 아이 스스로 학습방법 내용 시기 등을 결정해야 한다. 그러면 자신의 관심과 열정에 기반하여 공부하게 된다. 그것이 동기부여다.[21]

성공은 '나는 할 수 있다'는 자기충족적인 예언의 결과다.[22] 나의 의식적 무의식적 기대가 타인의 행동 능력 성과에 영향을 미치는 것을 피그말리온효과(Pygmalion Effect)라 한다. 아이를 믿고 기다리면 아이는 해낸다.

아이들은 크면서 여러 가지 충격, 감동을 겪는다. 그럴 때마다 부모는 아이의 그 감정을 이해해야 한다. 동생이 태어나 부모의 사랑을 잃을까 충격 받은 아이에게 "동생을 괴롭히지 말라"는 말 대신 꼭 껴안고 "사랑해"라고 아이의 욕구를 인정해주면 된다.[23]

아이들에게 가장 중요한 것은 자신의 마음을 진심으로 알아주고 인정해주는 것이다. 주사를 맞기 싫다고 우는 아이에게는 "주사는 너를 위한거야. 전혀 아프지 않아."라는 말은 하지 말라. 대신 "주사 맞는 게 무서운가

보다. 네 맘 알아. 선생님에게 살살 놓아달라고 말할게"라고 하라.[24]

이해력 사고력 기억력을 발휘하는 최초의 열쇠는 관심을 갖고 좋아하고 감동하는 것이다. 아이의 뇌를 발달시키려면 부모님이 밝은 표정으로 사랑해주는 것이 우선이다. 애정이 부족하면 자신을 지키고자하는 자기보존본능이 강해진다. 보존본능이 과하면 실패를 두려워하고 자기를 지키기 위해 다른 사람을 공격하게 된다. 아이가 울 때 '저러다 그치겠지' '어리광쟁이로 만들면 안 돼'라며 방치하는 것은 절대 금물이다. 아이가 울 때는 얼른 달래주어야 한다.

어릴 때는 물건을 많이 떨어뜨린다. 이 때 엄마가 짜증을 내면 절대 안 된다. 아이가 어떤 일을 해내면 칭찬하라. 실수할 때 혼을 내면 새로운 일에 도전하지 않거나 실수한 것을 감추려고 잘못을 인정하지 않는 아이가 된다.[25]

과보호나 강압 속에서 자란 아이는 무엇을 선택하는 방법이나 자신의 행동에 따른 책임이나 의무감을 배우지 못한다. 이들은 넘어져볼 기회나 다시 일어설 기회도 갖지 못한다. 아이들이 놀이터에서 싸울 때 부모가 끼어드는 것은 아이들이 스스로 문제를 처리하는 방법을 배우지 못하게 가로막는 것이다.[26]

"우리 길동이 똑똑하네"라는 말은 길동이를 망친다

흔히 성공한 부모님들이 범하는 실수중 하나가 아이에게 자부심을 심어주기 위해 잘못된 칭찬을 한다는 것이다. 자부심 자존감은 부모님의 칭찬으로 쉽게 길러지는 자질이 아니다. 칭찬은 아주 조심스럽게 해야 한다. 특히 자부심은 명암이 함께하는 자질이어서 자칫하면 거만함으로 보일 수 있다.

위에 소개한 부모님은 출세한 사람들이어서 부지불식간에 자녀에게 자부심, 자존심을 심어주었을 것이고 그 과정에서 "넌 아빠 엄마의 자식이니 잘할 수 있어"같은 말을 했을 것이다.

재능은 호기심과 도전정신, 노력과 헌신의 결과다. 타고난 천재는 없다.

언제나 꿈을 꾸고 그 꿈을 매일 생각하라. 포기하지 말고 노력하라. 그 꿈을 사랑해야 한다.[27] "똑똑하다" "천재다"라며 아이의 재능을 칭찬하면 독이 된다. 아이의 노력 자체를 칭찬해야 한다.

윌마 루돌프는 22명의 자녀 중 20번째다. 조산아로 끊임없이 질병에 시달렸다. 네 살 때는 폐렴과 성홍열, 소아마비로 죽을 고비를 넘겼다. 왼쪽 다리는 거의 마비상태였으나 8년 동안 물리치료를 받고 12세가 되어서야 다리의 보조기구를 벗고 정상적으로 걸을 수 있게 됐다. 그녀는 1960년 로마올림픽의 단거리, 계주에서 금메달 3개를 목에 걸어 세상에서 가장 빠른 여성으로 극찬 받았다. 그녀는 "오직 열심히 노력한 사람으로 기억되길 원한다."고 말했다.

역사상 가장 위대한 여자 육상선수인 재키 조이너 커시는 1985~1996년 자신이 참가한 7종경기에서 모두 승리했다. 이틀에 걸쳐 100미터 허들, 높이뛰기, 투창, 200미터달리기, 멀리뛰기, 투포환, 800미터 달리기를 했다. 그녀는 그 종목의 기록을 6번이나 갈아치워 세계신기록을 수립했고, 세계챔피언 두 번, 올림픽 금메달 2개를 따냈다. 그녀는 육상을 시작할 때 꼴찌였다.

"어떤 사람은 나의 변화의 원인을 유전에서 찾는다. 나는 골목길, 기숙사 복도에서도 오랜 시간 땀을 흘렸다. 나 자신이 향상되는 것을 보면서 나는 자극받았다." 그녀가 마지막으로 딴 메달은 천식과 심각한 다리부상으로 고통 받는 가운데 얻은 결실이었다. 재능은 타고나지 않는다. 재능을 꽃피우려는 노력이 중요하다. 성공을 타고나는 사람도, 타고난 천재도 없다. 노력하는 사람이 천재가 되고 성공하는 것이다. 금수저로 태어났다고 해도 노력하지 않으면 그만이다. 그게 세상의 올바른 이치다.

열등감 자존감은 대물림된다

위 학생은 수학으로 인한 열등감으로 괴로웠다. 열등감은 자신을 비관적이고 부정적으로 생각하게 만들기 때문에 자아를 파괴한다. 자존감이 낮으면 '저 사람이 나를 어떻게 볼까?'에 신경을 쓰느라 남의 감정을 읽지 못한다. 상대방의 농담을 농담으로 받아들이지 못하고 화를 낸다. 상대방에게 공감할 수 있는 여유가 없기 때문이다. 열등감이 심한 부모는 완벽주의자가 돼 아이들을 닦달하고 아이들은 반항적이 된다.

자존감은 자기가치감과 자신감으로 이뤄진다. 나는 남에게 호감을 주고 존경과 사랑을 받을만하다고 생각하는 것이다. 자존감이 없으면 무기력해지고 패배의식에 빠진다. 낮은 자존감은 성공경험, 성취감을 통해 얼마든지 고칠 수 있다.

부모가 자존감이 부족하면 아이도 부족해지기 쉽다. 자존감이 부족한 부모는 하나에서 열까지 부모가 다 결정한다. 아이는 놀이를 통해서 성취감을 느끼고 성취감을 통해 자신감, 자존감이 생기는데 과보호나 강압 때문에 놀지 못한다.[28]

미국의 정신분석가 하인즈 코허트는 '건강한 자기애'가 정신건강에 꼭 필요하다고 했다. 자기애는 갓난아기 때 생긴다. 아기는 엄마라는 거울에 비친 자신을 보고 자기를 확인한다. 엄마가 아기를 좋아하고 예뻐하면 아이는 자기가 상대방에게 호감을 주는 사람이라는 자존감이 생긴다. 반대로 엄마가 싫어하면 자존감이 낮아지고 작은 충격에도 쉽게 부서진다. 엄마의 사랑을 받지 못하고 큰 아이는 인내심 자제력이 부족하고 충동적이 된다.

과잉보호를 받은 아이는 도전하지 못하고 문제에 직면하면 피한다. 자신을 부끄러워한다. 평소에 부모가 아이에게 너무 엄하거나, 너무 처벌적이거나, 아이가 도달하기 힘든 높은 목표를 요구하면 아이는 완벽주의자가 되고 양심의 가책을 쉽게 받는다. 예의바르고 희생적이고 약속을 잘 지킨다. 또 강박증 결벽증으로 정리정돈을 과하게 하고 시간도 엄격하게 잘 지킨다. 주도권을 쥐려하고 반대하는 사람은 적이 된다. 공주병, 왕자병에 걸리기 쉽고 권력 돈 지위에 집착한다.

아이에게 기대하지 말고 성취감을 느끼게 하라

아이의 행동에 화가 났을 때 부모는 아이의 입장에서 아이를 이해하려고 노력하고, 아이에게 기대하지 말아야 한다. 아이가 부모의 기대를 느끼면 부모의 인정을 받으려 애쓰게 되고 그러면 부모에 대한 신뢰와 자신감을 잃어버리게 된다.

아이를 사랑하는 것은 아이의 존재 자체를 기뻐하고 아이의 방식과 선택을 인정해주는 것이다. 아이가 부모에게 거짓말을 했다면 "거짓말은 해서는 안 돼."라고 하지 말고 왜 거짓말을 했는지 이유를 알아내야 한다. 아이가 부모에게 진실을 말해도 안전하다고 느낀다면 진실을 말한다.

아이들은 다른 사람들이 자신을 대하는 방식에 기초하여 감정을 형성한다. 아이가 부모의 사랑을 확신하지 못하면 아이는 부모의 사랑을 받아내려고 애쓴다. 아이는 부모의 말과 행동에 따라 자신의 말과 행동을 지어낸다. 부모가 아이에게 무언가 성취하도록 명령하면 아이는 부모의 사랑을 의심하게 되며, 자신이 부모에게 감동이나 즐거움을 주지 못하면 사랑받지 못할 것이라고 생각한다.

부모의 사랑을 의심하는 아이는 불안 우울 언어장애 학습문제 야뇨증 수면장애 섭식장애 분노 등 총체적 난국에 빠진다. 부모는 아이의 행동 이면의 고통스런 감정과 생각을 헤아려야 한다. 부모의 사랑 속에서 안정감을 느끼는 아이가 자신감을 갖고 자신이 선택한 목적을 추구한다.[29]

유대인은 교육으로 세계를 정복했다. 유대인 아이들은 텔레비전을 보는 아버지가 아니라 책을 보는 아버지를 보면서 존경과 신뢰를 형성한다. 공부하는 부모가 공부하는 아이를 만든다. 아이들은 질문하면서 성장한다. 질문은 사고의 폭과 깊이를 더해준다. 유대인부모는 아이의 질문에 정답을 말하기보다 아이 스스로 답을 찾도록 이끌어준다. 그러면 아이들은 책임감과 자신감이 생긴다.[30]

행복한 학생이 공부도 잘하고 더 성숙한 어른으로 성장한다. 행복감은 두 가지 조건에 의해 좌우된다. 구체적인 목표와 지키기 어렵지 않은 규칙이 있어야 한다. 내가 존재하는 목적이 되어줄 신념체계, 즉 꿈 목표 가치관 등이 있어야 한다. 꿈 목표가 공부하는 이유가 되고 공부에 더 몰입하게 만든다. 규범이 없으면 값비싼 실수를 저지르기 쉽고, 궁극적 목적이 없으면 피할 수 없는 비극이 닥쳤을 때 용기를 내지 못한다. 이것은 아이가 부모님과 대화를 통해서, 풍부한 독서와 폭넓은 견문을 통해서 기를 수 있는 자질이다.[31]

아이들이 장래의 청사진을 그려보면 아주 좋은 효과를 얻을 수 있다. 성공한 감정을 미리 느껴보게 하는 것이다. 우리는 현실을 깨고 그 이상의 것을 생각하기가 쉽지 않다. 이 이유는 상상을 담당하는 뇌와 지각을 담당하는 뇌가 같은 부위기 때문이다. 그래서 상상을 현실로 착각하기도 한다. 그렇기에 더욱 꿈과 목표가 필요하고 그 꿈을 책상 앞에 써놓아야 한다.[32]

1995년8월19일 미국 라스베이거스 그랜드 아레나호텔 특설링. 전 세계 헤비급 챔피언 타이슨이 18세 소녀를 강간하고 3년형을 복역한 뒤 게임을 치렀다. 상대는 피터 맥닐리로 89초 만에 실격패했다. 네 달 뒤 타이슨은 사우스 필라델피아 코어스테이츠 스펙트럼에서 두 번째 경기를 가졌다. 상대 버스터 마티스 주니어를 이겼다. 이 허접한 두 경기는 유명한 프로모터 돈 킹의 작품이었다.

돈 킹은 세달 뒤 라스베이거스 MGM그랜드호텔 특설링에서 WBC세계챔피언인 영국의 프랭크 브루노와 타이슨을 붙였다. 타이슨이 3회에 승리했다. 킹은 승자효과를 노린 것이다.[33]

승리는 뇌를 재조정한다. 아이들에게 풀 수 있는 문제를 주어서 풀었다는 쾌감, 승리감을 맛보게 한 뒤 조금씩 어려운 문제로 올라가는 것이 중요하다.

긍정적 생각, 활기찬 행동, 당당한 자세를 견지하면 이런 것이 무의식에 쌓이고 우리의 운명이 그 방향으로 간다. 부정적 생각은 족쇄가 된다. 수학을 못하는 아이에게 수학공부를 강요하면 실패가 누적되고 성취감은 사라지고 아이는 점점 작아진다.

4장

부모는 교육에 무지한 거부(巨富), 아이는 학교 전전하는 문제아

대화상대 없는 아이, 초교 때부터 강압교육으로 우울증

"안녕하세요? 김 아무개라고 합니다. 아빠가 학원에 가보라고 해서 왔습니다." "미남이네. 공부도 잘할 것 같고." 사실 말은 좋게 했지만 불량배가 들어오는 줄 알고 깜짝 놀랐다. 옷차림과 태도가 완전 건달이었다.

아버지는 서울, 어머니는 미국에 산다. 할머니는 광역시에서 중학생인 남동생과 살고 있다. 돌아가신 할아버지는 일본에 유학했고 할머니는 명문대 법대를 졸업했다. 아버지와 어머니는 3류 대학을 졸업했다. 재산은 헤아릴 수 없을 정도다. 조부모님은 많이 배웠지만 부모님은 공부를 열심히 해 본적이 없다. 아이들 교육에도 무지했다.

이 학생은 광역시에서 초등학교 다닐 때 '좋다는 교육'은 억지로 다 받아봤다. 물론 돈이 많아 가능했겠지만 부모가 교육을 몰라 무작정 시켰다. 초등학교 3~4학년까지는 배우는 범위가 넓지 않아 아이들이 조금만 노력하면 점수를 잘 받는다. 이 학생도 4학년까지는 점수가 좋았으나 5학년이 되면서 사춘기가 찾아와 부모의 말을 따르지 않고 학원도 소홀히 했다. 중학교 1학년 때는 전교에서 꼴찌를 다퉜다.

공부와 멀어지면서 스트레스를 폭력으로 풀기 시작했다. 학생의 아버지는 아이가 휴대전화나 게임에는 크게 관심이 없어서 그나마 다행이라고 생각했다. 그러나 한국에서는 다닐 학교가 없었다. 문제학생으로 찍혀 몇 번 전학했고 더 이상 받아주는 학교가 없었기 때문이다. 아버지는 억지로 엄마가 있는 미국으로 보냈다. 아버지는 미국에 가면 영어라도 배우니 남는 게 있을 거라고 생각했다. 영어를 전혀 못하는 학생이 무작정 미국으로 갔다.

학생은 미국학교에서 선생님이 "오후에는 야외에서 수업을 할 계획이니 거기로 모이세요."라고 한 말을 알아듣지 못해 교실에 혼자 남아있었던 적도 있었다고 했다. 자연히 친구들과 어울릴 수 없어서 외톨이가 되었다. 말이 안 통해 학급친구들과 주먹다짐을 자주해 퇴학당할 위기에도 몰렸었다. 아버지는 그래도 학교는 다니라고 강요했고 이 학생은 우울증에 빠지고 말았다. 불행의 악순환이었다.

결국 참다못해 학교에 가라고 하는 엄마를 폭행하는 지경에 이르렀다. 2년만인 중학교 3학년 1학기 초에 다시 한국으로 오고야 말았다. 서울의 어느 학교에서도 학생을 받아 주지 않자 경기도 S시 소재 모 중학교로 겨우 전학했다.

이 학생은 부모가 공부에 대한 모범을 보여주지 못한 채 강제로 시켰다. 그 전 단계로 가족들이 뿔뿔이 흩어져 살면서 어린 아이가 정붙일 곳이 없었던 것이 문제의 뿌리였다. 자신을 이해해주는 대화상대가 없었다. 한국의 아버지나 미국의 어머니 모두 학생의 마음을 읽지 못했다.

나는 공부보다 학생의 말을 많이 들어주고자 했다. 학생은 한국과 미국의 학교생활, 친구관계, 가족상황 등을 토로하면서 마음의 문을 조금씩 열었다. 드디어 공부로 관심을 유도했다. 아버지의 요청으로 학교공부보다는 1년간 영어독해, 어휘, 작문, 미국방송듣기 등을 열심히 가르쳤고 학생도 따라왔다. 결국 토플 IBT(Internet-based TOEFL) 105점 수준(만점 120점)까지 실력이 늘었다.

아버지는 미국유학을 몹시 싫어하는 이 학생을 중학교 3학년이 끝나는 겨울방학 때 다시 보냈다. 그 후로 연락이 없다. 어떻게 되었을까? 그나마 영어공부로 관심이 생겼을 때 조금씩 공부의 폭을 넓혀갔더라면 하는 아쉬움이 남았었다.

이 학생의 불행은 어릴 때 어머니와 떨어져 산데서 시작됐다. 학생은 어머니가 미국에 간 이유에 대해서는 입을 다물었다. 엄마가 가장 필요한 시기에 엄마 없이 살았다는 것은 너무나 큰 결함을 안고 인생을 시작한 것이다. 부디 이 학생이 미국에서 영어만 아는 바보에서 탈출했기를 기대했다.

● 조언과 해법 ●

부모이전에 원숙한 어른이 되자

위의 사례에서는 부모님, 학생 모두 힘들었을 것이다. 이 세상에 자녀문제에서 자유로운 부모는 없다. 자식은 아무리 애물단지라고해도 포기가 안 된다. 그런 고통 속에서 부모도 자녀도 한 단계 더 성장한다. 당장은 힘들더라도 고통은 인생 최고의 좌표, '깨달음'을 선사한다.교육은 부모와 아이 모두에게 고통스러운 인내의 과정이자 성장의 기쁨을 선사한다.

아이 문제는 대부분 부모로부터 기인한다. 아이를 잘 키우려면 부모가 먼저 '원숙한 어른'이 되어야 한다. 그러나 '어른 되기'는 또 얼마나 어려운가. 어른 되기도 어려운데 덜컥 부모가 돼버렸다. 그러니 아이를 제대로 키우기가 쉽지 않다.

무릇 어른이라면 자신의 삶의 모습이 좋던 나쁘던 그에 대해 전적으로 책임을 져야하며, 자신의 진실과 생각, 자신 안의 신과 악마를 결코 무서워하지 않아야 한다. 의식이 확장되기 전에는 항상 어둠과 대변동(내적 갈등)이 일어난다는 것을 믿어야 하며, 사람들이 내 곁에 머무르거나 떠나가는데 연연해하지 않는다.

어른은 연민을 가지고 다른 사람의 행동을 봐야 하며 그래야 그 행동을 이해할 수 있다. 어른이라면 변화와 성장이 두려워도 그 길을 택한다. 두려우면 두려운 대로 행동하지만 결코 두려움 때문에 그 길을 가거나 가지 않는 것은 아니다. 어른이 되면 더 이상 부모가 정해놓은 규칙에 따르지 않더라도 불안해하지 않는다. 어른은 자신의 진실성을 소중히 여기며 이것을 다른 누군가의 행동을 판단하는 잣대로 사용하지 않는다.

어른은 자유롭게 행동하면서도 자유의 한계를 존중한다. 누군가로부터 혹은 무언가로부터 내가 마땅히 보호받을 권리도 없다. 누군가에게 무언가를 줄 때 상대방에게 감사를 요구하지 않는다.

선택할 때는 융통성 있게 하고, 변화를 조화롭게 수용한다. 특히 스스로 세운 기준에 따라 살면서 가끔 저지르는 실수를 관대하게 넘기고 용서한다. 일과 인간관계에서 잘못을 저지를 수 있다는 생각을 하며 언제나 옳아야 하고 뛰어난 능력을 발휘해야 한다는 압박에서 벗어난다. 기대에 늘 부응하지 못하는 것이 정상이다.

어른은 자신에게 다가온 어떤 도전도 충분히 감당할 수 있으며, 자신이 사랑하는 일을 하고 그 일을 할 때 행복을 느낀다.[34] 부모가 이런 어른이 된다면 아이도 그대로 따라서 올바른 어른으로 성장할 것이다. 부전자전, 모전여전이다.

부모의 사랑이 부족하면 아이는 탐험하지 않는다

이 학생은 무엇보다도 가정에서 부모와 따뜻한 대화를 나누지 못한 것이 가장 큰 문제였다.

아이가 세상을 탐험하려면 안정된 애착이 필요하다. 엄마가 주는 정서적 안정감이 부족하면 아이는 살아가는 데 필요한 학습과 탐험을 꺼린다. 아이는 주위 세계를 돌아보면서 지나치게 불안해한다. 즉 호기심과 탐구심이 부족해 공부를 못하게 된다.[35]

우리가 단기적인 보상과 위안(게임 마약 술)에 굴복해 장기적인 고통을 떠안지 않으려면 참아야 한다. 진정한 목표와 가치를 위해 행동해야 한다. 거짓 위안을 뛰어넘어야 한다.

인간은 감정적으로 남들과 연결되고자 하는 강한 욕구를 지닌 존재다. 특히 아이들은 온전히 내편이 되어주는 환경이 마련되어야 감정표현, 학습, 주변탐색 등을 하면서 성장한다. 아이가 넘어져 울 때 엄마가 바로 달려와서 꼭 안아주며 두렵고 슬픈 감정을 달래주었다면, 지나치게 놀라거나 흥분한 모습을 보이지 않고 침착한 모습을 보였다면, 아이는 그 경험에서 편안하게 벗어날 수 있다. 부모가 "어서 뚝 그쳐. 아무것도 아니야." 라고 해서는 안 된다.

무시 축소 방치되는 상황은 깊은 고통과 슬픔을 키운다. 그런 대우를 받으면 안전에 위협을 느낀다. 부모로부터 버림받지 않기 위해 거짓말을 하고 불안 우울증 중독에 걸린다. 성인이 되면 완벽주의자가 되어 자신을 스스로 괴롭힌다. 그러니 아이의 있는 그대로의 모습을 사랑하고 이해해야 한다. 부모가 아이의 높은 성적을 강조하면서 지속적으로 꾸중하면 아이는 열등감에 빠져 도전하지 못하게 된다. 자신이 무가치하다고 생각해 삶의 가능성을 스스로 제한한다.[36]

인간은 낯선 사람을 만나면 두 가지 의문에 대한 대답을 빠르게 찾아낸다. '내가 이 사람을 믿어도 될까?' '내가 이 사람을 존중할 수 있을까?' 즉 온정과 능력에 대한 관심이다.

사람은 온정, 신뢰를 능력보다 중시한다. 능력보다 온정을 먼저 평가하는 것은 진화론적 관점에서 생존에 더 유리했기 때문이다. 믿지 못할 사람은 멀리해야 생존에 유리하다. 유능하나 믿을 수 없는 사람은 가장 멀리해야한다. 그래서 교사나 부모는 아이를 따뜻하게 대하는 것이 먼저고 잘 가르치는 것이 다음이다.[37]

어머니와 함께 말하고 대화하는 것만으로도 아이의 두뇌가 좋아진다. 위 학생은 그런 경험이 부족했다. 캔자스대학의 베티 하트박사, 토드 리슬리 박사 연구팀은 1990년대 중반 사회경제적 배경이 다른 42개 가정을 대상으로 당시 생후 7~9개월 된 아이들을 2년 반 동안 추적 관찰했다. 정기적으로 가정을 방문해 얼마나 많은 말을 하는지, 말투는 어떤지, 긍정적인 말인지 부정적 말인지를 관찰했다.

추적결과, 네 살이 되면서 말을 많이 한 가정의 아이는 말이 가장 적은 집 아이에 비해 3천2백만 단어를 더 들었으며, 사회적 경제적 지위와는 무관하게 말을 많이 한 가정일수록 아이의 지능이 더 좋았다. 부모가 긍정적인 말을 많이 하고, 대화를 통한 상호작용을 더 자주하고, 명령보다 부탁하는 말을 듣고 자란 아이일수록 지능이 더 높았다.

부모가 어린 아이에게 가장 많이 하는 말이 "위험해. 더러워. 하지 마."다. 특히 "하지 마"라는 말이 많다. 그 말은 아이의 도전의욕을 꺾는다. 자주 칭찬하지 마라. 그러면 아이가 잘난 척하게 된다. 칭찬에 익숙해지면 칭찬받기 위해 어려운 과제를 하지 않으려 한다. 아이가 포기하지 않고 해내면 그 때 진심으로 칭찬해주라. 성취감을 느낀 아이는 자신감이 생긴다.

환경에 따라 유전자가 바뀐다

위에 소개한 학생은 부정적 환경에서 자랐다. 부모님의 심리적 지원은 없고 경제적 지원뿐인 이 환경을 극복하고 성실하게 노력하는 보통의 학생이 되기 위해서는 오로지 자신의 의지력에 기대야 했다. 의지력은 성인에게도 별로 쓸모가 없다. 어린 학생이 의지력 하나로 이런 불리한 환경을 긍정적으로 바꾸는 것은 거의 불가능하다.

생물학자인 브루스 립턴박사는 줄기세포 하나를 배양접시에 두었는데 10시간마다 세포가 분열해 2주 후 수천 개의 세포가 생겼다. 동일한 모세포에서 분열된 것이므로 유전적으로 동일한 세포들이었다. 그는 세포들을 나누어 세 개의 배양접시에 옮겼고 세포의 환경이라고 할 수 있는 배지를 접시마다 달리했다. 1배양접시에서는 세포가 뼈가 되었고 2접시에서는 근육, 3접시에서는 지방이 되었다. 세포의 운명이 유전자가 아니라 배지(환경)에 의해 결정됐다.

어떤 사람이 되는 가는 어떤 유전자를 갖고 있느냐가 아니라 어떤 유전자가 발현되느냐에 좌우된다. 유전자의 발현은 환경의 신호와 선택으로 이루어진다. 인간의 생명활동이 유동적이라는 것은 복음(福音)이다. 사람은 어떤 사람(부모)들과 만나느냐에 따라 인생이 달라진다. 나의 정체성과 능력, 기회는 나의 상황에 따라 계속해서 변한다.[38] 아이는 누가되었든 자기를 진정으로 믿어주는 특별한 사람에게 지속적으로 지원을 받으면 나쁜 환경을 극복할 수 있다.

10대 우울증과 아이돌 공연

위의 학생은 우울증을 앓았다. 우울증은 신체적으로도 극심한 고통과 변화를 가져온다. 한창 약동해야할 어린 학생이 우울증에 걸릴 정도면 아무리 돈이 많은 집인들 무슨 소용인가?

아이가 한꺼번에 여러 가지 행동이 변하거나 변화가 다른 증상과 같이 나타나면 조심해야 한다. 청소년이 2주 이상 화 슬픔 짜증이 지속되거나 잠과 식사, 친구 가족과 보내는 시간이 변하면 위험신호다.[39] 잘 살펴야 한다. 뇌와 신체가 스트레스나 트라우마에 영향을 가장 많이 받을 때는 유아기이고, 스트레스의 피해가 장기적으로 나타나는 시기는 사춘기다.[40] 우리나라 청소년의 첫 번째 사망원인은 자살이고 자살의 첫 번째 원인은 공부로 인한 우울증이다.

원시인들이 모닥불을 둘러싸고 쿵쿵거리며 춤을 추고 아이들이 좋아하는 가수와 함께 떼창을 하는 것은 모두 개인적 고립감과 무력감에서 해방되기 위해서다.[41]

중장년 가수들의 공연에서 중년부인들이 열광하는 것, 중장년 남성들이 야구장 축구장에서 소리를 지르며 응원하고, 노래방에서 술에 취해 어깨동무하고 노래하는 것 또한 외로움을 극복하기 위해서가 아닐까?

각자가 모두 파편화돼 외로움이 사무치는 시대가 돼버렸다. 그래도 부모는 자신의 외로움은 잠시 뒤로하고 아이들의 외로움을 돌봐야한다. 부모는 죄인이니까. 아주 오래전 영화의 한 장면. 흑인 주인공이 백인 처녀를 데리고 와 결혼하겠다고 하자 부모가 반대했다. 흑인 주인공은 부모에게 "부모님은 저를 낳으실 때 평생 갚으셔야할 빚을 지고 낳으셨습니다. 그러니 반대하지 마세요. 저도 제 아이를 낳을 때 마찬가지로 빚을 지고 낳습니다."고 했다. 아이는 5살까지 평생 할 효도를 다한다.

아이를 존중하면 자신감과 성적이 올라간다

자신감은 '나는 가치 있다'는 생각이다. 부모가 아이의 불완전함을 자주 지적하면 아이는 자신감을 잃고 도전하지 못한다. 아이는 부모의 말, 표정, 행동을 보며 자신의 이미지를 만들어간다. 부모가 아이를 존중하고 아이의 능력과 자기주도력을 인정해주면 아이는 자신감 자존감 자기주도력을 갖추고 성적도 올라간다.

아이의 자신감과 자존감을 키우기 위해서는 아이가 요청할 때는 요청한 만큼만 도와준다. 요청이상 도와주면 '넌 하지 못해'라는 암시가 된다. 아이를 비교하면 지는 것을 두려워하게 된다. 아이가 질문을 할 때 부모는 설교나 강의하지마라. 다시는 질문하지 않는다. 아이를 부모와 평등한 존재로 대접하라. 우유를 쏟은 아이에게 필요한 것은 도움이지 비판이 아니다.

아이와 함께 하라. "시간이 없다. 나중에 놀아줄게."라는 말은 아이가 자신이 중요한 존재가 아니라는 생각을 하게 한다. 아이가 도움을 청하면 가능한 빨리 기쁘게 반응하라. 자신감은 자신이 중요하며 대접을 받는다고 느낄 때 생긴다.[42]

부모가 아이가 머리가 나쁘거나 재능이 없어서 잘못한다고 결론을 내리면 아이는 이런 부모의 결론을 알아차리고 자아상에 반영해 성적이 떨어진다. 부모의 비난이 사고방식으로 굳어지고 습관이 된다. 아이의 성적저하의 근본원인은 비관성이다.[43]

5장

부모의 한풀이로 1초도 자유 없는 사춘기아이, 자해(自害)

S대 의대 갈 모범생이 엇나가 재수, 전문대 입학

어머니가 고3 여학생과 함께 상담하러 왔다. 학생이 고1때 S대 의대를 가기위해 서울 송파구 잠실동에서 강남구 대치동으로 전학했다. 잠실에서는 중학교까지 전교에서 1~2등을 했다.

대치동으로 온 뒤인 고 1~2학년 때 밤을 새워 공부해도 전교에서 항상 10등 정도였다. 그러면서 학생은 공부에 서서히 멀어져갔다. 전교 10등도 못하는 것이 아니지만 아무리 해도 석차가 올라가지 않자 의욕이 떨어졌다. 더구나 1등을 해야 S대 의대를 갈 수 있기 때문에 좌절했다. 고3 전 과목 내신은 평균 4등급, 수능모의고사는 평균 3등급을 받았다. 전학 오기 전보다 성적이 내려갔다. 어머니는 "큰 일 났다."며 살려달라는 식이었다.

테스트 결과 15회 정도 수업하면 수능모의고사 영어 1등급은 충분할 것 같았다. "그동안 성적이 왜 안 좋았다고 생각하니?" "중학교 2학년 때 사춘기가 오면서 엄마가 너무 밉고 공부가 지긋지긋했습니다. 엄마가 아침에 일어나면서부터 잠자기 전까지 1초도 자유시간이 없이 시간표를 빽빽하게 짜서 죽는 줄 알았습니다."

그러나 엄마가 무서워 반항은 못했다. 어머니는 자신이 못다 이룬 공부를 자녀를 통해서 이루고자했었다. 어머니는 고등학교까지는 공부를 아주 잘했으나 집이 가난해 원하는 대학에 못가고 전 학년 장학생으로 다른 대학을 다녀야 했다.

학생은 대치동으로 전학 와서부터 공부가 너무 싫어져 어머니를 속이고 공부하지 않았다. 그런 상황을 모르는 어머니는 속이 타서 학생에게 공부만 강요했다. 학생은 "공부하기 싫다"는 말을 줄곧 했다.

아이가 어느 날 손목에 붕대를 감고 왔다. 스트레스를 참지 못하고 급기야 술을 먹고 자해했다. 다행히 상처가 깊지 않아 큰일은 없었으나 마음의 상처는 더 커졌다. 얼마나 힘들었으면 푸르른 여고시절에 칼로 손목을 그었을까? 깜작 놀란 어머니가 백기를 들고 아이의 마음을 돌리려했으나 이미 공부와는 너무나 멀어져버렸다.

어머니는 그저 탈 없이 건강하게 학교만 다니길 바란다며 아이를 다독였다. 어머니의 강압과 전학이라는 잘못된 선택이 잘 하고 있던 아이를 망쳐버렸다. 이 아이는 어머니가 조금 참고 응원하며 전학을 하지 않았더라면 원하는 대학에 들어갔거나 명문대에 입학했을 것이다. 공부습관이 돼 있는 아이여서 자율적으로 하게 했다면 더 잘할 아이였다.

아이가 자해까지 하는 상황에서는 도저히 지도가 힘들었다. 못하는 학생을 잘하게 하거나 잘하는 학생을 더 잘하게 하는 것은 해볼 만하지만 잘했던 학생이 공부할 마음이 떠나면 정말 힘들다. 공부습관이

나 방법이 아니라 마음을 잡는 것이기에 그렇다. 이 학생은 결국 마음을 돌리지 못했다. 재수까지 했으나 2년제 전문대에 가야만 했다. 물론 전문대에 간다고 인생이 잘못되는 것은 아니다. 거기서도 얼마든지 하늘 높이 날 수 있으나 1차 좌절을 안고 출발한 것이니 안타깝다.

부모의 과도한 교육열에 부모의 못다 이룬 소망까지 더해지면 최악의 길로 들어서는 것이다. 자식은 부모의 소유가 아니다. 한 명의 인격체로 존중하는 것이 최고이자 최선의 교육이다. 아이와 대화하고 상의해서 아이의 결정과 결심이 공부계획에 반드시 반영돼야 한다.

조언과 해법

부모가 억압하면 아이는 자신을 모른다

부모에게서 양질의 양육과 교육을 제공받은 아이는 평균적으로 사회에 보탬이 될 가능성이 더 크다. 반면 부모의 지나친 통제를 받으면 자아정체성을 확립하지 못한 미성숙상태로 남는다. '마마보이' '마마 걸'이 된다. 부모의 강압에서 벗어나 자신이 누구인지 자유롭게 탐색하면 자신을 더 잘 알 수 있다. 자신에 대한 이해를 토대로 꿈과 목적을 만들어나갈 수 있다.[44]

조지프 더랙과 로저 바이스베르크는 여러 학교에서 진행된 성격교육 프로그램을 분석한 213건의 연구를 메타 분석했다. 연구진이 분석한 213건은 27만 명의 학생들을 대상으로 진행됐으며 1955~2007년까지 발표됐다. 이들이 분석한 결과 성격과 관련된 교육을 받은 학생들은 대조군 학생들에 비해 사회적 기술과 태도가 우수하며 품행이 바르고 학업성적이 우수했다.

이것이 바로 교육의 효과인데 성격은 학교가기 전 가정에서 거의 형성된다. 바로 가정교육의 중요성인데 위에 소개한 여학생의 경우 아주 어릴 때부터 어머니가 공부만을 강요함으로써 성적은 물론 성격도 우울하게 돼버렸다.

행복한 사람들은 스스로 만들어낸 원칙에 따라 산다. 유전자(부모), 문화, 자아(본능, 이기심)가 시키는 대로 살지 않는다. 이들은 도전, 삶 자체를 즐기며 조화로운 성장을 추구한다.

사람의 성격, 인성은 유전과 환경에 의해 형성되고 변화한다. 그런 점에서 어머니의 영향력은 누구보다도, 어떤 것보다 지대하다. 어머니는 아이에게 유전자를 물려주는데다 가장 막강한 영향력을 미치는 환경요인이기도 하다. 아이는 어머니의 말을 듣고 말을 배우고, 행동을 보고 행동을 따라한다. 어머니의 말과 행동이 비관적이면 비관적인 아이로 성장한다. 물론 아버지도 강력한 영향요인이지만 어머니에 비하면 미미하다. 아이의 성격에는 엄마의 인생관, 세계관이 가장 큰 영향을 미친다.

100명의 아이와 부모에게 실험한 결과 어머니와 아이의 낙관성이 비슷했다. 아빠와는 유사점이 크게 없었다. 엄마가 낙관적이라면 아이에게 좋은 일이지만 비관적이라면 불행이다. 지능, 정치적 견해, 종교관 등 상당 부분이 어머니로부터 유전된다.[45]

위의 학생의 경우 어머니는 강박적으로 아이를 몰아붙였다. 아이는 전혀 자유 자율이 없었다. 이런 여유 없는 강박적 태도는 아이의 뇌 세포에 그대로 각인돼 아이도 강박적인 성격, 여유와 유머를 모르는 성격으로 성장할 가능성이 아주 높다.

보상보다 자율, 설명하면 공감한다

사람은 스스로 선택한 일이면 더 전념한다. 자발성이 높아지고 소외감은 낮아진다. 그러니 지시받아서 일을 하는 사람보다 스스로 선택한 사람이 더 많은 일을 더 잘 해낸다. 아이의 자율성을 키우려면 아이의 관점을 받아들여야 한다. 그러면 아이의 주도성, 실험정신, 책임감이 커진다.[46]

심리학자 테레사 애머바일은 자율성의 한계를 정해놓고 통제하는 상황에서 아이들이 그린 그림과 자율적으로 그린 그림의 수준을 평가했다. 자율적으로 그린 아이들의 그림이 통제 당했던 아이들의 그림보다 좋은 점수를 받았다. 많은 색을 쓰고 독특하게 그렸으며 소재도 각양각색이었다. 내면의 동기가 부여된 사람은 그리기를 한 차원 높일 뿐만 아니라 진정한 예술작품을 만들어낼 가능성도 높아진다.

통제는 내면의 동기부여나 몰입을 방해하고, 창의성과 개념에 대한 이해력, 유연한 문제해결력을 해친다. 부모가 아이에게 공부를 강압하고 생활을 통제할수록 아이의 성적은 오히려 떨어진다.

위의 학생은 놀지도 쉬지도 못했다. 놀이는 아이의 생물학적 욕구를 충족시키고 뇌를 성장시킨다. 재미가 반복을, 반복이 두뇌를 키운다. 휴식은 아이의 뇌가 습득한 정보를 되새기고 기억하게 하며 창의성을 키운다.

유대인 학살에서 목숨을 건진 새무얼 올리너와 그의 부인 펄 올리너의 연구에 따르면 2차 대전 때 유대인을 구해준 사람들이 좋아한 단어는 '설명'이었다. 유대인을 구해준 사람들의 부모는 아이들을 키울 때 이유를 설명하고, 잘못을 바로잡을 방법을 제시하고, 충고했다. 설명은 상대방을 존중한다는 메시지를 상대에게 보낸다. 자녀가 이해하고 발전하고 나아질 능력이 있음을 믿는다는 뜻이다.

이 부모들은 자녀의 행동이 왜 부적절한지, 그런 행동을 했을 때 다른 사람에게 어떤 결과를 초래하게 될지를 설명했다. 대신 유대인을 방관한 사람들의 부모들은 아이에게 '너 자신을 위해 규칙을 지켜야 한다.'고 했다. 훈육방법이 지속적으로 효과가 있으려면 원칙도 함께 설명해야 한다. [47]

심리학자 테레사 애머빌에 따르면 평범한 아이의 부모는 아이에게 숙제시간, 취침시간 등 구체적인 규칙을 평균 6가지 정도 요구하지만 창의적인 부모는 아이에게 평균 한 가지도 요구하지 않는다. 구체적인 규칙보다는 도덕적 가치를 강조한다.

10대는 왜 거짓말하고 반항하나?

아이 거짓말의 권위자 빅토리아 탤워 박사에 따르면 거의 모든 아이들이 거짓말을 한다. 6세 아이들은 한 시간에 한 번씩 거짓말한다. 대부분 규칙위반이다. 그러나 아이들이 거짓말을 했을 때 부모가 교훈을 가르치는 경우는 1%밖에 안 된다. 거짓말을 하면 구체적으로 거짓행동을 적시하고 가르쳐야 한다.

거짓말은 문제가 있다는 신호다. 아이가 갑자기 거짓말을 많이 하면 괴로운 변화가 있다는 뜻이다. 아이를 잘 관찰해 괴로운 원인을 해결하고,

진실이 가치 있는 것이라고 가르쳐줘야 한다.[48]

아이는 어른들에게서 거짓말을 배운다. 엄마를 찾는 전화가 왔을 때 "엄마 없다고 해라"라고 하면 아이는 거짓말을 자연스럽게 배우고 거짓말이 나쁜 것인지도 모르게 된다.

이런 거짓말의 심리는 사춘기 아이에게도 그대로 적용된다. 특히 위의 학생처럼 부모로부터 강압당할 경우 자신을 보호하기 위해 거짓말을 더 많이 하게 된다. 거짓말을 지속적으로 하는 아이는 성인이 되어서도 부도덕한 행위로 배척당하고 감옥에 갈 가능성이 많다.

부모가 세금계산서를 작성할 때 수입을 줄이거나, 아이가 더 어리다며 속이고 입장료를 할인받는 모습을 보고 자란 아이는 거짓말할 가능성이 높아진다. 부모는 정직함의 본보기를 보여주어야 하고, 아이가 거짓말 하는 이유를 물어보고 그 문제를 해결해주어야 한다. 아이에게 "거짓말쟁이"라고 하면 절대 안 된다.[49]

부모님들은 고분고분 말을 잘 듣던 자녀가 어느 날 갑자기 반항하며 대들면 당황해한다. 그러나 이런 반응은 역효과만 낸다. 사춘기의 반항은 성장을 위한 통과의례인 만큼 조용히 지켜보며 아이의 방황에 동참해야 한다. 아이 스스로도 그런 자신이 고통스럽다.

십대는 자율을 가장 원하면서도 자율성을 충분히 갖추고 있지 못하다. 십대들은 도움을 주면 간섭한다고 하고, 관심을 보이면 어린애 취급한다고 하고, 조언을 하면 지시한다고 한다.[50]

사춘기의 혼란은 성장통이다. 부모로부터 독립하려하고, 어린 시절 형성한 자아를 해체하고 다른 어른으로 성장하려는 것이다. 사춘기는 광기의 시기다. 몸은 급격하게 커지고, 정신적 충동은 강하며, 사회적으로는 서툴고, 자의식은 미성숙하다. 부모는 십대의 고통과 혼란을 인정하고 이래라 저래라 하지 말아야 한다.

"내가 네 나이 때는~"식의 말은 하지마라. 100% 쓸모없다. 서로 모순되는 메세시를 보내지 말라. "좋아 놀러가라. 그런데 네가 나가면 엄마는 네가 올 때 까지는 잠을 못자." 가라는 건지 말라는 건지 어른이 들어도 화가 난다. 실연, 친구의 배신 등은 스스로 극복해야 한다. 부모는 곁에서 믿음을 갖고 기다리면 된다.

10대는 대인관계를 배우는 시기, 문제부모가 문제아를 만든다

부모는 청소년이 예의바르고 건설적인 태도로 의사소통을 할 수 있도록 그 방법을 가르쳐야 한다. 청소년기는 갈등을 해결하는 법을 배우고 대인관계의 예법을 습득하는 시기다. 가능한 자녀와 대화를 많이 하고 경청하라. 자녀를 오해해 소리 질렀으면 사과하라. 자녀도 사과하는 법을 배워 사회성이 좋아진다.

자녀와 효과적으로 의사소통하려면 너라는 말보다 나라는 말로 시작하는 것이 좋다. "너는 정말 버릇이 없구나."보다는 "나는 네가 나와 이야기하고 있을 때 딴청을 부려 화가 났다"가 좋다.

자녀의 잘못을 일반화시키지 말라. "한 번도 식탁을 치우지 않는구나." 보다는 "오늘 저녁에 식탁을 치우는 것을 잊었더구나."로 하라. 과거의 일까지 들먹이지 마라. 언성이 높아지면 대화를 잠시 중단하는 것이 좋다.[51]

방임과 강압은 똑같이 아이를 망친다. 아이는 서너 살이 되면 여러 가지 감정을 느낀다. 아이의 문제행동은 주로 엄마와 애착이 제대로 형성되지 않아서 생긴다. 엄마의 사랑을 충분히 받는 아이는 안전감, 안정감이 형성돼 스트레스를 덜 받는다.

부모는 자신의 어린 시절 경험대로 아이에게 행동하기 쉽다. 부모에게 맞은 부모가 자식을 때리기 쉽다. 보면서 배우는 것이다. '나는 바담풍해도 너는 바람풍(風)하라'면 아이도 '바담풍'한다.

'친구 같은 부모'는 아이에게 행동모델이 되지 못하며, '우울한 부모'는 아이양육에 치명적이고, '방치하거나 강압적인 부모'는 문제아를 만든다. 엄마가 우울증에 걸려 아이를 돌봐주지 못하고 아이가 비디오를 보며 놀게 되면 생생한 의사소통이나 아이 감정에 맞춘 상호작용이 없어 또래와 노는 법, 사회성을 배우지 못한다. 아이에게 또래와의 놀이만큼 중요하고 훌륭한 배움터는 없다.[52]

아이는 3세까지 주 양육자와 애착관계를 형성해야 한다. 그런 이유로 양육자가 이 사람 저 사람 바뀌면 아이 성장에 나쁘다. 정부가 돈을 준다고 엄마가 집에서 키워도 되는 상황인데도 아이를 보육원, 어린이집에 보내는 것은 좋지 않다.

예일대학교 연구팀은 신체적 학대나 정서적 방치를 받은 청소년의 전두엽피질의 회백질 양이 적다고 밝혔다. 전두엽피질은 이성 집중력 기억력 학습능력 동기부여 충동조절 등을 담당하는 곳이다. 강압, 방치, 학대는 두고두고 아이의 문제행동을 유발한다.

아이를 모르는 성인(成人)처럼 대하라

누구든 나를 통제하려고 하면 기분이 나쁘다. 아이도 마찬가지다. 설사 부모라 하더라도 기분 나쁘다. 아이는 자신의 감정을 감출 수도 있다. 부모가 아이와 친밀한 관계를 형성하고 싶다면 아이의 표현방식을 옳다 그르다 판단하지 말아야 한다. 부모는 먼저 충고나 비판 없이 아이의 감정을 경청하고 인정해야 한다. 상처받은 감정과 분노가 분출되지 않고 잠재되어있다면 아이의 감정적 지적 신체적 건강이 위협받을 수 있다.[53]

아이를 대하는 가장 좋은 방법은 모르는 성인(成人)처럼 대하는 것이다. 부모가 아이에게 좋은 것이라고 생각해 그냥 밀고 나가서는 안 된다. 우리가 다른 사람에게 그렇게 할 수 없는 것처럼 아이에게도 그렇게 해서는 안 된다. 평가는 참된 가르침을 주지도 못하면서 사랑하는 사람을 멀어지게 만든다.

물건을 훔친 아이에게 "도둑질은 나쁜 짓이야"라고 말하면 아이는 자신의 행동을 후회하기보다 부끄러움에 괴로워한다. 대신 "네가 가게에서 돈을 내지 않고 사탕을 가져오는 것을 보고 난 걱정했다."라고 하면 아이는 보다 쉽게 마음을 열고 그런 행동을 한 이유를 설명한다.

자식이 생각대로 되지 않는다고 아이에게 화를 내고 질책하는 부모는 아직 어른이 아니다.

"다 너를 위해서야"라는 말은 절대 하지 말라. 스스로 일어날 시간에 일어나지 않을 때는 "더 이상 깨우지 않겠다."고 아이에게 선언하라. 아이가 지각을 하더라도 깨우지 말라. 아이가 정해진 규칙을 어길 때는 부모의 가치관을 진지하게 전달한다. 사춘기는 아이교육의 마지막 시기이자 부모도 성장하는 시기이다.[54]

6장

아버지의 구타로 기면증까지 걸린 아이

재벌급 부자 부모 자녀교육에 무지, 남들 따라하기만

12월 중순 한 어머니가 학원에 상담하러 왔다. 학생은 오지 않았다. 학생의 아버지는 중견회사 회장이고 어머니는 경영대를 졸업한 전업주부였다. 준 재벌정도 되는 집이었다. 첫째는 고등학교 2학년 아들이고 밑으로 남동생과 여동생이 있었다. 부모 모두 자녀교육에 대해 잘 모르는 것 같았다. 아버지는 사업에만 몰두했으나 아들의 성적에는 관심이 많았다. 자신의 사업을 이어받아야 할 큰 아들이기에 공부 등 모든 면에서 잘하기를 바라는 마음이 강렬했다. 어머니는 자녀들을 어떻게 교육시켜야 할지 잘 몰랐다. 남들이 하는 대로 무리하게 시켰다고 했다.

주위에서 좋다고 하면 잘 알지도 못하면서 모두 시켰다. 첫째 아들의 성적은 중학교까지는 중간정도 갔지만 고등학교에 올라와서는 밑바닥을 헤맸다. 아버지는 엄하기만 했다. 원칙 없이 매를 들기도 했다. 큰 아들은 아버지에 대한 원망이 무척 컸다. 아버지는 큰 아들을 차에

태우고 가다 운전 중에 주먹으로 아이를 때리고 차문 밖으로 밀어버릴 정도였다. 이유는 투자한 만큼 성적이 나오지 않는다는 것이었다.

어머니와 상담하고 다음날 학생을 테스트했다. 한글 이해력이 떨어지고 기초가 많이 부족했다. 일주일에 세 번 수업하기로 했다. 기대이상으로 열심히 따라왔다.

수업을 시작한지 2개월 정도 되었을 때다. 수업 중에 학생이 눈은 뜨고 있는데 몸을 움직이지 못했다. "왜 그러냐?"고 물어도 반응이 없었다. 눈을 뜨고 잠을 자는 기면증과 같은 모습이었다. 다음날 어머니에게 학생의 상태를 조심스럽게 전달하고 병원진단을 권했다. 검사 결과 고도기면증이었다.

요즘 청소년들 중에는 심한 스트레스로 기면증이 나타난다고 한다. 일시적이라 스트레스 요인이 해소되면 기면증도 사라진다. 이 학생은 정도가 매우 심하여 1개월 이상 입원 치료해야 한다는 진단을 받았다.

아버지의 압박이 기면증을 유발했다. 수능시험을 5개월 앞두고 발견한 것이라 병원에 입원할 수 없어 수능이후에 치료받기로 했다. 그러나 기면증이 더 심해졌다. 눈을 뜨고 있어도 뇌가 잠을 자는 상태라 성적이 잘 나올 수 없었다. 수능결과는 뻔했다. 아이는 재수를 한다고 했으며 연락이 끊어졌다.

얼마나 압박에 시달렸으면 기면증까지 걸릴까? 부모가 자녀교육에 대해 모르면 성실하고 정직하게 사는 모습을 보여주면 된다. 아이는 그런 부모님의 생활을 보며 공부 역시 그렇게 한다. 자녀는 부모의 울타리(생활방식과 태도)를 절대 벗어나지 않는다. 부모님이 성실히 산다면 자식걱정은 안 해도 좋다. 그것만으로도 교육은 거의 된 것이다. 더 나아가 아이와 자주 스킨십하고 대화하면 100%다. 모든 생명체는 스스로 성장하고자 하는 본성을 갖고 태어나기 때문에 그 본성을 해치지만 않아도 된다.

● 조언과 해법 ●

처벌과 보상은 행동을 교정하지 못한다

엄마가 쓰레기를 버리면 용돈을 주겠다고 아이에게 제안한다. 그러면 아이는 용돈을 받지 않으면 쓰레기를 버리지 않는다. 보상은 제공되는 순간 중독성을 띤다. 아이는 쓰레기를 버릴 때 마다 용돈을 기대한다.

당근과 채찍은 내재동기를 없애고, 성과 감소, 창의성 말살, 사기 편법 등 비윤리적 행동과 중독을 유발하고 근시안적으로 생각하게 만든다. 칭찬과 긍정적 피드백(환류)은 현금보상보다 좋다. 노력 자체를 칭찬해야 한다.

아이의 관점에서 문제를 보고, 아이에게 의미 있는 피드백과 정보를 주고, 공부계획이나 진로를 스스로 선택하도록 해야 한다.[55] 인간은 장기판 위의 말이 아니라 장기선수가 되기 위해 태어났다.

아이가 상이나 칭찬에 이끌려 행동하면 자신의 의지로 움직이는 것이 아니기 때문에 상이나 칭찬이 멈추면 행동 또한 멈춘다. 벌이나 채찍으로 잘못된 행동을 막는 것도 마찬가지다. 자신의 의지가 아니므로 벌, 채찍이 없어지면 잘못된 행동을 다시 한다. 당근과 채찍은 당나귀에게나 통하는 수법이다.

자주 혼나는 아이는 자신감과 용기를 잃고 상처받는다. 벌이나 위협을 받으면 상대를 원망하고 오기가 생겨서 다른 사람 말을 전혀 듣지 않는다. 처벌 대신 결말을 경험하게 하라. 아이가 약속한 식사시간이 지나도 집에 들어오지 않으면 약속한 대로 밥을 주지 말라. 부모가 할 일은 아이의 과제를 도와주는 것이 아니라 아이 혼자서 과제를 해결하도록 용기를 주는 것이다. 부모가 대신 해주면 아이는 의존적인 아이, 무능한 아이가 된다.[56]

때리면 나쁜 행동이 습관이 되고 정신장애를 일으킨다

'꽃으로도 때리지 말라.' 매는 역효과만 난다. 문제행동에 주목하면 아이는 그 문제행동을 반복한다. 부모의 관심을 받기 때문이다. 혼내는 것은 나쁜 습관을 들이는 최고의 훈련이다. 아이는 부모의 무관심을 가장 싫어한다. 칭찬을 못 받으면 꾸지람이라도 받아야 한다. 그러므로 꾸짖으면 아이는 기뻐한다. 문제행동을 하지 않았을 때나 적절한 행동을 하면 인정해주어야 한다. 올바르고 적절한 행동에 주목하고, 잘못된 행동은 못 본 체 무시해야 한다.

아이를 때리는 것은 폭력을 가르치는 것이다. 맞은 아이가 때린다. 하임 기너트는 "매는 양심의 발달을 가로막는다. 아이는 잘못된 행동에 대한 대가를 치렀기 때문에 다시 그 행동을 해도 된다고 생각한다."고 했다. 벌을 받으면 아이는 "앞으로 잘해야지."라고 생각하지 않고 발각되지 않는 방법, 거짓말하는 방법에 대해 생각하고 나쁜 짓을 멈추지 않는다. 아이의 행동에 반응하지 말고 아이의 마음을 이해하고 그 마음에 동조해야 나쁜 행동을 멈추게 된다.

처벌로는 비행을 막지 못한다. 책임감, 존중하는 마음, 충성심 정직 연민 같은 윤리적 관념들은 가르친다고 배울 수 있는 것이 아니다. 그것은 살아가면서 자기가 존경하는 사람, 부모를 보고 배운다.

툴레인대학 연구팀이 2,500명의 아이들을 조사한 결과 아이가 잘못했을 때 때리거나, 소리를 지르거나, 방에 혼자 두면 아이가 수치심을 느껴 공격적 반사회적 비도덕적인 행동을 유발하고 공감력을 잃게 된다. 아이가 잘못할 때는 피해자의 입장을 설명해야한다. "너라면 어떻겠니?"

떼를 쓰는 아이는 대개 무력감을 느끼며 자율성과 존엄성에 대한 욕구를 가지고 있다. 떼쓰는 것을 방지하려면 아이에게 관심을 주고, 긍정적인 태도로 대하며, 아이가 자신의 삶을 주도하도록 도우면 된다. 떼쓰는 것은 평화로운 메시지를 부모가 몰라주거나 자율성이 묵살되기 때문이다.

아이는 부모의 통제에 의해 부모를 존경하는 것이 아니라 부모의 사랑과 행동을 보고 존경한다. 복종은 존경이 아니라 두려움에 의한 것이다.

부모의 명령에 화를 숨기고 순종하는 아이는 나중에 약물복용, 공격성, 식욕장애, 우울증을 일으킬 수 있다. 무력감은 분노 뒤에 오는 주된 감정이다. 부모가 아이에게 선택의 자유를 주고 해서는 안 되는 일이 있다는 것을 알게 하면 사려 깊게 행동할 수 있다.[57]

아이가 화를 내면 부모는 그 감정에 그냥 동참하면 된다. "나는 공원에서 더 놀고 싶었어요." 라며 화를 내면 "너는 공원에서 좀 더 놀고 싶어서 속상했구나."라고 말하면 된다.

완벽주의자인 부모 밑에서 자란 아이는 어른이 된 후에도 다음 두 가지 중 한 길을 택한다. 부모로부터 사랑과 인정을 받으려고 순종하거나 부모와 다투고 새로운 인생을 살면서도 성공을 두려워한다. 늘 누군가로부터 평가를 받고 있는 것처럼 생활한다.

자식은 부모가 말한 대로 자란다. 아이들은 부모가 내린 평가를 의심하거나 규명할 능력이 없기 때문이다. 아이들은 "너는 바보야"라는 말을 "나는 바보야"라는 말로 바꾸어 마음에 담는다.

맞는 아이들은 흔히 자신이 잘못해서 맞는다고 생각하며, 자존감을 상실하고 수치심을 느낀다. 자존감이 없으면 당당한 사회인이 될 수 없으며 자기혐오, 대인관계문제, 무력감, 분노 등을 야기한다. 수치심을 느끼는 아이들은 동물과 다른 아이들을 학대한다. 완벽주의, 완고함에 빠지고 강박적이고 편협해진다.[58]

자신을 학대하는 부모와 매 맞는 자신을 동일시하는 아이들이 많다. 가해자와 똑같은 특성을 가지면 자신을 보호할 수 있을 거라고 생각하기 때문이다. 가해자는 강력하고 이길 수 없는 존재다. 그래서 무의식적 자기방어로서 자신을 때리는 부모가 갖고 있는 단점, 즉 자신이 가장 증오해온 그 폭력성을 이어받는 것이다. 그래서 절대로 부모를 닮지 않겠다고 다짐하는데도 그런 부모와 똑같이 행동하는 것이다.[59] 무서운 진실이다.

무시무시한 성장환경의 차이

양육과 훈육이 자녀들에게 얼마나 큰 영향을 미치는 지 보자.

미국 사회학자 리처드 덕데일은 1868~74년 뉴욕주의 여러 형무소를 방문해 수형자들의 가족관계를 조사했다. 그는 우성가계(家系)와 열성가계 사례를 뽑아 5대를 연구했다.

그 내용은 충격적이다. 성이 다른 42명의 죄수들이 '맥스'라는 사람의 후손임이 드러났다. 1720년에 태어난 맥스 주크스는 교육을 받지 못한 실업자에 알콜중독자였다. 그의 후손 중 130명은 범죄자였다. 7명은 살인, 60명은 절도, 310명은 극도로 궁핍해 빈민원에서 보낸 세월이 총 2,300년이었다. 매춘에 종사한 여자도 50명이다. 그의 후손이 뉴욕주에 끼친 손실은 150년 동안 125만 달러였다.

덕데일은 다른 가문도 연구했다. 1703년생인 조너선 에드워드는 예일대학을 졸업해 목사가 되었다. 그의 자손 중에는 미국 부통령, 상원의원과 주지사, 시장이 3명 나왔다. 대학총장 13명, 법관 30명, 목사나 교수가 300명에 이른다. 아버지의 영향력이 4대 이상 이어졌다.

미국 심리학자 헨리 고다드는 마틴 칼리카크라는 사람을 연구했다. 칼리카크는 지능이 낮은 여성에게서 사생아를 낳았는데 훗날 480명의 후손 중 143명에게 범죄, 알콜중독, 정신질환 등의 결함이 나타났다. 반면 정상적인 여성과 결혼해 낳은 후손 496명 중에는 단지 3명만 결함이 있었다.[60]

이 가문들의 이야기는 섬뜩할 정도다. 혈통이란 게 이렇게 무서운 것인가? 사람의 인성은 유전자와 환경에 의해서 만들어진다. 그런데 유전자도 환경의 영향을 받으며 변하거나 진화하므로 결국 긴 세월 속에 인성에 미치는 영향은 환경이 유전자보다 크다. 인성에 영향을 미치는 직접적인 환경은 가정, 즉 부모의 교육이다. 이 가문 출신들의 인생역정을 보면 부모의 교육방식이 대대손손 영향을 미친다는 것을 알 수 있다.

위에 소개한 학생의 아버지는 이 세상에서 가장 사랑하는 자녀에게 너

그럽지 못했다. 급한 성격에 회초리가 아닌 주먹으로 아이를 때릴 정도였다. 자신의 노력으로 성공한 사람도 성공한 다음에는 우월감에 빠져 자신이 타고난 능력자이거나 천재거나 혈통이 우수하다고 착각한다. 그래서 남들의 잘못이나 부족한 점을 이해하지 못하고 그 사람이 게으르거나 못났기 때문이라고 생각한다. 자신이 세상의 기준이 되는 것이니 얼마나 위험하고 편협한 생각인가?

이런 환경에서 자녀가 올바른 길을 가기는 너무나 힘들다. "만약 내 아이에게 나의 행동이 본보기가 된다면 어떻게 행동해야 할까?" 이런 생각을 하면 아이를 주먹으로 때릴 수는 없다. 관대함 품위 자제력 등의 자질은 부모의 사랑과 지속적인 교육, 도덕적 행동으로 길러진다.

아이를 비난하지 말고 일관성을 지키라

일본의 유명한 학원장 무라카미 료이치는 "아이에게 학원순례를 시키지 말라. 더 좋은 학원, 더 좋은 교재를 찾지 마라. 아이를 망치는 길이다. 아이가 부모의 눈치를 보는 것도 망하는 길에 들어선 것이다. 아이와 솔직한 대화를 나누고 아이의 본심을 헤아려야 한다."고 했다.

부모가 공부를 좋아해야 아이도 좋아한다. 책을 보기 싫으면 신문이라도 읽어야 한다. 숙제를 안 하는 아이에게 절대로 해서는 안 되는 말은 "대체 왜 넌 숙제도 제대로 안하니? 왜 맨 날 그 모양이니?"다. 부모나 교사가 학생에게 기대를 하지 않으면 또는 부정적인 생각을 하면 그 학생의 성적이 떨어진다.(골렘효과 golem effect)

아이가 "노을은 왜 빨개요?" "전구는 어떻게 빛을 내요?"라고 물으면 부모는 답을 해주고 "그런 생각을 다 하고! 대단하네."라며 의문을 품은 것 자체를 칭찬한다. 답을 모르면 아이와 함께 답을 찾아본다. 절대로 해서는 안 되는 말은 "네가 직접 찾아봐"다.

부모님들은 "내가 너 때문에 못살아"라고 말한다. 그런 말은 절대 안 된다. 부모를 힘들게 하는 행동을 도대체 어디서 누구에게 배웠을까? 부모에게서 배웠다. 그런 말보다는 "그런 행동을 하니 엄마가 많이 속상하네." 라고 말하라.

아이가 학교에서 늦게 왔을 때 "어디서 쳐 자빠져 있다가 이제 기어들어와. 지금이 몇 시인 줄이나 알아?" 이런 말보다는 "연락도 없이 늦어서 걱정했어."라고 하라.

미국 임상심리학자 토마스 고든이 창시한 부모역할훈련모델에서는 부모가 "엄마가~" 또는 "나는~"식으로 자신을 주어로 해서 아이에게 부모의 감정이나 생각을 표현하라고 했다. 이런 식의 말투가 아이의 자존감과 인격을 건드리지 않으면서 아이의 행동변화를 가져올 수 있다.

욕설 폭행 등 비윤리적 행동이나 범법행위는 도대체 어디서 배웠을까? 학교에서? 아니다. 친구에게서? 아니다. 어린 아이들은 비윤리적일 수 없다. 가정에서 부모로부터 알게 모르게 습득한 것이다. 그러나 어떤 부모가 자식에게 부도덕을 가르치겠는가. 아이들은 부모의 판단과 행동을 보면서 은연중 그 판단과 행동을 따라한다. 부모가 부지불식간에 내뱉는 말 한마디, 행동 하나가 아이의 머리와 몸에 배는 것이다. 그러니 가풍이 세습돼 도둑놈 집에서 도둑놈 나오고 군자(君子) 집에서 군자 나온다.

아이에게 상처를 주었다면 사과해야한다. 그러면 아이가 자신의 잘못은 사과해야 한다는 것을 배운다.[61] 훈육은 부모가 아이에게 일방적으로 지시한다고 해서 되는 게 아니라 서로 친밀한 애착관계가 형성된 상태라야 효과를 볼 수 있다. 애착을 높이기 위해서는 아이의 감정, 관심, 희망사항을 살피고 아이의 의견을 존중해야 한다.

아이의 문제행동은 주로 부모와 아이 간에 소통이 제대로 안돼서 발생한다. "안 돼" "하지 마" 보다는 "같이 하자"가 좋다. 부모의 양육태도가 정확하고 일관성이 있으며 원칙대로 진행되어야 아이가 행동의 좌표를 설정한다. 이랬다저랬다 하면 아이는 어떻게 행동해야 하는지 몰라 갈팡질

팽한다.

자주 화를 내는 아이는 다른 아이들과 잘 지낼 수 없다. 그 원인은 부모에게 있다. 아이는 부모의 사랑이 부족할 때 이상행동을 보인다. 아이는 부모의 통제 속에서 안정감을 느끼고 부모의 사랑 속에서 위로받는다. 엄마가 기분 내키는 대로 훈육하면 아이는 반드시 문제를 일으킨다.[62]

사람들이 있건 없건 아이에게 친절하게 말하며 아이를 존중하라. 아이에게든 다른 사람에게든 설교하고 야단치고 해석하고 비난하고 시험하고 심판하지 말라. 아이가 보고 배우거나 불안해한다. 아이가 부모에게 순종하며 부모의 마음에 들게 행동할 때 행복한 사람은 아이가 아니라 부모다. 복종하는 아이는 자유의지를 포기하고 두려움과 감정장애를 보일 수 있다.[63]

훌륭한 선생은 희망을, 보통의 선생은 규칙을, 무능한 선생은 규칙을 어긴 결과 즉 벌칙에 초점을 맞춘다. 훌륭한 선생은 아이들의 정직한 마음, 바른 태도, 즐거운 학습을 기대한다.[64] 이 말은 부모에게도 그대로 적용된다. 아이 스스로 인생을 주도하기를 원한다면 아이를 믿어야 한다. 아이의 욕구와 취향을 존중하며 아이를 사랑해야 한다.

2부

부모의 방치

누구나 실수하며 힘들게 가르친다

자녀교육은 참 힘든 일이다. 고통의 터널을 지나야 한다. 때로는 부모로서 자신이 너무나 못나 보일 때도 있다. 다른 집과 비교하며 자책하기도 한다. 포기할 수도 없다. 그러나 최고로 행복한 시간이기도 하다.

원래 평온한 삶이란 없다. 평온함으로는 아무것도 이룩할 수 없다. 창조는 위기 속에서 잉태된다. 인생은 너무나 짧다. 늘어지게 한숨자기보다는 격정과 경이로움으로 깨어있어야 한다. 깨어있으면 고통이 따르기 마련이지만 불에 단련된 쇠가 더 강하다. 생명체는 식물조차도 상처가 아문 곳이 더 단단하다. 고통을 겪지 않은 사람은 나약하고, 좌절하기 쉽다.

모든 고뇌의 근원인 나 자신과 나 자신의 실수를 용서해야 한다. 남들의 실수는 용서하면서 정작 나를 용서하지 못할 이유는 없다. 나는 언제나 열심히 일해야 하고, 화를 내서는 안 되고, 남들에게 허점을 보여서는 안 된다고 생각하지 말자.

남과 나를 비교하는 하는 한 고통을 멈출 수 없다. '무한히 벌어들이는 것도 인생의 무의미로부터 탈출하는 한 가지 방법이다. 그러나 지

2부

\ 부모의 방치 \

혜롭지 못한 탈출구다. 지혜란 삶에서 무엇이 중요한지 생각할 수 있는 지능과 자아의식을 통한 반성의 산물이다.'[65]

'인간의 결점은 잡초와 같아서 부지런히 뽑지 않으면 저절로 자라 정원을 다 차지해버린다. 결점은 순식간에 온 마음을 송두리째 잠식한다. 걸핏하면 화를 내는 성격이라면 분노의 대체물을 찾으라. 내가 허용하지 않는 한 아무도 나를 화나게 할 수 없다.'[66]

실패나 좌절이 두려워 시도하지 않으면 성공의 단맛을 볼 수 없다. 베토벤은 음악선생으로부터 작곡가로 가망이 없다는 말을 들었고, 톨스토이는 대학에서 낙제했으며, 처칠은 초등학교 6학년 때 낙제하고 대학에 두 번이나 떨어졌으며, 링컨은 대통령이 되기 전에 하원 상원에 출마했다가 세 번이나 낙선했다. 만일 이들이 그런 실패 뒤 더 도전하지 않았다면 역사적 인물이 되지 못했을 것이다. 에디슨은 전구를 발명하기까지 1,000번 이상 실패했으나 이를 실패라고 보지 않고 단지 성공을 위한 실험단계였다고 받아들였다.

마음의 병을 경험한 사람들은 그렇지 않은 사람들이 경험하지 못하는 감성적 영역을 넘나들며, 남다른 열정과 에너지를 발휘할 수 있는 잠재력을 가지게 된다. 사람은 고통을 겪으면 많은 생각을 하게 되고 그런 반성과 사유를 바탕으로 성장한다. 우리는 자녀를 키우면서 한 단계 더 성숙해질 것이다. 어차피 부모의 숙명이다. 아이의 찬란한 미래는 부모의 인내 속에서 만들어지는 것이다. 아이와 함께 하는 시간, 최고로 행복한 시간은 순식간에 사라진다.

7장

부모의 무관심, 3년을 돌고 돈 4수생

아버지는 고교교사, 중산층 부모의 자녀교육 방치

어느 해 3월 지인의 소개로 어머니가 상담하러 왔다.

"아들이 고3인데 내신이 전 과목 평균 4등급이고, 수능성적은 영어만 4등급이고 나머지는 3등급을 받아서 재수를 하게 되었습니다." 1주일 뒤 아버지와 학생이 테스트 받으러 왔다.

아버지는 광역시에서 고교교사로 재직 중이고 어머니는 전업주부다. 학생은 부모와 함께 살았었다.

재수를 결정한 학생은 학원에 다니기 위해 혼자 서울 대치동에 방을 얻었다. 밥은 사먹고 옷은 빨래방에서 해결했다. 영리하고 섬세한 성격이었다. 테스트 결과는 좋았다. 주 3회 수업하기로 했다.

그런데 수업시작한 날부터 학생이 "선생님 오늘 너무 힘들어요. 오늘 수업 조금만하면 안될까요? 다음 시간부터 열심히 할게요."라고 애걸했다. 측은한 마음이 들어서 허락했다. 그런데 그 다음 수업에서는

"오늘은 아침을 못 먹었습니다."고 했고 그 다음은 "오늘은 기운이 없습니다."는 식이었다.

이런 식으로 수업을 했는데도 사설 수능모의고사에서 1등급이 계속 나왔다. 열심히 안 해도 1등급이 나오자 점점 수업을 등한시했다. 그렇게 시간이 흘러서 11월 수능 날이 왔다. 결과는 영어만 2등급이 나오고 나머지 전 과목에서 4등급이었다. 아무 대학이나 가야할 지 고민했었다. 소식이 끊어지고 1년 후, 대학을 가지 않고 3수를 해서 서울 소재 중견대학인 K대 언론정보학과에 입학했다는 소식을 들었다. 어느 날 어머니가 전화했다. "아들이 4수를 해서 H예술종합학교 방송영상과에 가고 싶어 합니다. 다시 수업을 받으러 가도될까요?" 뒤늦게 자신의 재능, 꿈을 찾은 것 같았다.

그것도 시험을 두 달여 남겨놓은 상태에서 오겠다고 했다. 매일 수업을 강행했다. 결국 영어 100점으로 합격했다. 이 학생은 머리도 좋고 책을 많이 읽었는데도 가까운 길을 멀리 돌아왔다. 처음부터 H예술종합학교에 가도록 부모가 도왔더라면 황금기 3년을 허비하지 않아도 됐을 것이다.

어릴 때 부모님이 아들을 방임한 것이 문제였다. 청소년들은 경험이 없어서 부모가 함께 노력해서 진로를 찾을 수 있도록 도와줘야 한다. 특히 요즘은 대입제도가 너무 복잡해서 부모의 도와주면 좋다. 이 학생은 부모가 무관심했고, 공부하는 습관이 잘못됐고, 가슴이 원하는 진로를 찾지 못했었다.

좋은 대학에 가려면 '조부모님의 재력, 아버지의 무관심, 엄마의 정보력'이라고 농담처럼 말한다. 이 학생은 아버지의 무관심만 충족됐다. 아버지는 교직에 있었지만 아이교육을 어머니에게 일임했고 어머니는 아들의 교육에 무지했다. 조부모님의 재력도 없었으니 믿을 데라고는 없었다. 아이에게 꿈을 심어주고 동기를 부여해서 스스로 열심히 하도록 한 것도 아니니 소위 '완전 방목'했던 셈이다.

조언과 해법

갑순씨의 갈지자 양육

갑순(가명)씨는 어릴 때 엄마의 사랑을 충분히 받지 못하고 자랐다. 그런 내적 박탈감을 이성에게서 보충하고자 했고, 원치 않았던 임신으로 딸을 낳았다. 갑순씨는 떨어질 줄 모르는 딸을 보며 "얼른 보육원에 맡겨버렸으면 좋겠다."고 했다. 그럴수록 아이는 더 절박하게 엄마에게 매달렸고, 자주 울고 많이 먹고 토했다.

갑순씨는 엄격한 규칙을 세워 딸이 원하는 바를 제한했고 신체적 위안을 주지 않았다. 갑순씨도 엄마로부터 신체적 위안을 받지 못하고 자랐다. 양육에 자신이 없었던 갑순씨는 일관성 없이 아이에게 이랬다 저랬다 했다. '좋은 부모 되기'는 힘든 여정이지만 '최고로 행복한 길'인데 갑순씨는 그런 걸 몰랐다.

어릴 때 받은 신체적·정서적 학대는 뇌의 변연계와 사회적 뇌 영역의 발달에 지장을 준다. 성인이 되면 다른 사람들을 통제하려고 부단히 애쓰게 되고 스트레스를 잘 받는다. 사회적 두뇌는 사회적 경험의 결과로 얻어진다. 특히 부모가 정성을 다해 자녀를 양육할 때 발달한다. 부모가 일관된 반응을 보이면 아이는 그것을 내면화해서 자신의 행동을 조절한다.[67]

아기가 고통스러울 때 부모가 즉시 달래주면 아이는 자신감과 관계의 즐거움을 얻고 더 빨리 독립적 자아를 형성한다. 아이의 고통에 무관심하면 아이는 우울해지고 사람을 피하고, 반사회적인 성인이 되기 쉽다.

아이들이 보호자에게 주목하고 보호자가 예민하게 아이의 신호에 반응하는 과정은 서로에게 깊이 들어가는 느리고도 상호적인 작용이다. 짧은 시간 여러 사람이 돌아가며 한 아이를 돌봐서는 안 된다.

보육원 교사들은 정서적 보살핌보다 신체적 돌봄과 인지적 자극에 초점을 맞추기 쉽다. 아이들의 울음, 기분의 변화가 무엇을 의미하는 지에 무관심하고 먹이기, 기저귀 갈아주기 등에 초점을 맞춘다. 이런 상황에서는 아이가 신뢰와 공감, 자제력을 배우지 못한다. 보호자가 계속 바뀌면 아이의 언어발달도 지체된다.[68]

미국 국립아동건강발달연구소는 2008년 '아이를 탁아소에 맡겨서 엄마가 아닌 다른 사람 손에서 자라게 한 시간이 길수록 아이가 학교에 들어갈 무렵이 되면 불복종과 자기자랑이 늘어나며 논쟁적이고 공격적일 가능성이 높다'는 연구결과를 내놓았다.

학업에서 고른 성취를 나타내는 토대는 자기절제력이다. 이는 아이들이 어릴 때 받는 정서적 보살핌에 달려있다.[69] 마시멜로 실험에서 기다렸다 두 개를 먹는 아이들이 이런 아이들이다.

아이들이 온종일 일대일 돌봄이 아니라 여러 명과 상호작용하면 스트레스를 받는다. 아이의 감정이 존중되고, 실패와 약점이 너그러이 수용되어야 한다.[70]

방치하면 아이의 뇌와 미래가 망가진다

20세기말 니콜라에 차우셰스쿠 통치 시절 루마니아의 한 고아원에서 수만 명의 아이들을 키웠다. 아이들은 태어났을 때부터 깨어있는 시간을 대부분 요람에 누워 지내야 했다. 장난감도 없었고 보육사 한 사람이 15명 이상을 보살폈다. 이 아이들은 미국과 유럽으로 입양됐으나 여러 가지 문제점을 보였다. 몸을 앞뒤로 흔들고 누군가와 몸이 닿는 것을 극도로 싫어했으며 난폭하거나 불안해했다. 스트레스에 과민하고 주의집중력도 떨어졌다.

디트로이트 미시건아동병원의 해리 추거니 박사는 이 아이들의 뇌를 촬영한 결과 신경섬유가 훨씬 적고 주의집중체계가 자리 잡고 있는 대뇌피질의 연결 상태가 불안정했고, 검은 부위가 훨씬 컸다.[71]

아이는 부모 등 가족 말고는 행동모델이 없기 때문에 집에서 배운 것을 전적으로 믿게 되며, 자존감과 주체성 형성에 지대한 영향을 미치며 마음 속 깊이 자리 잡아 평생 남게 된다. 아이가 부모의 역할을 하게 된다면 그 아이는 닮아야 할 사람도, 존경할만한 사람도, 동일시할 사람도 없는 것이다. 따라서 적절한 감정적 성숙을 기대하기 어렵고, 주체성에 문제가 생기고, 혼돈과 적대감으로 가득 차게 된다.[72] 그러니 위의 고아원 아이들이나 소년소녀가장은 얼마나 가혹한 환경에 처해 있는 것인가? 부모가 아이를 방임하는 것은 아이에게는 부모가 없는 것과 비슷하다.

위에서 예로 든 학생의 경우 이렇게 심한 경우는 아니지만 요즘처럼 살기 힘들면 아무래도 부모가 자녀들에게 신경 쓰는 것이 만만치 않다. 아이가 어릴 때는 무조건 엄마가 사랑으로 일관되게 즉시 반응하며 키우는 것만큼 좋은 양육은 없다. 특히 요즘 정부가 보육료를 지원한다고 해서 전업주부들이 아이를 보육원, 어린이집에 맡기는 경우가 많은데 크게 실수하는 것이다.

어린 시절 욕구를 충족한 사람은 인간관계에서 욕구가 적당히 충족되면 만족할 줄 알고, 조건 없이 사랑할 줄 알고, 집착하지 않으며, 다른 사람의 신의를 그대로 믿으며, 배신으로 인한 실망을 다스릴 줄 안다. 어린 시절 욕구를 채우지 못한 사람은 만족을 모르고 집착하며, 학대와 불행을 견뎌내며, 자신의 감정을 숨기고, 진정한 사랑이나 타인의 친절을 두려워한다.[73]

자녀의 입장이 돼보라, 홀로 공부를 시작하면 안 된다

감정은 중요한 문제에 대한 집중을 방해하고 엉뚱한 곳으로 관심을 돌리게 한다. 관계를 악화시키고 나의 에너지를 잘못된 곳에 허비하게 만든다. 아이와 대화할 때 문제의 소지가 있는 감정이나 옛날에 잘못했던 일을 끄집어내는 것은 대화를 안 하겠다는 것이나 다름없다. 자녀의 감정을 명확히 파악하고 자녀의 욕구를 충족시켜줄 대안을 제시해야 한다.

아이와 대화할 때 서로 입장을 바꿔서 토론해보면 아주 좋다. 아이는 부모가 돼보고 부모는 아이가 돼서 서로 '방을 안 치우는 문제' '게임을 못 끊는 문제' '아빠가 화부터 내는 문제' '엄마의 잔소리' 등에 대해 대화를 나눠보는 것이다. 오해도 풀리고 정도 더 쌓인다.[74]

미국, 유럽은 아이 공부방이 따로 없고 거실이나 식탁 등에서 공부한다. 우리는 공부하면 방안에 들어가 혼자 하는 것, 엄마와 같이 있지 못하게 하는 것으로 생각하는 데 이렇게 공부를 시작하면 공부가 적이 된다.

아이가 식탁에서 공부하고 싶다면 그렇게 하라. 아이는 엄마에게 공부하는 모습을 보여주고 싶어 한다. 공부방이 공부를 싫어하는 아이를 만들 수 있다. 장난감은 아이 방이 아니라 거실에 두어야 한다.

집에는 아이와 부모가 자연스레 토론하는 공간, 언제든지 책을 읽을 수 있는 독서공간이 있어야 한다. 거실에 텔레비전을 두는 것이 문제다. 식사를 하면서 텔레비전을 보게 해서도 안 된다. 아이가 아직 어리거나 엄마와 떨어지기 싫어한다면 책상을 엄마 옆에 두는 것이 좋다. 가장 좋은 것은 가족이 함께 공부하는 장소를 만드는 것이다.[75]

피부는 제2의 두뇌, 읽기학습은 엄마 품에서 이뤄진다

근육과 마찬가지로 뇌의 뉴런(뇌세포)도 자주 사용하면 활성화되고 강화된다. 자주 쓰는 뉴런들은 함께 엮여 연결망(시냅스)을 만들고 계속 쓰면 연결을 더욱 강화한다. 반면 안 쓰는 뉴런은 연결망에서 제외돼 사라진다.

1981년 노벨의학상을 받은 데이비드 허블과 토스튼 위젤은 갓 태어난 고양이 눈의 아래 위 눈꺼풀을 봉합했다. 그리고 고양이에게 적절한 영양공급, 어미와 따뜻한 접촉, 형제고양이들과의 즐거운 놀이 등을 제공했다. 세달 후 이들은 고양이 눈꺼풀을 다시 원상태로 열었다. 고양이는 뇌 속의 시신경이 전혀 손상을 입지 않았지만 죽을 때까지 앞을 보지 못했다. 시각 담당뇌세포를 사용하지 않아서 시각뇌세포가 쇠퇴했거나 다른 기능을 담당하게 된 것이다.

10대들의 뇌에 충동조절회로가 형성됐다고 치자. 이때 말이나 행동 전에 생각을 먼저 하라고 부모가 자주 독려하면 그 회로는 더욱 강화된다. 반면 충동을 다스리는 행동을 해보지 않으면 이 회로가 쇠퇴해 충동조절이 안 된다. 초기 훈육이 이처럼 중요하다.

갓 태어난 아기가 어떤 소리를 들으면 뇌의 청각담당 세포가 활성화된다. 아기가 알아듣지 못하더라도 엄마가 어떤 말이라도 자꾸 하면 아이의 청각세포는 강화되고 소리를 구별하게 된다. 이 기간은 태어나서 3년이 가장 중요하다. 이렇게 소리를 구별하는 능력은 이후 소리와 글자를 연결하는 능력의 첫 단계가 된다. 소리를 구별하는 능력이 부족하면 글자읽기에 어려움을 겪는다.[76] 그러니 태어나서 3년 동안 엄마와 아이가 얼마나 많은 대화를 나누느냐에 따라 아이의 대화능력은 물론 읽기능력도 달라진다. 읽기학습이 유치원, 학교가 아니라 엄마 품에서 이뤄지는 것이다.

아기를 너무 오래 안아주고, 너무 자주 뽀뽀해주고, 너무 자주 젖을 물리고, 운다고 즉시 달려가면 아이의 버릇이 나빠진다? 이 세상에서 가장 무식한 말이다.

정상적인 부모의 보살핌을 받는 아기는 배가 고프면 젖을 줄 거야, 짜증이 나면 달래줄 거야, 추우면 따뜻하게 해줄 거야 같은 예측패턴을 뇌에 새긴다. 경험들 사이에서 일정한 패턴을 찾으면 뇌로 유입되는 수많은 감각을 효율적으로 분류하고 정리할 수 있다. 이것은 생존에 꼭 필요하다.[77] 아이의 일상생활이 규칙적이면 아이는 스스로 규제하는 법을 배워 간다.

심리학자 해리 할로우박사가 어린 원숭이들을 대상으로 연구했다. 각각 철사와 헝겊으로 만든 어미가 있는 우리에 어린 원숭이들을 넣었다. 철사로 만든 어미에게는 전구가 있어 온기를 느끼고 젖꼭지를 통해 젖도 먹을 수 있었으나 새끼원숭이들은 헝겊으로 만든 어미 품에서 대부분의 시간을 보냈다. 부모와의 스킨십이 얼마나 중요한지 알 수 있다.

행동과학자들은 수십 년에 걸친 연구결과 종(種)을 막론하고 어린 포유동물들이 유대를 맺고 성장하는 데는 피부접촉(스킨십)이 큰 도움이 된다는 사실을 밝혀냈다. 모유수유는 최고의 접촉이다.

아기는 스킨십을 통해 사랑받고 있다는 것을 느낀다. 연구에 따르면 하루 15분 정도 아기를 마사지해주면 영아산통과 울음이 줄어들고, 수월하게 잠이 들고, 체중증가가 양호해진다. 엄마 손이 최고의 약손이다.

심리학자 티파니 필드 박사는 조산아들에게 열흘 동안 하루 세 번씩 마사지를 해주었더니 마사지를 받지 않은 아기에 비해 몸무게가 47% 늘었고 성장속도도 훨씬 양호했다. 병원에서 규칙적으로 마사지를 받은 아기들은 퇴원일이 평균 6일 정도 빨랐다. 직접 만지고 듣고 냄새를 맡고 상호작용하는 것만큼 뇌 발달에 좋은 것은 없다. 많이 안아줄수록 머리도 좋아지고 정서적으로 안정돼 지적호기심도 왕성해진다. 피부는 제2의 두뇌다.[78]

친구 같은 부모는 NO, '아빠'가 있어야 한다

한때 '친구 같은 아버지'라는 말이 회자되며 방송에 출연한 남자들이 한결같이 "아이에게 친구 같은 아빠가 되겠다."고 말하곤 했었다. 아이는 가정에서는 '아버지'가 필요하고 밖에서는 친구가 필요하다. 친구 같은 아버지가 되면 아이는 아버지 없이 크는 것과 다를 바 없다.

친구 같은 아빠, 엄마만 있으면 아이는 자기통제력을 배우지 못한다. 훈육에는 분명한 제한선이 있어야 한다. 아이가 크면 규칙 속에서 살아가야 하므로 질서가 있고 이를 어기면 책임을 져야한다는 걸 배워야 한다.

아버지는 확고한 규칙과 엄격한 교정을 통해 아이의 성장을 유도하는 것이 임무다. 아이가 적절한 통제를 받지 않으면 성장해서 비행을 더 많이 저지른다. 아이들은 "오냐 오냐"보다는 한계가 분명한 상황에서 더 편안하게 자유를 느낀다. 훈육은 스스로 자신을 조절할 수 있도록 돕는 것이다. 아이에게 끌려 다니는 것은 훈육이 아니다. 훈육은 처벌이 아니라 제한선을 가르치는 것이다. 그래야 사회성을 키울 수 있다. 아버지가 버럭 화를 내면 아이들은 규칙을 배우지 못하고 눈치를 본다.[79]

부모는 자녀의 선생님과 연락을 취하고, 부모간담회나 학교행사에 참석하라. 자녀에 대해 다른 부모와 의견을 나누라. 자녀의 무례한 행동까지 봐주지 말고, 자녀의 우울증 약물중독 섭식장애 등 심각한 문제가 될 수 있는 징후에 대해 무심히 넘기지 말라.[80]

한때 '기러기아빠'라는 말이 풍미했다. 자녀를 외국으로 유학 보내고 아이를 돌보기 위해 어머니도 함께 가면서 한국에 홀로 남아 돈을 벌어 유학자금과 생활비를 송금하는 아빠를 일컫는 말이었다. 요즘은 시들해졌는데 득보다 실이 많기 때문일 것이다. 아이에게는 어머니의 양육뿐만 아니라 아버지의 훈육도 필요한데다 아버지의 희생이 너무나 크다.

엄마는 정서와 언어에 강점이 있고 아빠는 도전정신과 공간지각력에 강점이 있다. 양친이 있는 아이가 정서적 사회적 인지적으로 더 성장한다. 캐나다 몬트리올대학의 대니얼 패퀘트 교수팀이 12~18개월 된 아이들을 대상으로 여러 가지 실험을 한 결과 아이들은 엄마보다 아빠가 있을 때 더 활동적으로 움직였다. 아빠가 엄마보다 감시를 덜 하기 때문이다. 연구팀은 "부모가 각각 다른 역할을 할수록 아이에게 좋다. 아빠가 아이의 모험심을 자극해주면 아이는 위험을 극복하고 경쟁을 두려워하지 않게 된다."고 했다.

로스 파크는 20여년의 연구결과를 토대로 친절하고 칭찬 잘하는 아빠가 있는 4세 남아들은 그렇지 않은 아이들보다 지능, 어휘력이 좋다고 했다. 아버지는 성인어, 엄마는 유아어를 잘 쓰기 때문이다. 어린 시절에 아빠가 없으면 수리능력이 떨어지고 성취동기도 낮아진다. 아버지와 상호작용이 이성을 담당하는 좌뇌를 발달시키기 때문이다.

아버지는 자녀에 대한 지식과 일관성이 있어야 하고, 위기상황에서 분

별력을 보여주어야 하고, 가족들의 말을 경청해야 한다. 아이의 사회성과 인내심을 키워주는 데는 어머니보다 아버지가 낫다. 아버지의 언어는 세상의 입장을 보여준다.[81]

8장

"공부를 왜 해요? 부모님 건물 물려받으면 되는데"
의학박사부부 자녀교육 방치, 꿈도 공부습관도 없어 전교 꼴찌

어느 일요일 한 부부가 아이들 없이 상담하러 왔다. 중학교 3학년 쌍둥이 형제인데 이제부터 서서히 공부를 하도록 해야겠다고 했다. 그 동안 공부를 억지로 시키지는 않았다. 부모님은 겸손하고 예의바른 사람들이었다.

두 사람 모두 명문 S대 의대를 나온 의학박사로 유명 대학병원에 근무 중이었다. 두 사람은 박사학위 취득까지 질릴 정도로 공부를 많이 해서 자식들에게는 자신들처럼 혹독하게 공부를 시키고 싶지 않았다.

아이들 교육을 방관한 나머지 두 형제가 중학교 3학년 전체꼴찌라고 했다. 유아부터 중3까지 아이들이 하고 싶어 하는 대로 내버려두었다. 아이들은 진득하게 책상에 앉아서 공부를 할 수 있는 습관이 없었다.

두 형제의 친구들도 대부분 공부를 못했다. 두 형제는 그저 그런 친구들과 어울리며 노는 게 전부였는데 노는 방법도 몰랐다. 군것질이 나 하고 교실이나 공원 등에 모여앉아 잡담이나 하며 휴대전화로 문자나 주고받고 게임하는 게 전부였다. 부모님의 무관심이 친구들의 우정을 찾게 한 것인데 유유상종이었다.

한번은 아이들에게 "너희들 왜 공부를 안 하니?"라고 물었다. 답변이 너무나 충격적이었다. "선생님 무엇 하러 힘들게 공부해요. 부모님 재산이 빵빵한데요." 이게 푸르른 청소년이 할 말인가? 형제의 희망은 부모님의 5층짜리 건물 두 개를 훗날 하나씩 나눠 갖고 임대료를 받으면서 편하게 사는 것이었다. 이런 사고방식을 갖고 있는 아이들이 5층 건물 정도의 재산을 날리는 것은 순식간이다. 재벌그룹도 한 순간에 넘어가는 걸 아이들은 몰랐다.

한창 푸른 꿈을 꾸어야할 나이에 꿈이 없었다. 꿈이 없으면 엔진이 없는 자동차와 같다. 꿈은 인생의 연료(燃料)다. 아이들은 공부의 필요성도 모르고, 공부를 해야겠다는 의지도 전혀 없었다. 꿈이 인생을 밀고 가는 힘인데 꿈이 없으니 공부나 노력에 대한 동기부여가 전혀 되지 않았다.

중3, 두 형제는 다소 늦었지만 공부를 시작했다. 3년 동안 학원에 나왔다. 형은 잘 따라와 서울 소재 3류 대학에 입학했다. 동생은 공부재미를 느끼자 무서울 정도로 열심히 공부해서 명문 Y대 경영학과에 들어갔다.

가난한 과일장사 부모의 남매

부모 교육정보에 무지, 아이들 독서부족 공부습관 없어

오래전 7월 쯤 남루한 옷차림의 부모가 첫째 딸을 데리고 상담하러 왔다. 아버지가 사업을 하다 망해서 과일을 파는데 장사가 잘 안 됐다. 딸은 그 동안 돈이 없어 학원에 못가고 집에서 혼자 공부했다. 체육대학을 지망하는 4수생이었다. 영어 국어 수학 사탐 중에서 한 과목이라도 4

등급 이상을 받으면 서울에 있는 대학에 갈 수 있다고 했다.

3수 때는 전 과목 6~7등급. 실기 시험에서 무거운 물건 들기를 할 때 손이 미끄러지지 않았으면 합격할 수 있었는데 떨어졌다. 실수를 했어도 수능에서 국 영 수 중 한 과목이라도 4등급만 나오면 서울에 있는 체육대학에 붙을 수 있었다. 그래서 영어가 가장 가능성이 있을 것 같아서 왔다고 했다.

이 학생은 중학교까지는 성적이 그런대로 나쁘지 않았다. 문제는 어려서 책을 많이 읽지 않았다는 점이었다. 독서를 안 한 탓에 사고력, 이해력이 부족해 고등학교에 올라와서부터 성적이 점점 떨어졌다.

학생은 공부하는 습관도 전혀 되어 있지 않아 오래 동안 앉아서 공부를 하지 못했다. 더구나 본인이 목표하는 점수가 나오지 않을 거라고 생각되면 즉시 포기했다. 성격이 급하고 인내심도 부족했다. 4수생이었지만 영어실력이 중학교 2학년 수준이어서 하루에 단어를 많이 외우지도 못했다. 숙제를 내주면 겨우 20% 정도만 해왔다. 공부하는 양이 너무 적었다. 결과적으로 수능시험에서 5등급. 지방의 전문대학에 입학했다.

어느 날 학생의 아버지가 전화했다. 그 여학생의 남동생이 고2인데 공부를 너무 싫어해 상담하러 오겠다고 했다. 남동생을 테스트를 했는데 이해력이 좋았다. 어려서 책을 많이 읽지는 않았어도 누나보다는 공부가 나아보였다. 문제는 부모가 입시에 대한 정보가 너무나 부족한 상태에서 누나의 전철을 밟지 않도록 두서없이 잔소리해 공부에 진절머리를 내고 있었다.

아들은 공부보다 인내심을 키우고 동기를 부여해 공부습관을 들이는 것이 먼저였다. 공부습관은 아이가 어릴 때부터 세심하게 조절해야 형성되는 아주 예민한 문제다. 동생은 10개월 정도 학원에 다니면서 영어실력은 늘었으나 원하는 대학보다 낮은 대학에 입학했다. 누나보다는 성적이 좋았으나 워낙 기초가 부실했고 공부기간이 너무 짧았다.

● 조언과 해법 ●

부잣집 아이들은 패배한 상태로 사회에 나간다?

여러 연구에 따르면 부유층 아이들이 정서적으로 부모님과 더 소외되고, 탁월한 성과를 내야하는 압력에 시달리고, 수치와 절망감을 느끼곤 한다. 성공한 부모들은 바깥일로 너무 바쁘다 보니 자녀교육에 소홀하기 쉽다.

위에 소개한 쌍둥이 형제의 부모는 인품이 돼 있는 사람들이어서 아이들이 그렇지는 않았지만 인격을 제대로 갖추지 못한 졸부들이나 성공을 자부하는 사람들은 오만함이 겉으로 드러난다. 자신의 생각과 시각이 세상의 잣대인양 거들먹거리는 사람들은 본인들은 깨닫지 못하지만 부지불식간에 자녀들에게 잘못된 세계관, 인생관을 심어준다.

컬럼비아대학교 수니야 루타 심리학교수는 1990년대 말 컬럼비아 교외의 부유층 백인 아이들 10학년생 200여명과 저소득층 흑인학생 200여명을 비교 연구했다.

부유층 아이들의 35%가 술 담배 마리화나에 손을 댔으나 빈곤층 아이들은 15%였다. 부잣집 여학생들은 우울증에 걸릴 확률이 가난한 집 여학생보다 더 높았으며 22%는 증상이 심각했다. 원인은 성과에 대한 지나친 압박과 부모와의 신체적 정서적 교류의 부족이었다.

부잣집 아이들은 어려운 걸 참지 못한다. 그런 걸 격지 않도록 보호받기 때문이다. 아이들에게는 아무런 불편이 없는 것, 무엇이든 원하면 다 가질 수 있는 환경이 독으로 작용한다. 인내심 자제력이 부족해진다. 따라서 작은 충격이나 유혹조차 참지 못한다. 성공의 가장 큰 자원인 뚝심과 자제력은 실패와 결핍을 통해서 얻어진다. 아이들은 작은 어려움들을 이겨내면서 성취감 자신감 뚝심이 생긴다.[82]

부유층은 아이의 잠재력을 높이는 것이 아니라 그저 삶의 기반을 높여줄 뿐이다. 아이가 상위계층에서 탈락하는 일이 없도록 연줄과 신임장 따위를 제공해 실패의 확률을 낮출 뿐이다. 이런 아이들 중에 세상을 바꾸는 영웅은 나오기 힘들다.

부유층 아이들은 어려운 의사결정을 한다든지 정말 힘든 과제를 만날 필요가 없었다. 그래서 이미 패배한 상태에서 성인의 세계로 들어간다. 많은 부잣집 아이들이 같은 길을 간다. 대학을 졸업하고 보수가 좋은 직장에 들어가고, 그러다 행여 넘어지면 식구들이 일으켜준다. 아니면 취직할 필요도 없다. 부모의 사업을 물려받거나, 잘되는 다른 사업을 따라 한다.

이들은 심오한 성공의 길을 찾지 못한다. '부자 3대 못 간다.'는 말처럼 재산이 아무리 많아도 인간이 안 되면 한순간에 날려버린다. '젊어서 고생은 사서하라'는 말을 새겨야 한다.

인내 집중력 같은 자질을 키우려면 유아기에 고도의 배려와 사랑이 필요하고, 사춘기에 동기를 부여하려면 아이를 진지하게 대하며 능력을 믿어주고, 스스로 개선하게끔 북돋워주어야 한다.

아이의 변덕을 오냐오냐 받아주고, 아이에게 좋은 물건만 사주고, 아이들에게 물건으로 칭찬을 대신하면 아이들은 덜 행복하고, 덜 관대하며, 걱정도 많고, 자존감도 낮으며, 부모와 언쟁을 벌인다. 부모는 물건 대신 아이와 시간을 함께 해야 한다.

아이에게 변화를 강조하라, 아버지가 스승보다 낫다

사람들의 행동변화를 원하면 그들에게 행동변화로 얻을 수 있는 이익을 강조하라. 그들의 이전 행동을 비난해서는 안 된다. 학습효과는 공부나 연습이 끝날 때마다 즉각적이고 분명한 피드백이 주어질 때 높아진다. 사람들은 이익보다는 손실을 두 배는 더 싫어한다. 그래서 아이들에게서 무엇을 빼앗거나 금지하기보다는 제안하고 격려하고 칭찬하는 것이 더 효과적이다.[83]

컬럼비아대학교 월터 미셸 심리학교수는 1960년대에 4살 아이들에게 마시멜로를 주고 "지금 먹어도 되지만 내가 돌아올 때까지 참고 기다리면 두 개를 먹을 수 있다"며 실험했다. 20년 뒤 그는 당시 아이들을 조사했다. 15분을 기다렸던 아이들은 곧 바로 마시멜로를 먹었던 아이들에 비해 수능시험점수가 210점이나 높았다. 아이들이 참을 수 있었던 것은 두 개를 먹을 수 있다는 기대감 때문이었는데 참았던 아이들은 참지 못한 아이들보다 부모로부터 사랑을 더 많이 받은 아이들이었다.

'육아는 시간의 양으로 승부가 난다. 아이가 좋아하는 것, 잘하는 것, 무엇을 하면 행복한지를 알아야 한다. 이런 것들이 아이의 꿈과 연결돼 있다. 아이를 잘 키우는 집은 아이에게 사랑 화목 긍정을, 못 키우는 집은 부정 불화 비난을 보여준다. 아이를 야단치고 바로 사과하면 아이는 혼란스러워 한다. 아빠가 야단치면 나중에 엄마가 아빠가 왜 그랬는지 설명하면 된다.'

'부모가 불행한데 아이만 행복할 수는 없다. 아이에게 엄청난 돈을 쏟아부으면서 정작 부모는 아무것도 못하면 안 된다. 아이가 우유를 쏟으면 다음부터는 조심해야겠다는 경험을 얻는다. 사소한 일로 야단치지 말라. "내가 미쳐. 우유 빨리 마시라고 했잖아" 보다는 "괜찮니? 옷 갈아입자." 가 좋다. 가정에 있는 한 명의 아버지가 밖에 있는 백 명의 스승보다 낫다.

내 아이의 꿈이 무엇인지 아는가? 그 꿈을 위해 아이와 함께 무엇을 했는가? 아이가 꿈이 없다면 꿈을 찾기 위해 어떤 노력을 했는가? 내 아이가 좋아하는 것, 잘하는 것은 무엇인가? 아이가 살 미래는 어떤 인재가 필요한가? 아이의 행복한 삶을 위해 아이를 어떻게 키워야하는가?' 부모는 이런 질문을 스스로 해야 한다.[84]

승리는 노력 환경 유전자의 복합적 결과다

동아프리카 탕가니타 호수에 사는 물고기 '시클리드'는 두 종류다. T시클리드 물고기는 화려한 색으로 눈에 잘 띄어 새에게 잡아먹힐 가능성이

NT시클리드 물고기보다 높다. 그런데 T시클리드가 잡아먹히면 그 영역을 재빠르게 차지한 NT시클리드 수컷이 T시클리드로 변신한다. 칙칙하고 순종적인 패자에서 아름답고 지배적인 승자로 변신한 것은 환경의 변화에 따른 결과였다. NT는 T로 변해서 생식력도 생기고 공격적이 된다. 예전의 동료였던 NT를 공격하고 암컷을 따라다닌다. 이런 변모는 몇 시간 안에 이뤄진다. NT는 순종적이고 생식력이 없다.[85]

승리는 노력, 출생, 환경의 복합적 결과물이라는 것이다. 그런데 이 변수들 중에서 자신이 통제할 수 있는 것은 노력과 환경이다. 환경도 어느 정도까지는 통제가 가능하다. 특히 어린 아이들의 환경은 부모와 아이 자신의 노력에 따라 상당부분 통제할 수 있다. 부모는 좋은 환경을 만들어주고 아이는 나쁜 친구들을 만나지 않는 등의 노력이 가능하다. 부모는 아이에게 가장 중요한 환경요소인 만큼 모범을 보여야 한다.

어제와 다른 나를 원한다면 공부하라. 공부하면 뇌의 시냅스가 변한다. 어떤 일이든 학습하면 시냅스가 변한다. 시냅스가 변하면 어제의 나와 다른 내가 된 것이다. '이 일은 힘들겠어.'라는 일에 도전해 성공하면 뇌는 엄청 좋아한다. 도파민이 팡팡 쏟아져 행복해한다. 그러면 그 일을 할 때 행복감을 느끼고 자꾸 하고 싶어진다. 뇌도 건강해지고 강해진다.[86]

천재로 태어나는 사람은 없다. 노력하면 뇌에 정보전달고속도로(튼튼한 시냅스)가 생기면서 천천히 천재가 된다. 아인슈타인 등 역사상 모든 천재들은 나이가 들어서 새로운 역사를 만들었다. 아이가 지금은 잘못해도 나중에 충분히 잘할 수 있다.

아이들은 놀이터에서 친구들과 놀다가 저녁시간이 됐는데도 집에 들어갈 생각을 못한다. 바로 그것이 몰입, 몰두다. 뇌는 몰입상태를 좋아한다. 공부가 아무리 싫어도 딱 한번만 이 몰입상태를 경험하면 뇌가 책상 앞으로 이끈다. 몰입하면 행복호르몬인 도파민이 나오고 도파민이 나오면 다시 몰입하고 싶어지는 선순환이 일어난다. 그러면 몰입, 즉 공부하는 행동을 강화해 공부가 습관이 된다. 습관은 뇌세포들이 모여 그 습관을 위한 큰 정보고속도로를 만든 것이니 습관이 되면 그걸로 공부는 끝이다. 좋은 대학을 제대로 입학하고 졸업하느냐의 여부는 그의 똑똑함과는 깊은 관계가 없었다. 뚝심과 자제력, 고교시절 갖춘 공부습관과 시간관리기술 등에 달렸다.

개인적 목표보다 보다 큰 목표를 가져라

꿈이 있어야 인생을 제대로 살 수 있다. 꿈이 없는 인생은 인생이 아니다. 그저 시간을 흘려보내는 허수아비에 불과하다.

요즘은 너나할 것 없이 돈타령이다. 돈은 자신의 삶과 주변에서 일어나는 일들을 통제하겠다는 욕구를 강화한다. 이처럼 개인적인 목표에 초점을 맞추면 이기적이 되고 스스로를 고립시키게 된다. 돈은 사람에게 통제력을 준다. 돈 권력 마약은 도파민을 분비시키며 다른 것들에 대한 욕구를 끌어올린다.

권력자는 다른 사람에게 연민을 느끼지 못하고 이기적으로 행동하고 다른 사람의 관점에 무심해진다. 권력자는 사람을 사람 그 자체로 보는 것이 아니라 자기에게 얼마나 유용한가 하는 관점으로 본다. 권력자는 자신의 이익이 걸려있을 때는 이기적이 되고 법과 원칙에서 벗어나 예외적이 된다. 그래서 양심의 가책을 느끼지 못한다. 그러나 타인을 대할 때는 원칙과 도덕을 기준으로 삼아 판단하고 행동한다. 위선자, 이중인격자가 되는 것이다.[87]

개인적 욕심보다는 보다 큰 꿈을 꾸어야 덜 지치고 주변의 격려도 더 많이 받을 수 있다. 나 자신보다 타인, 사회, 국가, 환경, 인류를 위한 일을 해보겠다는 생각을 하면 그런 자신이 더 자랑스러울 것이다. 무언가 큰 것에 기여하겠다는 자신에 대해 자부심, 자긍심을 느끼면 더 노력하게 된다. 그래서 개인적 목표보다는 큰 목표를 갖는 것이 의미도 있고 성취할 가능성도 더 높다.

 높고 확고한 인생의 목표를 설정하면 자신의 인생을 대하는 태도가 달라진다. 더 성실하게 노력하고 타인을 배려하고 협력할 것이다. 큰 목표가 있는 사람은 인생을 절대로 막 살 수 없다.

9장

부유층과 권력층의 역설

아버지는 검사 어머니는 의사, 아들은 심성이 꼬이고 성적 낮아

고등학교 2학년 남학생이 3월 어느 날 학원에 왔다. 학생은 서울 강남구 모 고교에 다니는 데 성적이 반에서 중하위권이어서 대학입학이 어려울 것 같다면서 상담 받고자했다. 성실한 인상은 아니었으나 옷차림 등이 부잣집 아이 같아 보였다. 아이는 왠지 불안정해 보였다. 한편으로는 자존심 자부심이 강하다는 느낌을 주었으나 외로워보였고 성적에 대한 열등감도 있어 보였다.

아버지는 명문대 출신의 중견검사, 어머니는 명문대 출신의 종합병원 의사였다. 집은 상당히 부유했으며 중 3 남동생이 있는데 동생도 성적이 중간정도라고 했다. 이 학생은 학교에서 문제아는 아니었으나 제대로 관리하지 않으면 잘못될 가능성이 높아 보였다.

아버지는 격무로 집에 늦게 들어오는데다 아이들과 어울릴 시간이 없었고 어머니 역시 일이 많은 의사로서 아이들을 제대로 보살필 시간과 체력이 부족했다. 아이들이 어릴 때는 할머니 외할머니가 많이 돌봐주셨고 초등학교에 들어가면서는 가사도우미, 과외선생 등이 번갈아 가며 도움을 주었다.

학생은 부모의 직업에 대해 상당한 자부심을 느끼고 있었으나 부모만큼 될 수 없을 거라는 생각도 하고 있었다. 커가면서 아버지가 혹독하게 야단치는 일이 많아져 위축돼 있었다. 늘 1등만 하고 자신의 계획대로 살아온 부모님의 눈으로 볼 때 아이들이 공부를 못하는 것이 마음에 들지 않았던 것이다.

많은 사람들이 그렇듯 이 학생의 부모님도 권력과 부를 누리면서 초심을 잊어버리고 무능한 사람들에 대한 이해가 점차 부족해지기 시작했다. "못사는 사람들은 그들이 게을러서 못사는 것이다. 그들이 무능해서, 노력을 안 해서 못사는 것이다. 너희들도 노력을 안 하면 그렇게 된다."

이런 말을 들으면 자란 아이들이 따뜻한 심성을 갖기는 힘들다. 아무리 노력해도 구조적 한계로 인해 가난에서 탈출하지 못하는 사람들도 있는 것인데 그런 점을 이해하지 못하게 된 것이다. 그러니 성공한 사람들은 자칫 세상을 자신의 눈으로만 재단하는, '심장이 고장 난 기계'가 되기도 하는데 그런 심성과 행태를 자녀들이 보고 배운다는 것이 더 큰 문제다.

아이는 감정의 기복이 심했다. 그러다 보니 친구들과도 자주 다투었고 외로웠다. 때때로 친구들과 담배도 피우고 음주도 했으나 아주 엇나가지는 않았다. 그나마 다행이었다.

학생은 자신의 속내를 털어놓으면서 마음의 안정을 찾아갔다. 영어 실력이 늘면서 자신감이 붙자 다른 과목의 성적도 아주 조금씩 올라가기 시작했다. 학생은 2년 동안 성실히 공부했다. 그러나 독서량과 기초가 부족해 자신이 가고자하는 대학에는 못가고 3류 대학에 입학했다.

여건이 잘 갖춰진 집 아이들이라고 해서 다 공부를 잘하고 인성이 제대로 다져지는 것은 아니다. 아이들은 빈부를 떠나 부모님의 정성, 시간투자에 비례해서 성장하고 성숙해진다. 권력과 부가 세습되기는 하지만 권력층 부유층의 아이들이 모두 다 잘 되는 것은 아니다. 부자 3대 못가고, 권력 10년 못가는 이유다. 이것이 부유층 권력층의 역설이다. 부자, 권력자가 고결한 성품을 갖추고 자녀들 또한 그런 성품을 이어받을 때 부와 권력이 지속될 것이다.

조언과 해법

경박한 돈과 권력, 특권의식이 아이미래를 어둡게 한다

"부자되세요" "대박나세요" 같은 천박한 인사말이 풍미한다. 경제는 발전했으나 정신적으로는 아직 미성숙이라 것을 보여주는 말들이다. 한 방송 프로그램에서 출연자들이 게임을 하면서 "나만 아니면 돼"라고 외쳤었다. 물론 의미 없이 웃기기 위한 농담이었지만 이런 말들을 들으면서 자란 아이들이 성장해서 약자의 아픔에 눈을 돌릴 수 있을까? 우리는 혼자 살 수 없으며, 불행한 이웃들 속에서 절대로 혼자만 행복할 수 없다. 어떻게 나만 아니면 될 수 있겠는가? 공감과 연민이 사라진 사회, 예의와 품격이 사라지고 무례한 행동을 사과할 줄 모르는 사회는 절망을 극복할 수 없다.

연대(連帶)와 사랑이 사라지면서 고독 우울 정신병 마약 알코올중독 자살 등이 늘어났다. 우리는 스스로 파편화됐다. 달리기만 할 뿐 생각과 반성이 없기 때문이다. 남을 인정하지 않으면 나도 인정받을 수 없다. 한줌의 권력과 부로 가당치도 않은 자부심을 갖는다면 그 자녀는 장래가 뻔하다. 그러나 정당하게 노력해서 얻은 권력과 부가 겸손을 겸비하면 영광이다.

경쟁에 치인 아이들은 이 시대에 꼭 필요한 '함께 살아가는 법'을 잊어가고 있다. 참된 인간성이야말로 진정한 경쟁력이어서 평생 자녀의 삶을 살찌운다. 물질우선의 경박함, 남을 인정 않는 폐쇄성, 연대와 사랑의 붕괴, 풍요속의 빈곤이 우리를 갉아먹고 있다. 그런 사회에서는 모든 아이들의 미래가 어둡다.

일종의 특권의식을 느끼는 아이들은 자신의 욕구와 감정에만 집중하고, 자신의 경험에만 기초해 자신의 관점을 정하고, 자신의 눈으로만 세상을 보게 된다. 따라서 자신의 한계를 벗어나기 힘들다. 스스로 작은 사람이 돼서 배척의 길을 가는 것이다. 다른 사람은 안중에도 없는 사람을 누가 좋아하겠는가?

요즘은 부모가 아이를 과도하게 칭찬하고 특별하다는 의식을 심어주는데 그것이 아이의 공감력을 갉아먹으며 외톨이로 만든다. 아이는 부모의 말을 듣고 자신이 어떤 사람인지, 장래에 어떤 사람이 될지를 규정한다. "너는 다른 사람을 도와주는 걸 좋아하는 사람이지" 좋은 칭찬이다. "너는 똑똑해. 특별해. 잘났어."는 독이다.

윌리엄 데레저위츠 예일대 영문학교수에 따르면 스펙쌓기가 아이를 순한 양으로 만든다. 고교생이 대입을 위해, 대학생이 입사를 위해 스펙을 쌓아올리는 게 중요한 이유는 남보다 더 많은 스펙을 쌓기 위해서다. 상대가 9천개의 원자폭탄을 보유하기 전까지는 누구도 1만개의 원폭을 소유할 이유가 없다. 다른 학생이 과외활동을 10개하기 전까지는 누구도 11개를 할 필요가 없다. 그렇게 많이 해서 뭘 하겠는가? 쓸모도 없다.

성공 실패의 상속은 부모하기 나름

부슬비가 내리는 날 대저택의 대문 앞에 6살 소녀, 8살 소년이 아빠의 손을 잡고 비를 맞으며 서있다. 오랜 시간이 흐른 뒤 늙은 수위가 대문을 나와 나리와 약속을 하고 왔는지 묻는다. 아빠는 더듬거리며 그렇다고 말한다. "주인님이 허락하실지 알아보고 올 테니 기다리세요." 수위가 한 참후에 나타나 화가 난 듯 말한다. "주인님이 작업 중이라 돌아가랍니다."

세 사람은 비를 맞으며 돌아갔다. 이들은 몇 년째 이러고 있다. 다음 주말에는 다행히 주인이 만남을 허락했다. 아빠는 두 자녀를 주인마님의 거실에 들이밀고 노인의 품에 안기라고 눈짓한다. 어색한 분위기가 가시고 두 어린이는 할아버지가 그린 동물그림을 보며 즐거워한다. 아빠도 긴장이 풀린 듯하다. 아빠는 무심코 손톱 다듬는 줄을 꺼내서 손톱손질을 했다. 그러자 갑자기 주인마님이 소리를 질렀다. "바보 같구나. 손톱손질은 내가 하는 대로 벽 모서리에다 대고 하란 말이야!" 당시 30대였던 파울로 피카소는 그 순간부터 평생 아버지 파블로 피카소가 시킨 대로 손톱을

손질했다. 아들은 아버지의 명을 따라 생선을 먹을 때도 손으로 잡고 뜯어먹었다.

아들 피카소는 평생 여기저기 떠돌며 술독에 빠져 무책임하게 살다 죽었다. 직업도 없었고 가족을 부양하지도 못했으며 그의 두 아이는 사회복지사의 돌봄을 받으며 성장했다. 그의 아들은 할아버지 장례식 뒤 표백제를 마시고 자살했다.

아들 피카소는 평생 아버지를 찾아가서 구걸하며 살았고 나중에는 아버지의 파트타임 운전사로 일했다. 아버지 피카소는 목표의식이 없고 무책임한 아들을 경멸했다. 아버지는 손자들이 듣는 데서 아들에게 "넌 어떻게 네 자식들도 네 손으로 거두지 못하냐? 너는 생활력이 전혀 없는 인간이야. 평범한 이류인간이고 앞으로도 계속 그렇게 살겠지. 너는 지금 내 소중한 시간을 축내고 있어. 나는 왕이야. 그런데 너는?" 아들은 아버지가 죽은 2년 뒤 54세에 죽었다.

아들은 아버지의 막대한 재산 가운데 16분의5를 유산으로 받았으나 쓰지도 못했다.

성공한 사람들은 자신의 시간이 가난한 사람들의 시간에 비해 더 가치 있다고 여긴다. 시간 당 벌어들이는 돈이 더 많기 때문이다. 그들은 집안일, 아이를 돌보는 일은 사람을 고용해서 해결한다.

부유한 가정에서 승자로 태어난 아이들은 가난한 집 아이들에 비해서 혼자서 보낸 시간이나 부모가 아닌 다른 어른들(보모, 가정교사)과 보낸 시간이 많다. 그래서 이런 아이들은 가난한 집 아이들에 비해서 정서적으로 부모와 덜 가깝다. 부모와 '가치 있는 시간'을 보내지 못한 것이다. 피카소의 아들도 마찬가지다. 피카소는 자식들이 어릴 때는 무척 귀여워했으나 청소년기에 접어들어서는 애정을 거두었다. 아이는 부모와 멀어질수록 사회적으로 작아지고 낮아진다.[88]

태생의 차이보다 양육의 차이가 더 크다

2009년 미국 코넬대학의 연구원 게리 에번즈와 미셸 샘버그는 뉴욕주 북부에 사는 17세 청소년 195명의 작업기억을 테스트한 결과 가난한 집안의 아이라도 스트레스가 적으면 성적이 좋을 수 있고, 부잣집 아이라도 스트레스가 심하면 성적이 떨어졌다.

스트레스에 영향을 받는 뇌의 전전두엽은 20대초까지 변화, 성장한다. 따라서 환경을 개선해준다면 가난한 집의 아이도 성공가능성을 높일 수 있다.

맥길대학의 마이클 미니교수팀은 쥐를 대상으로 엄마 쥐가 아기 쥐를 핥아주고 쓰다듬어주는 것이 어떤 결과를 낳는지 연구했다. 연구팀은 새끼 쥐들이 22일이 지난 다음 어미로부터 분리하고 100일 지나 성숙해진 다음 핥기와 쓰다듬기를 받은 쥐와 받지 못한 쥐의 행동을 비교했다. 차이는 현저했다. 애정을 받은 쥐들은 미로빠져나오기, 사회성, 호기심, 자기통제력이 더 왕성했으며 공격적 성향은 적었고 수명은 길었다. 유전자가 아니라 양육방법-핥기와 쓰다듬기-의 차이가 낳은 결과였다. 어미의 사랑이 뇌와 행동방식을 바꿔놓았다.

어떤 부모에게서 태어났느냐보다는 어떻게 양육, 교육받느냐가 더 중요하다. 토론토대학교 메리 에인즈워스는 1960~70년대 연구에서 초기에 부모로부터 애정을 잘 받은 아이들은 평생 사회성이 좋았고 엄마로부터 애정을 받지 못한 아이들의 90%는 의존도가 높고 반사회적이며 성적이 나쁘고 미숙하다는 사실을 밝혔다. 따뜻하고 섬세한 부모의 보살핌은 아이에게 확고한 기반을 형성해주고 아이는 그 기반 위에서 세계를 탐구한다.[89]

10대들의 미친 짓과 동기부여 방법

부모는 아이들을 알아야 한다. 부모도 사춘기를 경험했지만 오래 전인데다 사춘기 때 왜 그렇게 격동하는지 모른다. 10대들은 왜 가끔 엉뚱한 행동을 할까? 담배를 피우면 10대가 성인보다 더 많은 자극을 느낀다. 행복 호르몬인 도파민이 분비되면 몸과 마음이 반응하는데 어른보다 10대의 반응정도가 더 강하다. 사춘기 때 더 많은 자극을 원하는 이유다.

10대의 뇌는 이성, 논리를 담당하는 전두엽이 성인에 비해 덜 완성된 상태여서 위험한 상황에 대한 통제가 어른보다 어렵다. 성인들은 이성적 판단으로 유혹을 참아내지만 청소년들은 참지 못할 수 있다.

청소년들은 위험한 행동을 했을 때 뒤따를 안 좋은 결과보다는 그 행동으로 인한 즐거움을 더 크게 기대해 행동에 돌입한다. 청소년은 중독이 뇌 회로에 성인보다 더 강력하게 새겨지기 때문에 해독이 훨씬 어렵다.

청소년기는 아동기의 뛰어난 시냅스 가소성(可塑性 plasticity 빈 페트병처럼 구겨놓으면 구겨진 채로 있는 성질. 변한다는 것이 초점이다)이 계속되면서 학습과 기억도 빠르게 이루어진다. 위험한 것도 잘 학습한다. 뇌는 보상을 갈망한다. 도파민의 생성을 자극하는 것이면 무엇이든, 선악과 무관하게, 보상으로 해석해 시냅스가 여기저기서 흥분한다.[90]

공부를 잘하려면 내적 동기가 중요한데 이를 위해서는 큰 그림(인생계획)부터 그려야 한다. 어떻게 살 것인지, 무엇을 하고 살 것인지를 생각해 보는 것이다. 내가 좋아하는 것과 함께 나 스스로를 자랑스럽게 만들어줄 꿈과 목표를 정하면 그 꿈을 이루기 위해 더 노력하게 된다.

창의력과 기초실력이 최고조에 달하는 시기는 25세 때다. 10대에 공부 좀 못했다고 포기하는 것은 너무 빨리 포기하는 것이다. 꿈을 정한 다음 학습목표를 정한다. 학습목표는 구체적이고, 실천가능해서 성과가 나타나야 한다. '공부를 열심히 한다'가 아니라 '하루에 단어 20개 외우기' '수학공식 3개 완전히 이해하기' 등으로 정해야 한다. 목표는 자기역량을 생각해 스스로 정한다. 조사에 의하면 최상위권 학생은 주당 40시간, 상위권은 20시간을 혼자서 공부한다. 하루 6~3시간이다. 중학생은 하루 3시간 이상 자기주도 학습을 해야 한다.[91]

이스라엘 부모들은 질문하고 토론한다

역사적으로 엄청난 업적을 이루고 있는 유대인들의 교육방식은 남다르다. 현재 유대인은 미국에 590만명, 이스라엘에 530만명, 전 세계에 1,300만명 정도다. 노벨상이 제정된 1901년부터 2006년까지 유대인 노벨상 수상자는 173명으로 전체 수상자의 23%다. 미국 아이비리그 대학교수의 20%, 미국 100대 부호의 20%가 유대인이다. 경이롭다.

유대인은 어머니가 최초의 교육자라고 생각한다. 유대인 부모는 부모에게 받은 만큼 자녀에게 베풀되 자녀에게 신세지는 것을 수치로 여긴다. 몸보다 머리를 써서 살도록 가르친다. 주입식 교육이 아닌 원리를 터득하고 사고력과 응용력을 길러준다. 생각을 유도하기 위해 계속 질문하고 토론한다. 유대인들은 매주 금요일 저녁 가족들이 모두 집에서 저녁을 먹으며 많은 대화를 나눈다.

유대인 교육의 핵심인 유대경전 '탈무드'는 무엇을 생각할 것인가가 아니라 어떻게 생각할 것인가를 가르친다. 생각하는 법을 배우므로 호기심이 강한 아이는 큰 가능성이 열린다. 새로운 아이디어를 창조해내는 사람이 미래를 지배한다. 유대인인 아인슈타인은 "상상이 지식보다 중요하다. 지식은 제한적이다. 상상은 온 우주를 품을 수 있다."고 했다. 우리의 입시교육은 이제 용도폐기 직전이다. 아이의 잠재력을 끌어내주고 미래에 대비하도록 해야 한다.

학교 다녀온 아이에게 "선생님 말씀 잘 듣고 공부 열심히 했니?" 대신 "오늘 어떤 질문했니?"라고 말하라. 질문을 통해 아이의 사고와 지적 호기심을 자극한다. 토끼와 거북이 경주에서 "누가 경주에서 이겼어"는 닫힌 질문(답이 하나만 있는 질문)이다. 열린 질문(답이 여러 개)은 "토끼가 거북이에게 졌을 때 어떤 생각이 들었을까?"다.

유대인은 엄격하고 절제된 생활, 나눔을 중시한다. 2006년 '비지니스위크' 선정 세계 50대 자선가 중 15명이 유대인이다. 2008년 미국 기부금

전체의 30%는 유대인이 냈다. 유대인 가정에는 체데카라는 기부금 모금함이 가족마다 하나 씩 있다.[92]

앞으로는 지식의 양이 아닌 사고력, 상상력으로 먹고 살아야 한다. 아이가 질문에 답을 하기 위해 열심히 생각해야한다. 질문식 교육을 지속적으로 받으면 깊이 있게 생각하는 법을 터득하게 되고 문제의 핵심에 도달한다. 교육은 토론을 통해 일어나는 교환과 자극이다.[93]

성적보다 인성이 먼저다

2013년 한국교육개발원의 설문조사에 따르면 우리나라 초중고생의 인성과 도덕성 수준은 낮다가 47.6%, 매우 낮다가 24.8%, 보통 24.2%, 높다 2.5%, 매우 높다 0.1%로 심각하다. 2015년7월 인성교육진흥법이 시행됐는데 인성은 유치원, 초등학교 교사가 아닌 부모가 어린 시절부터 아주 공들여 길러주는 것이다.

영화 '아이언맨'의 주인공 토니 스타크의 실제 모델이자 전기자동차 회사인 테슬라 모터스의 CEO 앨런 머스크의 어머니 메이 머스크. 그녀는 일흔 가까운 나이에도 왕성하게 활동하는 패션모델이자 세계적인 영양학자였다.

그녀는 자녀가 두 명 더 있는데 한 명은 잘 나가가는 요식업체 사장이고 다른 한명은 촉망받는 영화감독이다. "그저 예의 없는 말투나 행동을 가장 중요시했어요. 식사시간에 예절은 엄하게 가르치되 다른 잔소리는 하지 않았어요. 다만 부지런히 사는 내 모습만 보여줬을 뿐입니다" 선진국의 최상류층 부모들은 아이들에게 굉장히 엄격하다.

두 남매를 잘 키워 특목고, 1류 대학을 졸업시킨 오 여사. 두 남매는 어머니가 손수해주는 간식에 좋은 음식, 좋은 선물을 늘 받아왔다. 친척들이 놀러 와도 방에서 공부만 했고 방에서 나와 인사하는 것도 드물었다. 공부리듬을 깨지 않기 위해서다. 4촌들이 와도 좋은 음식은 두 남매에게만 먹였다.

딸은 결혼한 뒤 오 여사와 절연했고, 아들은 D급 며느리를 데리고 와 결혼하겠다고 해 오 여사와 갈등했다. 아들도 결혼한 뒤 발길이 뜸하다. 오 여사는 두 남매에게 정성을 들이느라 사적 모임도 못나가 친구들이 없다. 결국은 외로운 노년을 화병을 키우며 보냈다.

반면에 김 여사는 아들이 셋인데 모두 2~3류 대학을 나와 취직하고 착한 며느리를 보았다. 김 여사는 행복한 노년을 보내고 있다. 김 여사는 어른에게 인사하는 법 등 예의범절부터 아이들에게 가르쳤다. 누가 자식교육을 잘 시킨 것인가?[94]

10장

S대 출신 부모, 부부사이 나빠 자녀방치

대입시스템 복잡, 부모가 재능발굴도와야 아이 성장

고1 남학생이 4월쯤 혼자 학원에 왔다. 영어공부를 열심히 하는데도 생각만큼 늘지 않는다고 했다. 학생의 중학교 성적은 중간정도였다. 그저 평범한 아이였다. 아버지는 명문 S대 경제학과를 졸업한 회사원이고 어머니 역시 같은 대학 국문과를 나온 전업주부였다.

대한민국 최고학교를 나왔으나 부모는 아이들 교육에 별로 신경을 쓰지 않았다. 부모는 고등학교 때까지 '수재'라는 말을 들으며 스스로 공부해서 아이들도 그렇게 공부할 것으로 생각해 신경을 쓰지 않았다고 했다. 나이가 좀 든 부모들 중에는 이런 부모들이 많다.

그러나 아이에게 모든 것을 맡겨놓는 방임도 강압만큼이나 문제다. 부모가 학교 다니던 때와 는 너무나 다르다. 환경이나 경쟁상황, 입시

제도가 엄청나게 복잡하다. 부모가 어느 정도는 도와줘야한다. 어린 아이들은 학원을 선택하는 것조차 쉽지 않다. 아이들이 어리면 부모가 어떤 과목이 약한지를 알아내야하고 적성이나 취미를 찾도록 도와줘야한다.

이 학생의 부모님은 자신들의 학창시절만 생각하고 학생에게 필요한 것을 권하지 않았다. 요즘은 원어민어학원이 흔하지만 부모세대 때는 원어민어학원이라는 말조차 없었다. 영어발음이나 듣기는 나이가 들수록 점점 어려워지기 때문에 시기가 중요하다.

예를 들어 중2 이하 학생들과 대학 1학년생들에게 미국 CNN News나 AP News와 같은 빠른 방송을 받아쓰도록 하면 중2 이하 학생들은 단어를 모르면 한글로라도 전치사, 관사까지 거의 100% 받아쓴다. 그러나 명문대 1년생은 80%정도만 받아쓴다. 이런 점들을 부모가 안내해줘야 한다.

학생을 테스트한 결과 독해 문법 어휘력 등이 중간정도였다. 이런 성적으로는 3류 대학도 가기 힘들다. 아이는 자신의 현주소를 깨닫고 "최소한 서울에 있는 대학은 가야한다."고 말했다. 서울 소재 대학이라고 다 좋은 것도 아니고 지방에도 좋은 대학이 많지만 자신의 생활터전인 서울을 목표로 한 것이다. 아이는 서서히 공부에 열중했으며 열중한 만큼 실력도 아주 조금씩 올라가기 시작했다.

자신감이 붙으면서 다른 과목도 조금씩 나아졌다. 고등학교 내내 학원에 나왔다. 고3이 되면서 공부자세가 잡혔다. 어릴 때부터 부모님이 방임했고 고교에 올라오면서 부모님은 조금 관심을 가질 뿐 크게 달라지지는 않았다. 학생은 장남으로서 스스로 부모님에게 누가 되기 싫어했다. 최소한 '인 서울(in seoul 서울소재 대학 입학)'은 하겠다는 다짐만은 계속하는 것 같았다.

이 학생의 부모는 "한번 상담하러 오시라"고 해도 3년 동안 학원에

한 번도 오지 않았다. 그저 학생을 통해서만 부모를 파악할 뿐이었다. 이런 부모도 드물다. 아이를 맡겨놓고 "오시라"라는 부탁에도 불구하고 어떻게 3년 동안 한 번도 아이에 대해 논의하러 오지 않을까싶었다. 학생의 말로 미루어보면 부부 사이가 좋지 않았다. 부부사이가 나쁘면 아무래도 자녀교육에 소홀해진다.

아이에게 최악은 부모의 사망이고 다음이 이혼, 부부불화다. 최고의 가정교육의 출발점은 부모가 서로 사랑하는 모습을 보여주는 것이다. 출발이 부실한 상태에서 학생이 스스로 다짐하고 공부했으니 얼마나 기특한 일인가!

이 학생은 결국 서울 소재 중위권 대학에 입학해 자신의 다짐을 혼자서 해냈다. 부모가 적당한 자극을 주었으면 더 발전할 수 있는 학생이었다.

● 조언과 해법 ●

재능은 어떻게 만들어지는가?

주입식 교육은 아이들의 창의성과 장점, 재능을 살리지 못한다. 부모님들은 4차 산업혁명시대에 대비해 아이들의 재능을 찾아내 살려야 한다.

재능을 개발하려면 반드시 사실적 지식과 경험적 지식이 필요하다. 누구나 타고난 재능이 있다. 재능은 생산적으로 쓰일 수 있는 사고 감정 행동의 반복적인 패턴, 태어날 때부터 가지고 있는 특별한 능력, 소질이다. 그러면 이런 반복적인 패턴을 만드는 것은 무엇인가? 이 패턴은 뇌 안의 여러 신경이 연동해서 만들어진다.

시냅스는 뇌세포(뉴런)가 서로 의사소통하기 위해 연결된 것이다. 재능, 행동은 뉴런끼리 얼마나 적절하게 연결됐느냐에 달려있다. 시냅스가 재능을 만들어낸다. 수정된 난자가 자궁에 착상하고 42일이 지나면 뇌가 4개월 동안 급성장해 뉴런이 천억 개로 늘어난다. 그러다 아기가 세상으로 나오기 60일전부터 뉴런은 서로 통신하기 위해 노력한다. 탄생 후 3년 동안 천억 개의 뉴런은 각각 1만5,000개의 시냅스를 만든다.

그러다 세 살부터 15세까지 시냅스의 절반이 사용할 수 없는 상태가 돼버린다. 두뇌발달은 시냅스를 얼마나 잘 활용하느냐에 달려있다. 뇌는 사용하는 시냅스를 좀 더 활발하게 이용할 수 있도록 사용하지 않는 시냅스를 강제로 죽인다. 초기에 많이 연결하는 것은 태어난 후 처음 몇 해 동안은 많은 정보를 흡수해야 세상을 알 수 있기 때문이다. 이때는 아직 자신의 세계관이 형성되지 않아서 정보를 일방적으로 흡수만 한다. 그러나 어느 정도 성장하고 난 후 모든 회로를 다 살려두면 과중한 자극과 정보로 미쳐버릴 것이다. 자신의 세계관 형성을 위해 이런 회로들 중 일부는 차단시키는 것이다. 유전과 유아기 경험을 바탕으로 차단해야 할 회로와 사용할 회로를 선별한다. 이 선별이 한 사람의 특징을 만든다.

재능은 가장 강력한 시냅스의 결합이 만들어낸 것이다. 매 순간 이성적인 판단에 의해 의사결정을 내리는 것은 에너지 소비가 많아 불가능하다. 따라서 본능적으로 행동해야 할 때가 많다. 뇌는 이런 상황에서 천성을 따른다. 즉 뇌는 가장 저항(에너지 소비)이 적은 시냅스의 결합회로 즉 재능을 따른다.

기술은 어떤 것을 할 수 있는지 없는지를 결정하지만 재능은 더욱 중요한 것, 얼마나 뛰어나고 자주 수행할 수 있는가를 결정한다. 훈련만으로 강점을 만들어낼 수는 없다. 재능 없이 훈련만 반복하면 그 효과가 나타나기 전에 기진맥진하게 된다. 없는 시냅스를 만들려고 하기 때문에 에너지를 많이 소비해서 그렇게 된다. 없는 시냅스는 15살 이후 거의 만들어지지 않는다. 재능은 자신도 모르게 저절로 발휘되며 재능을 발휘할 때는 기분이 좋아진다.[95] 그래서 노력하는 사람이 즐기는 사람을 못 당한다는 것이다. 자연은 사람들이 계속해서 재능을 사용하도록 유도한다. 가장 뛰어난 재능을 알아내어 기술과 지식으로 갈고 닦아야 한다. 그러면 반드시 성공한다. 따라서 부모는 아이의 재능을 찾아내는 게 정말 중요하다.

환경이 바꾸는 재능, 노력해야 결과가 나온다

하야시 나리유키 교수는 재능은 선천적이기도 하지만 환경에 의해 변한다고 했다. 타고난 유전자가 변하는 것은 아니지만 유전자의 기능이 환경에 의해 변한다. 그에 따르면 뇌를 단련시키기 위해서는 우선 매사에 흥미를 갖고 좋아하는 힘을 길러야 한다. 뇌가 정보를 긍정적으로 받아들여야 이해력 사고력 판단력이 좋아진다. 그래서 성격이 어두우면 공부, 운동에서도 충분히 능력을 발휘하지 못하게 된다. 성격이 어둡다는 것은 자기보존본능이 너무 강해서 지나치게 신중하고 매사를 긍정적으로 보는 힘이 약한 상태다. 어릴 때 어머니의 사랑이 부족하면 이렇게 된다. 뇌의 기능을 충분히 살리려면 무엇이든 해보려하고, 다른 사람의 이야기를 감동하며 들어야 한다. 부모가 매사를 삐딱하게 보거나 우습게 여기는 태도를 아이에게 보여주면 안 되는 이유다. 다 아는 이야기라도 감동하며 듣는 모습을 보여주어야 한다.

이해득실을 따지지 않고 전력투구할 수 있는 성격을 길러야 한다. 이해득실을 따지면 손해나는 일은 하지 않게 된다. 부모가 이런 자세를 보여주면 안 된다. 또 대충하겠다고 하면 뇌의 기능은 충분히 발휘되지 않는다.

아이 앞에서 "무리야" "큰일이다" "못하겠어." 같은 부정적인 말을 하지 말아야 한다. 부정적인 말은 뇌의 자기보존본능 때문인데 못한다고 생각하면 뇌는 정보를 부정적으로 인식하기 때문에 이해력 기억력도 떨어진다.

반복해서 생각하는 습관을 키워야 한다. 독창적인 아이디어는 생각을 반복할 때 나온다. 안 그러면 새로운 정보가 들어오고 옛 정보는 기억에서 사라진다. 실수나 부족함을 인정해야한다. 뇌의 자기보존 본능은 상처나 비난받는 것을 피하려 한다. 그래서 실패나 부족함을 인정하려 하지 않는다. 그러면 극복해야할 문제점이 무엇인지 모르게 되고 발전할 수 없다.

성공한 사람들은 대단히 회복력이 강하고 근면하다. 또 자신이 원하는 바가 무엇인지 깊이 이해하고 있다. 그들은 열정과 끈기, 투지가 있다. 성취 = 재능 × 노력 × 노력이다. 재능은 노력을 기울일 때 기술이 향상되는 속도다. 즉 재능이 있으면 같은 시간을 연습해도 피아노를 더 잘 칠 것이다. 성취는 습득한 기술을 사용했을 때의 결과물이다. 노력을 통해 기술이 생기고, 기술을 제대로 쓰기위해 열심히 노력한 결과가 성취다.[96]

하루아침에 되는 일은 없다. 노력하지 않으면 재능은 발휘되지 않는 잠재력일 뿐이다. 노력은 재능을 기량으로 발전시키고 결실로 이어지게 한다. 이런 전 과정에서 부모의 도움이 필요하다.

부모가 들려준 이야기에서 인생의 의미를 찾는다

영웅과 위인은 대부분 어린 시절 혹독한 고난과 고통을 경험한다. 그런데 모든 것을 갖춘 집에서 넉넉하게 자라나는 아이들은 이런 경험을 할 필요가 없다. 부모님이 다 알아서 해준다. 영웅은 부모님의 결정에 따르지 않고 자신의 인생행로를 스스로 선택한다. 이들에게 삶은 가시밭길이지만 스스로 선택한 길이기에 포기하지 않는다. 이들은 그 길 위에서 경험한 일과 만나는 사람들을 통해 인생의 지혜를 축적한다.

영웅은 곤경에 처했을 때 좌절하기보다는 넘어야 할 산이라고 생각한다. 부모님이 다해주는 인생은 의미가 없다. 영웅도 무작정 모험의 길을 선택하지는 않는다. 이들도 선인들이 쌓아놓은 지식 지혜를 활용한다. 현대의 영웅들은 과거로부터 축적된 문명과 문화의 기반위에서 우뚝 선 사람들이다. 유(有에)서 더 많은 유를 창조해낸다.

과거로부터 내려온 지식과 지혜는 풍요로운 자원이다. 어린 아이에게는 부모님이 문명과 문화 즉 자원이다. 부모님이 아이와 함께 동화책과 영웅전을 읽고 도서관에 가고 등산을 하고 전시회에 가면 더 풍성한 문명과 문화를 제공하는 것이다. 아이가 어른이 되어 난관에 부딪힐 때 어린 시절 부모가 들려준 '이야기'가 떠오른다. 즉 인생의 지혜가 떠올라 난관극복에 도움이 된다. 어린 시절의 경험이 풍부할수록 아이의 인생도 풍요로워진다. 미로의 출구, 난제의 해결책도 더 쉽게 찾아낸다. 목적 없이 그냥 살아가는 사람, 주변상황에 휩쓸려가기만 하는 사람은 어린 시절 부모로부터 이야기(문명과 문화)를 듣지 못하고 큰 사람이다.

위에 소개한 부모는 부부사이가 나빠 아이에게 악영향을 미쳤다. 좋은 부모가 되는 첫 단계는 부부사이가 좋은 것이다. 가화만사성(家和萬事成)이다. 부부싸움을 하더라도 서로 화해하는 모습을 자녀에게 보여주어야 자녀가 그 모습을 보고 배운다. 좋은 부모는 관용적이고 아이를 무조건 통제하지 않는다. 아이가 부정적인 감정을 자유롭게 표현하게 한다. 능동적, 독립적, 창의적인 아이는 대부분 이런 부모 밑에서 자랐다. 마음을 솔직히 표현하며 자란 아이는 타인에게 적대감이 없고 외향적이며 사회적응력이 높다.[97]

11장

애지중지 버릇없이 키운 아들, 필리핀유학도 적응 못해

아이는 학교 학원 과외 모두 실패, 게임 등 놀기만

외아들이었다. 부모는 부동산업을 했다. 아마도 대학은 나오지 않은 것 같았다. 외아들이어서 그런지 부모가 너무 애지중지 버릇없이 키웠다. 학생은 옷도 비싸보였고 허세가 잔뜩 들어있었다. 생활습관은 엉망인데다 예의도 모르고 고집불통이었다. 부모는 이런 아들을 홀로 필리핀으로 유학을 보냈다. 부모는 엄청난 재력가로 돈 걱정은 안한다고 아이가 전했다. 공부가 많이 달려서 결국 필리핀 유학에도 실패하고 3년 만에 다시 한국 고3으로 돌아와야만 했다. 고3이라고는 하지만 어려서 책을 읽지 않아 이해력은 중학교 수준이었고 영어단어도 마찬가지였다.

공부습관도 엉망이라 어디서부터 시작해야할지 몰랐다. 거구인데다 식사량이 많아 수업시간에 항상 졸았다. 학생의 이런 상태를 부모님은 이미 잘 알고 있었다. 부모님은 아들이 필리핀 유학 가기 전인 중학교 2학년부터 학원이든 개인과외든 모든 방법으로 공부를 시켜봤지만 전부 실패했다.

필리핀으로 유학을 가면 영어라도 배울 것 같아서 보냈었다. 부모는 아이를 서울에 있는 대학을 보내고 싶은데 도저히 안 될 것 같다고 판단했다. 혹시나 해서 상담 받으러 온 것이었다. 테스트는 해보나마나였다.

학원수업시간은 두 시간인데 반은 졸았다. 졸지 말라고 해도 황소고집이라 거의 말을 듣지 않았고 자신이 하고 싶은 대로 했다. 그나마 학원에 빠지지 않고 나오는 것이 신기했다. 사실 마음속으로는 돌려보내고 싶은 생각이 굴뚝같았지만 참고 또 참았다.

'부모도 자녀교육에 별로 관심이 없는데 내가 왜 이렇게 스트레스를 받아야하는가' 하는 생각이 들었었다. 부모는 입시에 대해서도 전혀 몰랐다. 부모와 학생은 단지 서울에 있는 대학이면 어느 대학이든 들어가기만 하면 소원성취였다. 이 학생은 특례입학도 불가능하고 내신으로는 무명 대학조차 갈 수 없는 상태였다.

서울에 있는 대학을 갈 수 있는 한 가지 방법은 수능시험에서 적어도 2개 과목이 3등급 이상이거나 한 과목이라도 2등급이상이 나오는 것이다. 이 학생은 국 영 수 사탐 전부 6~8등급이었다. 필리핀에 유학 갔다 왔다고 영어가 그나마 "자신 있다"고 했으나 영어도 모의고사에서 6등급이었다. 필리핀에서도 도저히 학과를 따라갈 수 없자 자주 결석하고 자신처럼 공부 안하는 친구들과 게임 등 노는 일에만 몰두했다.

문제의 출발점은 부모님이 어릴 때 아들수준에 맞는 적절한 교육을 전혀 시키지 않았다는 점이다. 그저 남들이 가니 학교에 가고, 집에 오면 노는 게 전부였다. 중2부터 공부를 시키려고 학원과 개인지도를 시도했으나 노는 습관이 깊이 배인 아이가 공부를 한다는 것이 무리였다.

하루는 아주 강하게 혼을 냈다. 그러자 태도가 변했다. 살면서 처음으로 혼이 난 것이다. 수업시간 마다 긴장하고 숙제도 양은 많지 않았지만 철저하게 해왔다. 다행히 잘 따라줘서 5개월 만에 영어수능모의고사에서 3등급이 나왔고 실제 수능에서는 조금 성적이 올라 2등급을 받았다. 그저 그런 대학에 간신히 합격했다. 어릴 때 교육을 너무 안 시켜도 문제다.

조언과 해법

아이가 잘못하면 단호하게 혼내라

아이가 잘못하면 부모는 화를 내는데 화만 내서는 아이의 행동을 교정하지 못한다. 아이에게 그런 행동은 왜 하지 말아야 하는지를 설명하고 앞으로는 하지 않겠다는 약속을 해야 한다. 이 때 그런 행동을 또 할 때는 벌칙을 약속하는 것이 좋다. 단 약속을 했으면 반드시 지켜야 한다. 지킬 자신이 없으면 안 하는 게 낫다.

아이가 떼를 쓴다고 잘못된 행동을 허락하거나 약속한 벌을 주지 않으면 아이는 응석받이가 돼서 학교나 사회에서 제구실을 못할 가능성이 커진다. 단호할 때는 단호해야 아이가 자기절제를 배운다.

아이를 혼내면 부모는 마음이 아프다. 마음이 아프다고 아이를 바로 달래주면 아이는 혼란스러워 하고 교훈을 얻지 못한다. 혼내고 달래주는 일이 반복되면 부모님의 말씀은 그냥 잔소리가 되고 만다. 혼을 낸 다음 아이가 서럽게 울더라도 혼자서 생각할 수 있도록 그대로 두어야 한다.

'요즘 아이들은 버릇이 없다'고들 한다. 엄마들이 아이의 기를 죽이지 않기 위해 공공장소에서 제멋대로 날뛰는 행동까지 내버려두기 때문이다. 버릇없는 아이, 이기적인 아이는 자신의 삶에 덜 만족하고 덜 행복해진다. 이런 아이는 당연히 인기가 없으니 낙담하기 쉽다. 이런 아이는 "싫어" "주세요." "나" "지금"이라는 단어를 많이 사용한다. 참지 못하기 때문이다.

부모가 아이를 버릇없게 키우거나, 부모가 이기적으로 행동하거나, 아이가 사심 없는 마음의 가치에 대해 배우지 못했기 때문이다. 또 부모가 생각이 없거나, 거들먹거리며 배려를 모르거나, 아이의 행동에 한계나 규칙을 정하지 않으면 이런 아이로 자라난다.[98]

성격을 지적하지 말고 상황을 설명하라

아이가 서툴다고 생각되면 "이렇게 하는 편이 낫지 않겠어?" 아이가 실패할 것 같으면 "그게 아니고"라며 먼저 개입하면 안 된다. 그러면 아이는 생각할 시간을 갖지 못하고 부모님의 생각을 그대로 받아들이는 로봇이 된다. 아이가 위험하지 않는 한 아이가 스스로 하도록 맡겨두어야 한다. 그러면 아이는 반드시 해내고 자신감과 창의력이 쌓인다.[99]

지혜는 지식+경험이다. 여러 가지에 도전하게하고 혼자서 하게하면 아이는 지혜를 갖춘다.

아이들과 대화할 때는 상황에 대해 얘기해야지 아이의 성격에 대해 지적하지 말라. 아이가 도서관에 책을 반납하지 않았다. "너 도서관에 책을 반납해야겠더라. 기간이 넘었어." 는 좋다. "넌 무책임하더라. 다른 아이들이 책을 못 보잖아. 왜 그렇게 꾸물거리니?"는 나쁘다.

아이들에게 명령하지 말고 상황을 설명하라. 아이가 스스로 결론을 내리게 해야 반감을 줄이고 협력을 얻을 수 있다. 아이가 "시험 준비를 못했어요." 라고 하면 "왜 준비 못했어?"라고 물으면 안 된다. 그래봐야 변명, 거짓말만 부추긴다. 대신 "문제네. 어떻게 하면 좋겠니?"라고 하라. 그러면 아이는 존중받았다는 느낌을 받고 자율성과 책임감을 갖게 된다.[100]

어릴 때 형성된 사고(思考)는 변화가 쉽지않다

자녀는 부모의 행동을 보고 배운다. 부모의 말은 필요 없다. '부모가 되는 법'을 배우지 못한 이 시대의 장·노년 부모님들의 행동은 싫든 좋든 자신의 부모로부터 물려받았다. 나는 내 아버지처럼 하지 말아야지 하는 바로 그런 행동을 자신도 모르게 자녀들에게 하기도 한다.

이것은 감정의 학습 때문이다. 학습을 하면 뇌 안에서 서로 무관하던 뉴런들이 연결돼서 그 학습을 위한 회로가 만들어진다. 어릴 때 부모와의 관계에서 특정자극과 그에 따른 감정을 반복적으로 경험하면 그 감정을 위한 신경회로가 고속도로처럼 탁 트인다. 그래서 비슷한 자극이 들어오면 객관적인 상황을 고려하지 않고 정해진 회로가 자동적으로 작동해 똑같은 감정으로 반응한다. 어린 시절의 틀에서 벗어나 변하기 어려운 이유다.

인간은 편안할 때는 자신의 판단에 따라 해결할 수 있지만 불안하거나 스트레스를 받을 때는 이성이 흐려지고 감정에 휘말려 예전 자신이 봤거나 자신이 했던 대로 반응한다. 아버지의 폭력적인 면이 그렇게 싫었는데도 보고 배운 게 그것뿐이니 화가 나면 폭력성을 드러낸다.

성장하는 아이는 외부(부모)와 반복적으로 상호작용한 경험을 기초로 해서 자신과 타인에 대한 행동기준을 설정한다. 부모와 안정애착을 형성한 아이는 자신이 사랑받을 만한 가치가 있는 존재이며 보호자를 믿을 수 있다는 행동기준을 가지고 있다. 불안정 애착을 형성한 아이는 세상을 위험한 장소로 보고 상대방을 불신하는 경향이 있다. 아이에게 어떤 것을 물려줄 것인가?

요즘은 아이에게 책을 읽어주면서 "그러니 어른 말씀 잘 들어야겠지?"라는 말 대신 "느낌이 어때? 주인공이 다르게 행동할 수는 없었을까?"라고 말하는 아빠들이 늘어나고 있다. 행복은 자신의 관계망, 소속집단으로부터 온다. 아이가 행복하려면 부모가 행복해야 한다. 부모부터 신체적 정서적 관계적으로 건강해야 한다.[101]

진정한 교사와 부모는?

요즘 친구 같은 아버지는 있어도 아이들로부터 영웅으로 존경받는 부모가 줄어들고 있다. 아이들과 너무 스스럼없이 지내기 때문이다. 아이가 부모님을 영웅으로 존경하는 마음이 있다면 그것은 아이의 일평생을 지탱해주는 강력한 버팀목이 된다. 아이의 자존감과 자부심의 원천이 되고 세상살이의 힘이 된다.

아이들에게 '세상에는 너희들의 재능이 필요해. 고통 질병 빈민가가 있기 때문이야. 너희는 이웃을 지키는 사람이 될 수도 있고 죽이는 사람이 될 수도 있어. 서로의 고통을 알아줄 수도 있고 고통을 가할 수도 있어. 문제해결자가 될 수도 있고 문제아가 될 수도 있다'고 말하라.

'그 선생님의 눈을 통해서 보면 우리는 능력 있고 기품 있고 위대하게 될 운명에 처해진 존재였다. 선생님은 우리의 동경에 방향을 제시했고 우리의 운명이 희망과 행동을 통해 꾸준히 전진할 것이라는 확신을 주었다. 우연이 우리의 삶을 결정짓게 하지 않겠다는 확신, 행복은 우연한 사건에 따라 결정되는 것이 아니라는 확신을 주었다.'[102] 비단 선생님뿐이겠는가? 부모님의 역할이 먼저이고 더 중요하다.

'당신의 학생들이 인간이 되도록 도와주십시오. 박식한 괴물이, 숙련된 정신병자가, 교양 있는 아이히만(제2차 세계대전 때 나치의 유대인 집단 학살을 주도해 이스라엘에서 교수형)이 태어나게 해서는 안 됩니다. 읽기와 쓰기, 수학은 우리 아이들을 좀 더 인간답게 만드는데 기여하는 한에서만 중요한 것입니다.'

예의 없는 사람은 사회성이 부족한 사람으로 유대감을 얻기 힘들다. 예의와 도덕은 학습되는 것이고 그 출발지는 가정이다. 일상에서 부도덕한 행위에 대해 부모가 어떻게 반응하는지가 중요하다. "우리가족은 항상 다른 사람에게 정직해야 돼." "우리는 내가 대접받고 싶은 만큼 다른 사람을 대접해야 돼."

부모가 예의바른 모습을 보여주어야 한다. 아이에게 "부탁해"라고 하고 심부름을 하면 "고마워"라고 말하라. 그런 태도를 아이가 배워 다른 사람에게도 그대로 하게 된다.[103]

따뜻하지만 엄격한 프랑스부모

"아이를 불행하게 만드는 가장 확실한 방법은 아이가 원하는 것을 언제든 들어주고, 무엇이든 가질 수 있게 해주는 것이다(루소)"

우리나라의 육아에 대해서 '헌신적인 사랑' '극성육아' '헬리콥터육아'라는 평가가 나온다. 프랑스는 '엄격한 틀이 있는 육아' '원칙이 뚜렷한 사랑'을 강조한다. 프랑스는 지켜야할 예절과 규칙을 엄격히 교육한다.

부모가 원칙 없이 감정적으로 대하면 아이는 불안해한다. 아이가 청소를 안 하면 그것을 아이와 함께 풀어가야 할 문제라고 생각하고 논의해야 한다. 그러면 감정적이 안 되고 논리적으로 아이와 대화를 할 수 있다.[104]

프랑스 아이는 유치원 갈 준비를 스스로 한다. 식사시간에는 모든 가족이 식사를 마칠 때까지 식탁을 떠날 수 없으며 식사 중에 돌아다닐 수 없다. 갓난아이가 아니면 부모가 밥을 먹여주지 않는다. 절제력과 규칙을 체득한다. 프랑스에서는 아이가 떼를 쓰면 "기다려"라고 말한다. 아이가 떼를 써서 원하는 것을 얻어내면 규칙을 무시하게 된다. 아이를 오냐오냐 키우는 것은 아이에게 멍에를 씌우는 것이다.

12장

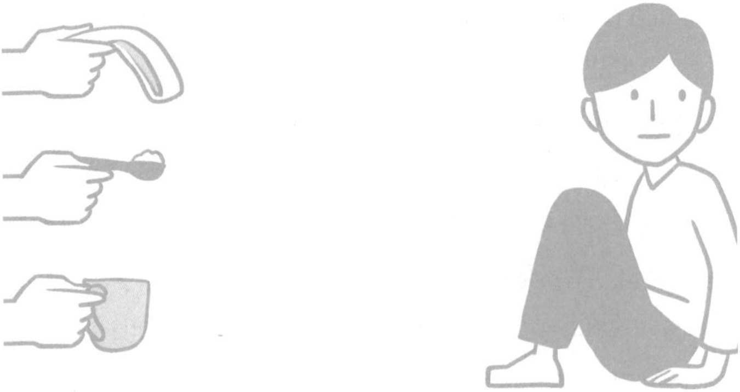

외할머니 손자양육의 문제점?

부모는 부유한 대학교수, 아이는 자신감과 말이 없는 우울한 성격

K군이 수능이 끝나는 11월 말경 부모님과 학원에 왔다. K군의 부모는 명문대 출신으로 대학교수였다. 집도 상당히 부유했다.

아버지는 "나는 중학교 3학년까지 적당히 공부하다가 고등학교 때부터 열심히 해서 좋은 대학을 나왔기 때문에 '아이들도 때가 되면 스스로 공부하겠지'라고 생각했습니다. 엄마도 교수여서 신경을 쓰지 못했습니다."라고 말했다.

어머니는 K군이 어릴 때 친정어머니에게 맡겼었다. 외할머니가 아이의 양육을 맡게 되면 일부 부정적 측면이 나타날 수 있다. 요즘 맞벌이 부부가 많아지면서 아이의 양육을 시어머니나 친정어머니가 맡곤 한다.

할머니가 아이를 키우면 자애(慈愛), 사랑이 넘친다. 오냐오냐 키우다 보니 훈육(訓育)이 사라질 수 있다. 일정한 규율과 제한, 통제 없이 자라면 아이는 자제력을 키우지 못하고 성격이 급해지며 배려를 모르는 이기적인 사람이 될 수 있다.

할머니 집에 있으면서 다른 아이들과 노는 기회가 줄어들면 사회성 발달도 늦어진다. 할머니가 어머니보다 어휘력이 떨어질 경우 언어자극이 부족해 언어발달도 지체될 수 있으며 자연스레 두뇌발달도 늦어진다.

육아시설도 문제가 될 수 있다. 어린이집, 보육원, 유치원에서 교사들이 돌아가며 아이들을 돌볼 경우 아이는 일관된 양육, 훈육, 교육을 받지 못한다. 이것은 큰 문제다. A, B, C교사는 각각 다른 성품과 양육, 교육방식을 갖고 있다. 아이들은 매일 달라지는 교사들의 태도에 맞춰 자신의 반응을 결정해야 한다. 이것은 어린이에게는 큰 부담이고 스트레스다. 할머니가 양육에 대한 자질과 역량을 갖추었으면 이런 시설에 보내는 것보다 할머니에게 맡기는 것이 좋다. 그러나 할머니의 고생을 감안해야 한다.

영·유아에게 가장 좋은 양육방식은 넘치는 사랑과 일관된 양육방식이다. 그래야 아이가 일관된 방식에 반응하면서 자아상을 갖춰가게 된다. 교사가 수시로 바뀌면 아이는 혼란스러워 어떻게 해야 좋을지 몰라 갈팡질팡하게 된다.

K군은 할머니 손에 자라면서 어릴 때 책을 접해본 경험이 적은데다 초등학교 때도 책을 많이 읽지 못했다. 외할머니는 기력이 쇠하다보니 아이를 적극적으로 키우지 못했다. 그저 아이를 데리고 텔레비전을 보거나 텔레비전을 틀어주고 잠을 자는 것이 주요 일과였다. K군은 혼자 텔레비전만을 봐야 했다. 당연히 어릴 적 경험해야할 다양한 자극을 받지 못했으며 그만큼 사고력도 떨어졌다. K군의 부모님은

“엄마 아빠가 모두 교수인데 잘 하겠지”하고 방심한 것이다. 독서가 부족하니 문장이해력, 사고력도 떨어졌다.

K군에게는 테스트조차 할 수 없었다. 공부는 반에서 꼴찌로 과외선생마다 1주일 이상을 버티지 못했다. 어느 학원에 가도 도저히 진도를 쫓아 갈 수 없는 상태였다.

특히 자신감이 없어서 말이 없었다. 그러니 부담을 느낀 학원장들이 받아주지 않았다. 나는 수업할 때 마치 벽을 보고 수업하는 느낌이 들었다. 서로 주고받는 강의가 되어야 하는데 도저히 그럴 수 없었다.

가장 쉬운 것부터 시작했고 차츰 자신감을 갖는 모습이 보였다. 하루도 결석이 없었고 1분도 수업에 늦지 않았다. 그 결과 수능시험에서 3등급을 받아서 간신히 서울 소재 대학에는 입학했다. K군은 실력이 늘면서 말도 하고 자신감도 붙었다. K군이 앞으로도 자신의 인생을 개척해내기를 바랬다.

많은 부모 특히 고학력 부모들은 자신들의 학창시절을 생각해서 자녀교육을 방치하는 경우가 많다. 그것은 이미 옛날이야기다. 지금은 아이들이 힘들게 살아가는 세상이 돼버렸다. 물질적 풍요, 정신적 빈곤의 세상이다. 나이에 걸 맞는 실력을 갖춰야 본인도 주눅 들지 않는다. 적어도 K군처럼 자신감을 잃어서는 안 된다.

● 조언과 해법 ●

할머니 양육과 두뇌

양육환경에 따라 아이의 두뇌가 달라진다

아이의 지능은 환경에 따라 달라진다. 지능은 유전자와 초기양육 사이에서 추는 춤과 같다. 생후 초기의 경험으로 특정 유전자가 작동하거나 작동하지 않을 수 있다.

동일한 유전자형을 갖고 태어난 새끼 원숭이들 중 어릴 때 어미와 친밀한 관계를 맺지 못하고 자란 원숭이는 극도로 공격적인 성향을 보이는 반면 어미 품에서 안정적으로 자란 원숭이는 그렇지 않았다. 각기 다른 경험으로 유전자에서 만들어지는 화학적 성분이 달라지기 때문이다. 생후 초기의 경험이 유전자의 기능을 변화시킨다. 이들 새끼 원숭이들은 자라서 자신이 경험한 그대로 새끼와 애착관계를 형성했다.

아이의 지능과 성격은 환경, 즉 양육방식에 따라 더 좋아지거나 나빠질 수 있다. 인간의 다른 기관은 태어날 때 거의 완성상태이지만 뇌는 어른의 4분의1 밖에 안 된다. 두 돌쯤에 어른의 4분의 3정도가 되고 7살 때 쯤 어른처럼 되고 일부는 20살 넘어서야 완성된다. 부모가 반복적이거나 규칙적인 일상, 긍정적인 강화로 아이가 재능을 보이는 분야의 시냅스 형성을 도울 수 있다.[105]

변화가 뇌의 가장 좋은 친구다. 인지능력은 타고나기도 하지만 운동, 교육, 여가활동 등을 통해 향상시킬 수 있다. 아이가 다양한 경험을 해야 하는 이유다. 인지능력을 향상시키는데 늦은 시기는 없다. 어린 시절 공부하지 않았다면 지금 공부하면 된다. 중년에 의학공부를 하고 싶은데 나이가 걸렸다. 의학공부를 마치는데 보통 7~10년이 걸린다. "7년 안에 마치면 50이 됩니다." "만약 의대에 가지 않으면 7년 뒤 나이가 어떻게 됩니까?"

자극을 주지 않으면 능력을 타고나도 꽃피울 수 없다. 위에 소개된 아이처럼 어릴 때 자극이 부족하면 능력이 사장될 수 있다.

아이를 혼자 있게 하지마라

할머니 양육의 문제점 중 하나는 할머니가 체력이 떨어져 힘이 들면 아이에게 텔레비전이나 교육용 비디오를 틀어주고 잠든다는 것이다. 아이는 우두커니 거실에 홀로 앉아 텔레비전만 봐야 한다.

'인간에게 최악은 혼자 있으면서 할 일이 없을 때 느끼는 고통이다. 외로움은 내적인 정신의 질서를 유지하기 어렵게 만든다. 사람에게는 계속 주의를 집중시킬 외적인 목표, 외적 자극, 피드백(환류)이 필요하다. 외적 입력이 부족하면 주의가 산만해지고 사고(思考)가 혼란스러워져 심리적 엔트로피(무질서, 에너지감소)에 빠진다.'[106] 청소년들이 혼자 있으면 주로 부정적인 생각이 떠오르는 이유다.

3세까지는 뇌신경회로가 발달하지 않아 무리한 학습은 뇌에 부담을 주고 엄마가 심하게 혼을 내면 자기보존본능의 작용으로 학습자체를 싫어하게 된다. 공부는 초교 3~4학년부터 서서히 시키면 된다. 초교 1~2학년 때는 읽기, 쓰기, 셈하기가 중요하다. 아이가 싫증을 내지 않을 정도로 아주 약간만 시켜야 한다. 반드시 호기심과 성취감을 충족시키는 선에서 멈춰야지 싫증을 내면 절대로 안 된다.

요즘 아이들은 지능지수는 올라갔지만 총체적인 지적능력은 떨어졌다. 이유는 과다한 텔레비전 시청, 게임, 휴대전화 등 IT기기의 영향이다. 수동적인 정보흡수로 인해 능동적인 생각의 능력이 떨어진 것이다.

이 때는 뇌기능의 핵심인 '살고 싶다' '알고 싶다' '어울리고 싶다'는 본능을 자극하는 것이 중요하다. 아이는 이 본능으로 인해 경쟁, 흉내, 도전하고 싶어 하며 주위사람들과 친하게 지내고 싶어 한다. 아이가 장난감정리를 싫어할 때 "누가 먼저 하나 내기할까?"라고 하면 신나게 정리한다. 이

것은 '살고 싶다'는 본능이 낳은 경쟁하려는 특징 때문이다. 아이는 과도한 주입은 싫어하지만 새로운 것을 조금씩 배우는 것은 좋아한다. 이것은 '알고 싶다'는 본능 때문인데 흉내 내고 싶고 뭐든 해보고 싶어 한다.[107]

"청소하면 과자 줄게"는 안 된다

아이를 키울 때 흔히 "방을 치우면 초콜릿을 줄게"라는 식의 말을 한다. 어머니보다는 할머니가 더 많이 한다. 이런 말은 아이에게 부정적 행동을 통해 원하는 것을 얻는, 나쁜 방법을 가르치는 것이다. 아이를 약삭빠르게 만든다. 대신 "할머니는 길동이가 할머니 말을 1분만 들어줬으면 좋겠는데 어때?"라고 해야 한다.

아이들에게 흔히 "아이구, 우리 길동이 착하네."라고들 말한다. 조부모는 더 많이 한다. 착하다는 말은 판결이다. 판결을 내리는 칭찬은 파괴적이고 인정하는 칭찬은 건설적이다. "넌 착한 아이야. 아주 잘 하고 있어. 계속 그렇게 착하게 굴어야지"는 안 된다.

스탠포드대학 캐롤 드웩 교수는 뉴욕시 초교 5년생을 대상으로 연구했더니 '똑똑하다'는 칭찬을 들은 아이들은 다음 실험에서 쉬운 문제를 선택했고, '열심히 했다'고 노력에 대해 칭찬을 들은 아이들의 90%는 다음 실험에서 더 어려운 문제를 선택했다. 마지막으로 문제를 냈더니 노력을 칭찬받은 아이들은 성적이 30% 향상됐고, 두뇌를 칭찬받은 아이들은 성적이 20% 떨어졌다. '엄마 아빠는 널 위해 산다.' '엄마는 널 믿어' '엄마는 언제나 네 편이다'라는 말도 안 된다.

보육시설에 보내야한다면 잘 고르라

아이는 최대한 엄마가 돌봐야 하지만 정 그럴 수 없다면 보육시설보다는 '아이를 잘 돌볼 수 있는' 할머니 등에게 맡기는 것이 낫다. 먹이고 재우고 안전하게 잘 지켜보는 것으로는 충분하지 않다. 아이의 요구에 신속하고 일관되게 사랑으로 응해야 한다. 이런 보육시설이 있다면 자극이 많으니 할머니보다 좋다.

위에 소개한 부모처럼 맞벌이 부부는 어쩔 수 없이 아이를 할머니나 보육시설에 맡겨야 한다. 보육시설에 보낼 때는 잘 선택해야 한다. 보육시설에서 요일이나 시간에 따라 교사가 바뀌면 아이는 자신의 안전을 확신하지 못한다.

보육시설을 고를 때는 먼저 그 곳이 어떤 곳인지 확인해야 한다. 어머니들은 그저 집주변에 있다고 가까운 곳에 보내는 경우가 많은데 아이의 미래를 생각해 세심하게 살펴서 선택해야 한다. 먼저 그곳에 아이를 보내고 있는 어머니들에게 어떤 곳인지 확인하는 것이 좋다. 원장을 만나 교육방침을 물어보고 교사들은 실제로 아이를 어떻게 대하는지 참관하는 것이 좋다. 특히 아이를 담당하는 교사들이 돌아가며 아이를 맡는지 한 교사가 담임식으로 담당하는지를 확인해서 담임식으로 하는 곳을 선택하는 것이 좋다.

교사가 아이들을 어떻게 대하는지도 물어봐야 한다. 특히 원장이나 교사들이 쓰는 말이 부정적인 단어가 많은지 긍정적인 단어가 많은지를 확인해야 한다. 또 아이를 애정을 갖고 대하는가의 여부를 확인해야 한다.

보육시설의 교사의 수와 아이의 수를 확인해서 교사 한 명당 담당하는 아이의 수가 많으면 곤란하다. 그러면 아무래도 교사의 관심이 떨어지고 대화나 스킨십이 부족해지기 때문이다. 요즘 아이를 학대하는 어린이집이 종종 보도되곤 한다. 부모가 언제든 아이의 활동모습을 볼 수 있는지도 분명하게 확인해야 한다. 원장의 뜻만 있다면 엄마는 휴대전화로 언제든지 아이모습을 볼 수 있다.

엄마는 아이들이 어떤 곳에서 놀고먹고 자는지, 시설의 노후 청결 편리함 등을 살펴봐야 한다. 특히 아이들에게 유아용 비디오나 전자기기, 텔레비전을 제공하는 것은 아닌지 확실하게 살펴야하고 그런 시설에는 아이를 보내지 말아야 한다.

이런 선택은 도시에서는 가능하나 보육시설이 하나뿐인 시골에서는 선택의 여지가 없다. 그럴 때는 원장과 상의해서 어머니가 아이의 교육에 유해한 것은 차단을 요구하고 유익한 것은 제공을 요구해야 한다.

양육환경과 성격

아이에게 나쁜 행동을 하지 말아야 할 이유를 설명하라

우리는 아이가 나쁜 행동을 하면 무심코 혼을 낸다. 그것은 누구나 보이는 당연한 반응이지만 아이교육을 생각할 때 '무심코'라는 것은 절대 안 된다. 아이에게는 하나하나가 모두 교육이기 때문이다.

아이는 어떤 행동을 할 때 그 행동이 나쁜지 좋은지도 모르고 하는 경우가 대부분이다. 아직 지적 도덕적 체계가 완성되지 않았기 때문이다. 아이가 나쁜 행동을 하면 그런 행동을 해서는 안 되는 이유를 설명해주어야 한다. 아이를 압박하면 아이는 위축되고 자신감을 잃게 되고 행동의 교정효과가 줄어든다. 아이에게 따뜻하게 설명하면 아이는 부모님의 애정을 확인하고 나쁜 행동을 고친다.

어릴 때보던 학교운동장은 엄청나게 컸었다. 성인이 돼서 모교를 가보면 운동장이 손바닥 만 하다. 아이들 눈에는 사물이 엄청나게 커 보인다. 바로 눈높이인 것이다. 아이들은 흔히 좀 큰 건물은 "산처럼 크고" 좀 큰 사람은 "거인"이라고 말한다. 아이 눈에는 그렇게 보이는 것이기에 사실을 말한 것이다. 그럴 때 부모님은 어떻게 반응하는가? 속으로 '우리 아이가 벌써 거짓말을 하는 것은 아닌지'라고 생각하거나 "거짓말 하지 마."라고 반응할지 모른다. 그러면 아이는 앞으로 사실, 진실을 말하기를 꺼린다. 더 나아가서는 거짓말을 할 수도 있다. 아이의 말을 그대로 인정해주면 된다. "그래 운동장이 크지. 엄마도 그렇게 생각해"

'정교한 삶의 예술을 전달하는 데는 쇠망치보다는 부드러운 붓이 더 낫다. 아이에게 '예의 없다'는 말을 하면 아이는 앞으로 예의 없게 될 가능성이 높아진다. 예의 없는 아이에 맞춰 살아야 되니까.'[108]

우는 아이 화난 아이에게 하지 말아야 할 말

아이가 울거나 화를 낼 때 그 감정에 동참해주면 아이는 화와 설움이 풀린다. 아이와 같은 편이 되면 된다. 아이가 화를 내거나 울 때 "왜 그렇게 화를 내니. 그렇게 울 일이 아니다. 괜찮아."같은 말은 하지 말아야 된다.

아이들이 이런 말을 들으면 자신의 감정이나 판단과 다르므로 어찌해야 하는지 몰라 당황해한다. 당장 괴로운 어른에게 "별일도 아닌데 왜 그렇게 야단이야?"라고 하면 어른도 화가 난다. 괴로워하는 어른을 위로하듯 아이에게도 위로가 필요하다. 그 감정과 반대되는 설득은 필요 없다. 넘어져 우는 아이에게 "괜찮다"는 말은 소용없다. "아이고. 많이 아프겠다." 라며 안아주면 된다.

아이의 감정을 그대로 인정해주어야 아이의 자존감이 올라간다. 감정이 무시당하는 경험이 누적되면 자존감, 인내심, 도전욕구가 떨어진다. 어려움을 극복하는 방법을 알아나가는 것이 성장이고 교육이다. 아이의 감정을 억누르지 않으면 아이는 스스로 판단하고 더 나은 행동을 선택해 발전해 나간다.

땅바닥에 드러누워 발버둥 치면서 투정 부리고 소리 지르는 아이를 간혹 본다. 이런 아이는 어지간한 행동으로는 부모님의 관심을 끌 수가 없다고 판단했거나 응석받이로 큰 아이다. 부모가 평상시 아이의 행동에 주의를 기울이고 반응해주면 이런 과격한 행동은 하지 않는다. 아이가 소리 지르며 울 때 부모님이 같이 화를 내거나 벌을 주면 아이의 행동을 고칠 수 없다. 그저 포근히 안아주고 좀 가라앉은 다음에 말로 설명하고 대화를 나누면 된다.

비디오나 텔레비전은 독극물이다

요즘 아이에게 교육용 비디오나 게임기를 주는 부모들이 많다. 아이는 부모 옆에서 그런 것들을 갖고 놀고 부모는 편안하게 식사한다. 어린 아이에게 교육용 비디오나 텔레비전은 반 교육적이다. 그런 것을 통해 아이가 지적 자극을 얻거나 두뇌가 활성화된다고 믿으면 착오다.

아이에게 반복적으로 주입되는 정보나 지식, 훈련은 두뇌 안에 그것을 위한 정보고속도로를 만든다. 아이가 시각적 자극을 계속해서 받으면 이를 위한 두뇌영역은 발달하지만 다른 영역은 위축된다. 두뇌가 고르게 발달해야 할 어린 아이에게는 너무나 큰 손실이다. 아이들은 교육용 비디오에 당장 호기심을 갖고 열중한다. 그러면 엄마들은 아이교육에 좋을 것으로 생각하지만 오해다. 특히 할머니에게 아이를 맡기는 경우 아이가 보도록 교육용 비디오를 잔뜩 두고 오는 경우가 많은데 자제해야 한다. 시각적 자극이 지속되면 다른 능력 즉 인지능력, 사고력이 위축된다. 자극이 들어오면 생각을 해야 하는데 자극이 계속 쏟아져 들어오니 생각할 틈이 없어지기 때문이다. 아이의 두뇌를 발달시키려면 땀을 흘리는 등 본인의 노력으로 행복감과 만족감, 몰입감을 느껴야 한다. 이런 감정을 자주 경험하면 자신이 해냈다는 자존감 자긍심이 고취되고 행복해진다. 아이가 적극적 행동을 통해 만족감을 얻으려면 본인이 좋아하는 것을 해야 무리가 없다.

미국 워싱턴대학 소아과연구팀의 연구결과에 따르면 유아가 텔레비전을 과하게 보면 집중력결핍, 이해력감퇴, 비만 등의 부작용을 낳는다. 미국 소아과학회는 2세 미만은 유아용 텔레비전, 유아용 비디오 프로그램을 못 보게 하라고 권했다.

유아기는 정서를 담당하는 변연계의 발달이 활발히 이루어지는 시기다. 이 시기에 엄마와 떨어져 고립감, 불안감, 긴장감 같은 스트레스를 받으면 생존욕구가 강해져 뇌간만 악어처럼 지나치게 발달하고 정서뇌와 인지뇌(대뇌피질)는 발달하지 못한다.

욕구를 충족하고 낙관적이라야 도전하고 성공한다

아이들은 육체적 정서적 사회적으로 필요한 것이 충족되면 세상은 질서 있고 예측가능하며 배려해주는 곳이라 생각한다. 그러면서 안정감을 얻는다. 그렇지 않으면 자신을 방어하며 세상을 있는 그대로 알기위한 모험을 꺼린다. 모험을 꺼리는 아이로 성장하면 미숙한 어른이 돼 조상 탓, 부모 탓을 한다.[109] 성인이 되면 변화의 책임이 자신에게 있다. 더 이상 부모를 탓해서는 안 된다. 자신을 사랑하지 못하는 사람은 남들도 사랑하지 못한다. 어릴 때 부모가 아이를 잘 보살펴야 커서 남들을 사랑하는 사람이 된다.

아이들은 캠프에 가고 싶기도 하고 가고 싶지 않기도 하다. 이런 감정대립은 어른들도 마찬가지다. 부모는 아이의 이런 감정을 그대로 인정해주어야 한다. "넌 왜 매일 이랬다저랬다 하니?"라는 말은 안 된다. "길동아, 엄마도 너와 같아. 사람은 다 그런 거야."라고 그 마음을 이해해주면 된다. 그래야 아이가 그 감정을 이해하고 성장한다. 비판 설교 충고 대신 이해해주는 대화가 중요하다.

위에 소개한 학생은 우울한 성격 때문에 말도 없었다. 사람은 누구나 우울한 사람보다 명랑하고 쾌활한 사람을 좋아한다. 낙관적인 사람이 학교나 직장, 논과 산에서 더 성공한다. 자신이 하는 일을 비관하는 사람이 좋은 결과를 낼 수는 없다. 낙관적인 사람이 당연히 더 건강하고 오래 산다. 호르몬이 달라지기 때문이다.

메트라이프생명보험회사의 경력사원 200명을 조사한 결과, 낙관적인 사람들이 비관적인 사람들보다 보험판매실적이 훨씬 좋았다. 가장 낙관적인 10%는 가장 비관적인 10%보다 실적을 88%나 더 올렸다. 낙관성이 인내력의 바탕이기 때문이다. 성공은 적성, 동기(자발성), 낙관성으로 결정된다.

비관적인 사람은 현실에 좌우되는 반면 낙관적인 사람은 현실에 대항해

강력한 방어벽을 구축하고 유쾌함을 잃지 않는다. 어릴 때 사랑결핍이 비관성을 부른다.[110]

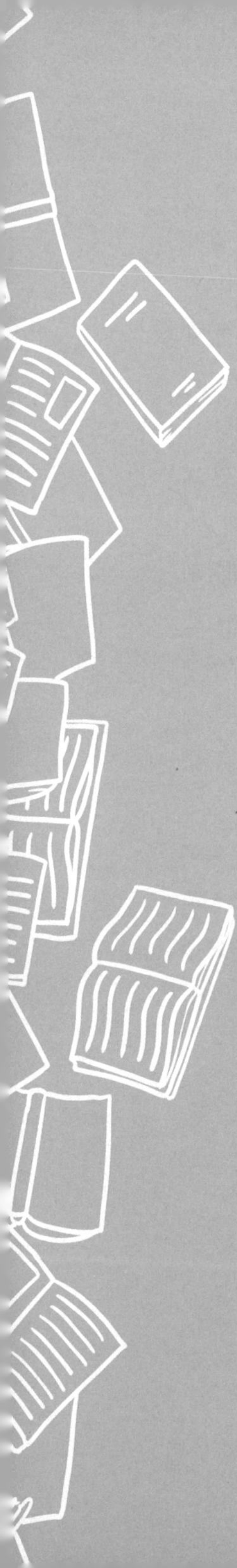

독서가 전부다

3부

아이교육은 길 없는 숲속을 가는 것이다

사람마다 다 다른 삶을 살고, 다른 사람은 나보다 더 행복할 것 같지만 그렇지 않다. 행복과 불행의 양은 누구에게나 비슷하다. 어려움을 겪어야 할 때는 겪어야 하고, 죽어야 할 때는 죽어야 한다. 이것이 재난과 죽음을 피하는 묘법이지만 누가 깨달으리.

루이제 린저는 "우리의 삶에서 멋지고 아름다운 순간-사랑하거나 아이를 낳거나 진리를 발견하는 순간-은 영속적인 것이 아니다. 우린 그저 슬쩍 맛보듯 구경했을 뿐인데 다시 빼앗기고 만다."고 했다.

위대한 예술가들은 자신들이 몰두하고 있는 일에서 인생의 진지함과 불확실함을 느끼고 사색했다. 그들은 현실로부터 도피하려는 생각은 추호도 없었다. 그들은 세상의 부조리를 비웃었으나 그것을 부인할 생각은 꿈도 꾸지 않았다. 인생의 불완전함을 인정하고 만족하는 자세는 위협적인 현실에 대한 대항책일 수 있다.[111] 넘치는 감상(感傷), 우월감, 자기동정은 피해야 한다.

피천득 시인은 "당신은 인생을 사랑했습니다. 인생이 길 없는 숲과 같아서 거미줄이 얼굴에 엉키고 나뭇가지에 눈이 찔려 눈물이 날 때, 현실을 떠나고 싶어 하다가도 당신은 현실로 다시 돌아옵니다."고 했

3부

＼독서가 전부다＼

다. 삶이 힘들 때 한숨짓지만 한숨은 잘살아보자는 다짐이다.

운명이란 내가 피할 수 없는 것이 아니라, 피할 수 있는데도 그 길로 가는 것이라고 한다. 조금만 참고 노력하면 피할 수 있는 것들, 즉 성장과 발전, 수양과 품격, 진정한 행복에 장애가 되는 많은 것들을 피하지 않거나 못 피하는 것이다.

'산다는 것'은 살면서 겪는 10%의 상황, 그 상황에 어떻게 반응하고 대처하느냐 하는 90%의 결정으로 이루어지지만 제대로 결정하기란 너무나 어렵다는 것을 우리는 늘 느끼며 산다. 그런 삶을 뛰어넘은 사람을 우리는 영웅, 위인이라고 칭송한다.

아이 키우기는 너무나 힘들지만 꼭 해야만 하는 힘들고도 아름다운 지상과제다. 어쩌면 부모로서 인내와 고통이 따르는 인생 최대 최고의 난제일 수 있다. 그러나 그 과정이 그리 길지는 않다. 그 시간을 지혜롭게 보내면 우리 아이는 이 세상에 도움이 되는 훌륭한 인재로 성장할 것이다. 생각을 바꾸면 아이와 함께 하는 그 시간이 너무나 즐겁고 행복한 시간으로 평생 기억될 것이다. 부모는 '최고의 보석'을 깎아낸 보람으로 평생 따뜻한 행복감에 젖을 수 있다.

13장

독서로 역경을 극복하다

힘들게 자매 키운 홀어머니, 학원 못 보내고 책벌레 딸과 독후토론

한 어머니로부터 전화가 왔다.

"우리 애가 고3 인데요. 4월 수능모의고사에서 4등급을 받았어요. E여대 국문과를 수시로 들어가려고 합니다. 최저등급이 2등급 이상이 나와야 하는데 걱정입니다. 어떻게 안 될까요?"

"초등학교 때 책을 많이 읽었으면 지금부터 해도 충분히 1등급이 나올 수 있습니다. 학생하고 함께 테스트 받으러 오세요."

어머니는 그 주 토요일 오후에 학생과 함께 왔다. 학생이 일곱 살 때 아버지가 돌아가시고 동생이 중3인데 심한 자폐증이라고 했다. 엄마가 혼자서 어렵게 돈을 벌어 생활비와 동생 치료비를 대느라 학생은 이제까지 한 번도 학원을 가 본적이 없었다. 교회에서 만난 대학생 언니가 조금씩 시간을 내 개인지도를 해주었다.

이 여학생은 어려서부터 책읽기를 좋아했으나 책을 살 돈이 없어서 도서관을 주로 이용한 책벌레였다. 어머니가 지혜롭게 학생에게 맞는 책을 골라서 많이 읽도록 했다. 책을 읽고 나서 꼭 어머니와 함께 토론했다. 이해력이나 추리력, 사고력이 뛰어 났고 상식도 폭 넓었다. 더구나 공부에 대한 열의가 대단했다.

수강료를 안 받으면 열심히 강의를 듣지 않을까 싶어 학원비는 어머니 능력되는 대로 내라고 했다. 초등학생 정도의 학원비를 보내왔다. 지도한지 10회 만에 6월 전국 수능모의고사 한국교육과정평가원 시험에서 94점을 받아 1등급이 되었다. 영어에서 1등급을 받자 자신감이 붙었고 실제 수능에서 영어, 국어, 사탐 1등급, 수학 3등급을 받았다. 학생은 수시논술로 당당히 E여대에 합격했다.

이 학생은 고3전까지 학원을 한 번도 다니지 못했어도 E여대 국문과에 합격했다. 학생능력에 맞지 않게 무리하게 공부를 시키면 오히려 학생을 망치는 경우가 많다. 이 학생처럼 어려서부터 학생에게 알맞은 책을 현명하게 많이 읽히면 얼마든지 좋은 학교에 갈 수 있다. 독서를 많이 하면 다른 어떤 투자보다도 결과가 좋다. 아이가 훌륭하게 성장해 평생 잘 살 수 있는 가능성도 커진다. 잘 산다는 것은 호의호식, 떵떵거리며 사는 것이 아니다. 자신의 삶을 뒤돌아보며 점검하고, 남을 배려하고, 사회 국가 환경에 도움이 되는 삶을 사는 것이다. 바로 리더의 삶이다. 어느 누가 이런 사람을 따르지 않겠는가? 나만을 위한 이기적 삶은 아무리 권력과 영화(榮華)를 누린다 해도 잘 사는 것이 아니다. 하류인생이다. 그런 삶은 사회성을 타고난 인간의 삶이 아니다.

● 조언과 해법 ●

마술 같은 독서의 위력

독서하면 모든 공부를 잘 할 수 있다

독서는 사람을 정서적으로 풍부하고 도덕적으로 만든다.[112]

2002년 '미국의 리더는 어떻게 만들어지는가?'라는 연구를 보면 사회를 이끌어가는 리더들은 초등학교 때 좋은 책을 많이 읽었다. 초등학교 때 읽은 책의 양과 질이 그 사람의 인생의 방향과 질, 소득을 결정했다. 창의적 역량을 기를 수 있는 가장 좋은 도구가 독서다.

워런 버핏과 점심을 먹으려면 몇 억 원을 내야한다. 그런데 왜 그런 큰돈을 내고 점심을 먹을까? 그의 콘텐츠를 얻기 위해서다. 그런데 아주 적은 돈으로 그를 만나 그의 거의 모든 것을 얻을 수 있다. 바로 그가 쓴 책이나 관련 도서를 읽는 것이다. 독서를 많이 한 학생은 성적이 빨리 올라간다. 배경지식이 늘고 어휘력이 풍부하고 독해력, 사고력이 좋으니 학업성취도가 올라가는 것은 당연하다.

책을 읽을 때 독서카드를 만들면 좋다. 독서카드가 쌓이면 자신의 경력, 콘텐츠가 되며 지속적인 관심을 보였던 독서분야가 나타난다. 이를 통해 적성과 꿈도 찾을 수 있다.

학습은 배우고 이해하고 응용하는 것으로 이루어진다. 배우는 단계는 듣기와 읽기로 독서의 기본원리다. 독서를 잘하면 듣기와 읽기능력이 뛰어나기에 지식을 쉽게 받아들이고 공부에도 흥미가 높아진다. 응용은 말하기와 쓰기로 풍부한 어휘력과 탄탄한 논리력이 생명인데 모두 독서를 통해 얻는다.

지금은 주관적이고 창의적인 문제해결력을 요구하는 시대다. 다양한 시각을 형성해주는 폭넓은 독서가 뒷받침돼야 한다. 잘 살고 싶으면 독서해야 한다. 독서는 최고의 생활자원이다. 물론 사색을 병행해야 한다. 공자는 배우고 생각하지 않으면 사리에 어둡고, 생각만하고 배우지 않으면 위태롭다고 했다. 독서는 가장 값싸게 하는 세계여행, 역사체험, 인간이해, 삶의 경험이다. 우물 안에서 가장 쉽게 탈출하는 방법이다.

책에는 내가 원하는 사람, 내가 되고자 하는 사람이 나오고 내가 한 번도 꿈꿔보지 못했던 사람이 될 수 있는 기회도 쌓여있다. 인간은 자신의 경험과 체험으로 판단한다. 독서를 안 하면 빈곤한 경험과 체험으로만 판단해야 한다. 사람은 물리적 한계에 의해 경험이 한정적일 수밖에 없다. 사람은 머릿속에 없는 일을 할 수는 없다. 대안이 없는데 무슨 일을 하겠는가?[113] 독서로 머리를 채워야 한다.

독서, 특히 소설을 읽으면 공감력, 관점수용력, 다름을 인정하는 힘이 생긴다. 책은 영감을 주고 시련에 맞서는 용기와 방법을 제시한다. 많이 읽을수록 더 잘 알고, 많이 쓸수록 더 배운다. 초등독서가 평생 독서습관을 좌우한다. 독서의 첫 번째 위기는 초교 1학년 때다. 아이가 글을 안다고 부모가 더 이상 책을 읽어주지 않는다. 초교 저학년 때는 부모님이 직접 책을 읽어주는 것이 낫다. 그림이 있는 책은 특히 천천히 읽으면서 그림을 감상하도록 해야 한다. 두 번째 위기는 초교 3년 때. 아직 짧은 글이나 그림책 수준을 벗어나지 못한 아이에게 그림책을 본다고 부모가 질책한다. 세 번째 위기는 고학년 때 찾아온다. 이 시기에는 중편에서 장편으로 양이 늘어나고 장르도 다양해진다. 권장도서목록대로 강요하면 안 된다. 아이의 수준에 맞게 권해야 싫증내지 않는다. 독서습관이 없으면 공부습관도 없다.[114]

독서습관은 어릴 때 들여야 한다

유태인은 어린이가 처음 접하는 책에 꿀을 발라준다고 한다. 아이는 독서, 책이 즐거운 것이라는 감정에서 출발해야 한다. 동화책, 그림책, 만화책 등 무엇으로 출발해도 좋지만 일단 재미나게 해야 한다.

그러기위해서는 엄마가 아이에게 책을 읽어주는 것으로 시작한다. 아이의 수준보다 약간 어려운 책을 읽게 하면 도전욕구가 생긴다. 모르는 단어가 나오면 그대로 놔두고 계속 읽으면 된다. 자꾸 읽으면 나중에 저절로 그 뜻을 알게 된다.

어떻게 읽는 것이 잘 읽는 것인가? 속독은 욕심이 앞서는 방법이다. 읽은 내용을 생각하고 느끼고 감동하면서 읽는 것이 최고다. 아이와 읽을거리에 대해 상의하고 도서관에 정기적으로 손잡고 다니면 더 이상 좋을 수 없다.

책읽기는 생각하는 법을 가르치고, 생각하는 법은 지능을 발달시킨다. 창조성과 상상력이 강조되는 시대다. 그것의 기초는 낱말이다. 사람은 단어를 통해 사고하고 상상한다. 그래서 어휘가 풍부해야 상상력이 풍부하고 창조력이 나온다. 지식과 진리는 의문과 질문에서 시작한다. 학생들은 새로운 지식을 배울 때 항상 생각하고 질문을 던져야 한다. 책을 많이 읽은 아이는 자기주도적 삶을 산다. 요행을 바라지 않는다. 노력의 대가는 반드시 돌아온다는 사실을 알고 있기 때문이다.[115]

아이가 책을 읽으면 읽은 과정, 노력을 인정하고 칭찬해준다. "우리 길동이, 책 읽느라 애썼네." 부모의 인정이면 족하다. 아이가 책을 읽으면 독서일지를 아이와 함께 작성하면 좋다. 책제목, 읽은 날자 등을 쓰는 것이다. 아이가 조금 크면 한두 줄 독후감을 써넣는 것도 좋다. 단 독후감 쓰기가 부담이 되면 독서를 멀리하게 되므로 강제로 해서는 안 된다. 독후감쓰기는 아이의 생각을 깊게 만들고 표현력 문장력 사고력을 길러준다.

독서도 부모가 모범을 보여야 한다. 부모는 한 달에 한 권도 안 읽으면서 아이보고 독서하라고 하면 아이는 절대 안 읽는다. 책을 읽어주고 같이 읽는 것이 독서교육과 공부의 진정한 시작이다. 모든 일은 다 때가 있다. 아이와 함께 책 읽을 시간도 순식간에 지나간다.

부모님과 독후감 나누며 집중력을 키우라

뇌가 집중하기 위해서는 눈으로 보고 손으로 쓰고 입으로 말하면 좋다.

뇌는 중요한 정보 이외에는 잊어버린다. 뇌가 중요한 정보라고 판단하는 기준은 몇 번씩 이용되는 정보거나 마음이 움직인 사건이다. 뇌의 기억창고인 해마는 입력된 정보를 1~2주 동안 일시 보존한다. 이 기간 중에 두세 번 더 입력된 정보는 '중요정보'라는 쪽지를 붙여 기억의 금고인 측두엽으로 이동시킨다.

책을 읽고 1주일 안에 뇌에서 세 번 출고(output)하면 기억에 남는다. 책을 읽으면서 메모하고 형광펜으로 밑줄을 긋는다. 내용을 다른 사람에게 말하고 책을 추천한다. 감상글, 깨달음, 책 속의 명언을 페이스북이나 트위터에 공유하거나 서평을 쓴다.[116]

아이에게 책을 줄 때 질문을 함께 주면 좋다. "주인공은 왜 그런 행동을 했을까? 너라면 어떻게 할 거니?" 이런 생각을 하면서 책을 읽으라고 권한다. 다 읽고나면 "책에서 새로 알게 된 사실은 무엇이니? 기뻤던 부분, 재미있었던 부분, 슬펐던 부분은 어디니? 왜 그렇게 생각하니?" 등 아이와 함께 독후감을 나누면 좋다.

토론은 표현력을 기르는 최고의 방법이다. 토론을 통해 서로의 차이를 인정하고 타협하고 새로운 대안을 만들어나가면서 민주시민의식도 배양한다. 토론은 논리적 사고력을 기른다. 일방적 주입식 교육과 인터넷검색에 길들여진 청소년들이 스스로 고민하고 탐구하고 판단하는 힘을 기른다. 독서토론을 하면 책을 더 깊이 이해하게 되고, 책과 다른 것들을 연결하게 되고, 책을 비판적으로 보게 되고, 책을 다시 읽게 해준다.[117] 마지막으로 토론의 핵심쟁점을 글로 정리하면 독후감쓰기가 된다. 책을 읽으면서 느낀 점, 감동받은 점을 쓰면 된다.

극복 못할 역경은 주어지지 않는다

왜 역경에 좌절하거나 극복하는가?

위에 소개한 어머니는 아이들이 어릴 때 남편과 사별하고 홀로 자녀 둘을 키웠다. 혼자 벌어서 두 아이를 키운다는 것이 얼마나 고통스러운 일인지는 당사자 아니면 모를 것이다. 보통 문제가정이나 결손가정에서 문제아가 나온다고들 하지만 이 어머니는 위대한 모성으로 모든 문제를 극복하고 아이들을 잘 키워냈다. 돈을 버느라 천신만고 힘들었을 텐데도 집에서 아이와 독후감을 나누는 눈물겨운 정성을 보여주었다. 심장이 있는 아이는 엄마의 이런 고생을 못 본체 할 수 없다.

역경을 극복하는 사람들은 목적의식이 강하다. 그런 사람들은 자신의 이익을 추구하는 데 일차적 관심을 두지 않고 모든 상황에 최선을 다한다. 강한 목적과 꿈으로 자신의 행동을 밀어붙이기 때문에 외적인 위협에 쉽게 방해받지 않는다. 자신의 환경을 객관적으로 살펴보고 분석할 수 있는 충분한 에너지를 갖고 있어 거기서 새로운 돌파구를 찾아 목표를 향해 굳건히 나아간다. 그러나 자신을 보호하는 데만 열심인 이기적 개인주의자들은 외적 조건이 자신을 위협하면 쉽게 좌절한다.[118]

우리는 흔히 "다 팔자다"라는 말을 한다. 이 말은 유전자가 모든 걸 결정한다는 것이다. 유전자가 모든 걸 결정하면 부모는 할 일이 없다. 먹여주고 학비만 대주면 되는 것인가? 그건 교육이 아니다. 모범을 보이는 것이 가장 중요한 교육이다. 모범을 보이는 부모님의 노력을 보고 아이도 노력해서 자신의 인생을 개척해 나간다. 위에 소개한 모녀처럼.

아이에게 '똑똑하다'는 칭찬은 '넌 똑똑한 유전자를 갖고 태어났다. 다른 아이들과 다르다'는 유전자결정론을 심어주는 것이다. '넌 팔자가 좋다'는 말이니 커가는 아이에게 '팔자가 좋다'는 말은 저주나 다름없다. 아이는 천재로 태어났거나 복을 타고났으니 노력할 필요가 없다.

펜실베니아대학 앤절라 덕워스 교수팀은 끈기와 투지가 아이비리그 학생들의 성적, 7~15세 아이들의 철자법까지 좌우한다는 것을 발견했다. 투지는 오랜 시간에 걸친 관심의 일관성, 꾸준하게 노력하는 인내심이다. 팔자타령은 투지를 죽인다. 플로리다주립대학 앤더스 에릭슨교수는 천재는 1만 시간의 연습과 훈련으로 비로소 드러나기 시작한다고 했다.

삶이 힘들다고 굴복하면 더 힘든 길로 간다

무슨 일을 하든 그 자체를 즐겨야 창의성이 나온다. 공부가 싫은 데 어떻게 즐기라는 말인가? 싫다는 생각을 의식적으로 버리고 공부를 해서 내가 무엇이 될지, 나의 꿈을 어떻게 이룩할 지에 초점을 맞추고 공부하라. 공부를 안 하면 나의 삶은 그만큼 빈약해진다.

창의력으로 성공한 사람들은 자신이 가장 관심 있는 분야에 전념한다. 그들은 먹고살기 위해 직업을 선택하지 않으며 진정한 열정을 취미로 전락시키지 않는다. 세속적인 야심으로 일하는 사람보다 열정적인 사람이 더 큰 성공을 거둘 수 있다.[119]

만약 목적이 오직 돈이라면 그것은 공허한 야심이며 모든 사람이 이를 꿰뚫어본다. 자신이 좋아하는 일, 그리고 다른 이들도 좋아할 일을 하라. 사람들은 열정적인 사람을 도와준다.

로마의 영웅 카이자르는 영국에 상륙한 뒤 배를 불태웠다. 성공하지 않으면 죽음이었다. 최후에 의지할 곳이 있으면 결국 그것에 의지하게 된다. 관심 없는 일, 목적에 방해되는 일에 나의 시간과 에너지를 낭비하지 말라.

프랑스 화가 폴 세잔은 은행가인 아버지와 가족들의 압력에 못 이겨 대학에서 법학을 전공했다. 아버지는 이 길이 세잔에게 안정된 미래를 보장할 것이라 믿었다. 그는 2년간 법대에 다닌 뒤 결국은 파리로 가서 예술가가 되었다. 그 무모한 행동으로 가족과의 인연이 끊어졌다. 그는 형태를 단순화하는 기법으로 미술의 역사를 바꾸었다.

시도하다 실패하는 것은 성공으로 한 걸음 더 다가간 것이다. 시도하지 않으면 평생 후회한다. 한번뿐인 인생을 후회하며 살 수는 없다. 훌륭한 어머니가 되어 자식들을 잘 키우는 것 은 위대한 일이다. 카이자르는 홀어머니의 영향을 가장 많이 받았다.

위대한 교사 부모는 무엇이 다른가?

레이프 에스키스는 범죄가 다반사로 일어나는 로스앤젤레스의 빈곤지역 초교 2년생을 가르친다. 많은 학생들이 알콜중독, 범죄, 정서적 문제를 안고 있는 사람들과 살고 있다.

그는 매일 학생들에게 "나는 너희들보다 경험이 약간 더 많을 뿐 조금도 똑똑하지 않다"고 말했다. 그는 아이들 스스로가 지적으로 얼마나 많이 성장하고 있는지를 끊임없이 확인하도록 유도했다.

우리에게도 유명한 사라장과 이츠하크 펄먼, 미도리를 배출한 줄리어드음대의 바이올린 선생 도로시 딜레이는 "학생이 연주를 못하는 것은 단지 연주방법을 배우지 못했기 때문"이라며 많은 시간을 들여 학생들에게 연주법을 가르쳤다. 딜레이는 재능은 타고나기도하지만 학습으로도 얻어지는 것이라고 믿었다.

그는 초등학교 5학년에게 존 스타인벡의 '생쥐와 인간', 하퍼리의 '앵무새 죽이기'를 읽게 했고, 6학년들이 중학교 3학년도 어려운 수학시험을 통과하게 했다.

벤저민 블룸이 세계적으로 성공한 사람 120명을 대상으로 연구한 결과 그들은 공통적으로 인생 초기에 참으로 온화하고 너그러운 선생님들을 만났다. 그 선생님들은 심판이 아닌 신뢰의 분위기를 조성했다. 부모는 선생이전의 선생이다. 여기서 소개한 선생의 역할은 먼저 부모가 해야 할 역할이다. 위의 홀어머니는 이런 역할을 잘해냈다.

아이는 부정적인 생각을 하지 말아야 한다

"도대체 생각이 있는 거야 없는 거야?" 화가 날 때 하는 말이다. 그러면 그런 말을 하는 사람은 얼마나 깊이, 제대로 생각하며 살아갈까? 사람의 두뇌는 경제성을 따진다. 그래서 사람이 하는 생각이나 행동은 대부분 자동화된 것들이다. 그래야 에너지 소모가 적기 때문이다. 걱정거리가 없는 사람일수록 생각할 게 크게 없다. 자동화된 대로 살면 된다.

그런데 그런 자동화된 삶은 아무래도 진정한 삶과는 거리가 있어 보인다. 사람은 결점이 많다. 나의 삶과 인생에 대해서 반성하고 평가하고 개선하며 살아야 진정 사는 것이 아닐까? 저만치 계곡위로 피어오르는 아련한 물안개, 산야를 조용히 덮어가는 하얀 눈, 사랑하는 아이의 눈동자를 보면서 감동, 사념(思念), 희망이 쌓일 때 우리는 진정 살아간다고 할 수 있다.

그런데 자신의 삶을 점검하고 느끼며 산다는 것이 쉬운 일이 아니다. 그것 또한 노력해야 가능하기 때문이다. 사람들은 그래서 혼자 있을 때 흔히 멍하니 있게 된다. 맥 빠지는 일이다. 멍하니 있는 것도 잠시, 불편해진 마음은 곧 이리 저리 방황한다. 그래서 노는 게 일하는 것보다 어렵다. 마음은 어떤 일에 집중하지 않으면 방황한다. 꿈이 필요한 이유다.

그러나 꿈에 치여서는 안 된다. 적당한 수준의 목표, 노력해서 달성할 수 있을 정도의 목표부터 단계적으로 밟아나가면서 꿈을 키워가야 한다. 아이의 자질과 재능, 상황을 봐가면서 꿈의 크기를 조절해야 한다. 그래야 아이가 좌절하지 않고 도전에 나선다.

우리의 두뇌는 예전 수렵채취시절에 설정된 좌표, 그대로 작동한다. 당시의 삶은 항상 주의를 집중해 사주경계해야 했다. 언제 어디서 맹수가 나타날지 모르는 상황이었다. 당시 인생에는 좋은 일은 가끔, 나쁜 일은 자주 일어났다. 걱정과 불안이 생존에 유용했다. 이미 잘돼가는 일까지 신경 쓰느니 불안한 상황에 에너지를 쏟는 것이 생존에 유리했다. 그래서 우리는 아이가 잘하는 일은 그런가보다 하고 못하는 일에는 극도로 민감한 것이다.

'사람은 폭력과 위험에는 관심을 쏟지만 평화로운 일에는 무관심하다. 자동차사고, 화재, 길거리싸움에는 금방 사람이 몰린다. 아이가 어른이 될 때까지 7만 건 이상의 살인사건을 미디어 등으로 접한다. 부정적인 감정이 지속되면 그것이 의식을 지배해 자신의 생각과 행동을 통제하기 어려워진다. 그러니 아이가 행복감을 느끼도록 해야 한다.[120]

청소년이 부정적 의식에 사로잡히면 시도하지 않고, 도전하지 않고, 아이디어도 떠오르지 않고, 꿈도 사라지게 된다. 아이가 약동하는 파란 꿈을 꾸기 위해서는 사주경계할 필요가 없어야 한다. 환경이 안전하고 행복해야 들을 달리고, 산에 오를 수 있다.

아이의 미래는 예상가능하다

현재의 내 삶의 모습은 과거의 나의 삶이 축적된 결과물이다. 그렇듯 아이의 미래를 예측할 수 있다. 아이의 미래를 좌우하는 여러 가지 요인 중에 아이와 부모가 영향을 미칠 수 있는 것들이 있다. 이런 것들에 집중할 경우 아이는 부모와 함께 자신의 미래를 만들 수 있다.

아이의 미래를 좌우하는 요인들은 본인의 노력, 부모의 긍·부정적인 환경조성, 시대상황, 타고난 기질 등이다. 이중 노력과 환경조성은 우리가 좌우할 수 있는 것들이다. 성실한 아이와 불성실한 아이의 미래는 다를 것이고, 부모의 노력이나 방치도 아이의 미래를 다르게 만든다.

사춘기 아이는 럭비공, 어디로 튈지 모른다. 그래서 꾸준히 지켜보고 격려해야 한다. "내 그럴 줄 알았다" "그 아이는 떡잎이 노래."라는 말은 분명히 틀린 말이다. 아이는 가능성의 결정체다. 그 가능성을 성공 쪽으로 방향을 잡도록 하는 최고의 방법은 성실과 노력이다. 성실과 노력은 자신이 좌우한다. 그 외에 다른 방법이 있는가? 복권당첨인가?

세상에는 아이들의 표본채집처럼 운에 따른 결과들도 많다. 아이의 잠자리채에 걸려든 나비와 잠자리는 순전히 운이 나쁜 것이거나 우연이다. 인생은 수많은 요인들에 의해 결정되는데 그 요인들 중 많은 것들은 나의 통제권 밖에 있다. 통제권 밖에 있는 요인들과 나의 노력이 잘 맞아떨어지면 운이 좋은 것이다. 그러나 능력이 부족하면 운이 와도 잡을 수 없고, 노력하지 않으면 운이 오는지도 모른 채 지나가버린다. 그러니 노력해서 능력을 키워야 한다. 노력, 능력여부에 따라 아이의 미래는 달라진다.

14장

어머니구박으로 사춘기아들 사고뭉치, 동기부여로 공부
어린 시절 가족 모두 공부한 모습이 마지막 버팀목 돼

고교 2년생이 7월 어느 날 테스트 받으러 왔다. 테스트결과 이해력과 추리력이 좋았다. "너, 수능 1등급 충분하겠다."라고 했더니 너무 좋아했다. 학생은 "저는 지금까지 어느 학원에 가도 '1등급은커녕 3등급도 쉽지 않다.'라는 말을 너무 많이 들어왔습니다. 열심히 공부해서 3등급만 되면 서울에 있는 대학을 갈 계획이었습니다."라고 말했다.

학생은 '1등급'이라는 말에 흥분해서 "엄마에게 말씀드리고 다음 주부터 학원에 나오겠습니다."라며 돌아갔다. 몇 시간 후에 어머니가 전화했다. "우리 길동이에게 뭐라고 말씀을 하셨기에 공부도 안하고 학원도 가기 싫어하는 사고뭉치가 학원을 다 가겠다고 해요?" "'단지 1등급이 가능하다'고 말했습니다." "너무 감사합니다. 공부를 안 하고 친구들하고 놀러만 다니고 사고만쳐서 속을 썩였거든요."

그런데 다음 주부터 학원에 나오겠다고 한 학생이 5개월이 지난 그해 12월 말쯤 학원에 나타나서 "선생님 다음 주 새해 1월2일부터 학원에 다니겠습니다."하고 갔다. 학생의 성적은 고교 2학년 말까지 국어 4등급, 영어 4등급, 수학 3등급 정도였다.

학생의 가족들은 학창시절 성적이 꽤 좋았다. 초등학교 교사인 아버지는 명문 Y대 교육대학원 출신이고, 어머니는 학습지 지국장, 누나 두 명 모두 공부를 아주 잘해서 전교 1, 2등을 했었다. 누나들은 집의 경제사정을 고려해 4년 전액 장학금을 받고 서울의 중견 F대와 K대에 입학했다.

그런데 가족들 중 왜 유독 이 학생만 공부를 못했을까? 공부 잘하는 누나들 밑에서 자란 이 학생은 어머니로부터 "공부는 안하고 놀기만 한다."고 매일 야단만 듣고 자랐다. 이 구박이 아이의 의욕과 사기를 꺾은 것이었다.

초등학교 때만 해도 부모님 말씀을 어느 정도 따르던 아이가 중학교에 올라가 사춘기가 되면서 서서히 반항아로 변했다. 고2까지 문제 아이들의 모임인 '7인방'에 들어가 사고만 치고 다녔다. 부모가 하루가 멀다 하고 학교와 경찰에 소환될 정도로 골칫거리였다.

1월2일부터 어머니가 꿈에도 그리던 수업이 시작됐다. 어린 시절 가정 분위기가 얼마나 중요한지를 이 학생이 보여주었다. 이 아이는 어린 시절 가족들이 독서, 공부하는 모습을 항상 보며 자랐다.

독서는 공부의 출발점이자 근본이다. 이 학생도 자연히 초등학교 때 책을 많이 읽었다. 덕분에 이해력, 사고력이 좋았다. 맞춤수업 기본 30회 과정을 시작했다. 학생은 영어에 자신감을 갖게 되자 공부의 맛을 알게 되었다. 점점 올라가는 자신의 점수에 학생 스스로 놀랐다.

3월 고3 개학하자마자 고등학교 전국 모의고사에서 한 개를 틀려 1등급이 나왔다.

이제껏 '1등급은 불가능하다'는 말만 들어왔던 터라 본인도 믿기지 않아했다. 이 학생은 숙제를 더 달라고 했다. 숙제를 더 달라는 학생은 처음이었다. 학생은 다른 과목도 열심히 했다. 드디어 수능 전 과목 1등급! 이군은 아버지가 나온 Y대 경제학과에 당당히 합격했다. 학생의 고교 담임선생님도 "우리 길동이가 개교 이래 처음으로 짧은 시간 내에 큰일을 해냈습니다."라고 어머니에게 전화했다고 한다. 학생의 어머니는 "너무 너무 감사합니다."라며 눈물을 흘렸다.

책을 많이 읽는 것이 정말 중요하다는 사실을 이 학생도 여실히 증명해주었다. 성취감을 맛본 이 학생은 앞으로 무슨 일이든 도전할 것이고 거기서 또 다른 성공을 이룰 것이다.

조언과 해법

10대의 뇌는 폭주기관차다

인간은 꼭 합리적인 사고 끝에 행동하지는 않는다. 좌충우돌하는 10대들이야 더 말할 나위도 없다. 사춘기 아이는 통제 불능의 길을 가고 있다. 부모는 사춘기 자녀의 행동을 이해하려 노력하기보다는 그냥 동감하면 된다. 사춘기 아이의 잘못을 부모가 자꾸 야단치면 그러지 않아도 괴롭고 혼란스런 아이를 더 고통스럽게 하는 것이다.

위에 소개한 학생은 어릴 때는 부모님 말씀을 잘 듣고 책도 제법 읽었으나 사춘기가 되면서 문제학생으로 돌변해 사고만 치고 다녔다. 사춘기 반항은 필수코스다. 청소년들은 남에게 특히 또래에게 어떻게 보이는지를 중시한다. 위의 학생이 7인방을 결성해 못된 짓을 하고 다닌 것도 이 때문이다. 또래들에게 보스인양, 힘이 강한 척하는 것이다.

청소년기에는 두뇌가 극적으로 변하고 재조직된다. 청소년들을 어떻게 대우하고 그들이 어떤 사회적 경험을 하느냐에 따라 뇌 발달이 달라진다. 위의 학생이 어머니로부터 구박을 받자 돌변해 사고를 치고 다니는 것은 부모의 품을 떠나 도전해보려는 시도였다.

사춘기는 변화의 시기다. 키도 소녀는 25㎝, 소년은 28㎝가 큰다. 10대 소년은 남성호르몬인 테스토스테론이 1천% 늘어난다. 소녀에 비해 200배나 많다. 테스토스테론은 편도체에 강한 영향을 미치는데 편도체는 분노, 공격성, 성적관심, 지배, 영토의식, 도망가기, 공포, 공격성을 관장한다. 그래서 10대는 화약통이 되는 것이다. 10대 소녀는 에스트로겐이 나오면서 가슴발달, 골반확장, 생리 등을 촉진한다.[121]

부모님은 10대의 이런 뇌 특성을 감안해 자녀의 의견은 존중하나 그 행동이 가져올 영향을 고려하도록 가르쳐야 한다.

가정환경이 아이 성장에 미치는 영향

위 학생이 방황의 끝에서 제 갈 길로 돌아온 것은 결국 어린 시절 경험한 좋은 가정환경덕분이었다. 교육은 초기경험이 가장 중요하다는 것을 새삼 일깨운다.

부모와 자식이 어릴 때 상호작용한 방식이 아이가 어떤 유형의 사람이 되는가에 지속적으로 영향을 미친다. 시카고대학의 라순디 박사의 연구에 따르면 부모와 좋은 관계를 형성한 10대들이 더 의지가 강하다. 부모는 아이의 가능성을 믿고 시도할 수 있도록 해야 한다.

항상 자식의 성공만을 생각하는 부모 밑에서 자란 아이들은 부모님의 목표와 자신의 꿈이 다를 경우 자신의 꿈을 지키기 위해 에너지를 써야 한다. 꿈을 실현하는데 써야할 에너지를 엉뚱하게 써버리는 것이다.

실제 사례다. 갑순이의 부모님은 갑순이가 의사가 되기를 원했다. 갑순이는 부모님의 뜻에 따라 공부를 열심히 해 명문 Y대 의대에 입학해 2년간 다닌 뒤 자퇴했다. 피를 보면 기겁하고 해부를 도저히 할 수 없었고 의학이론이 어려웠다. 갑순이는 결국 대입시험을 다시보고 철학과 신입생이 되었다. 엄청난 낭비다.

자신만의 꿈을 꾸고 그 꿈을 이루기 위한 방법을 스스로 선택할 수 있는 아이는 더 강하다. 부모의 사랑을 충분히 받지 못하는 아이는 자신을 보호해야하므로 꿈에 쏟아야 할 에너지를 자기보존에 쓰는 것이다. 어린 시절 사랑을 충분히 받지 못했거나 학대받은 아이는 어른이 되면 감각적 쾌락을 찾게 된다. 그것이 결핍을 느꼈던 어린 시절을 쉽게 보상해주기 때문이다. 우리는 경험을 통해 성장하거나 몰락한다. 아이와 다양하고 따뜻한 경험을 많이 만들고 간직해야 한다.

잘못을 지적하지 말고 아이와 공감하라

아이의 실패나 미숙함을 지적해서는 안 된다. 할 일을 대신 해주어도 안 된다. 그렇게 하면 아이의 용기를 꺾고 스스로 어려움을 극복할 힘과 기회를 뺏는 것이다. 문제의 원인을 지적하지 말고 해결방법과 가능성에 집중하라.

인간행동의 95%는 올바른 행동이다. 그래서 오른 행동은 당연시하면서 불과 5%인 그른 행동에 주목한다. 사춘기 아이는 수많은 도전에 나서므로 실패가 당연하다. 중요한 것은 공감이다. 아이의 눈으로 보고, 아이의 귀로 듣고, 아이의 마음으로 느끼는 것이다. 잘못을 지적하거나 화내지 말고 "이렇게 하면 어떨까?"라며 풀어야 할 문제라고 생각하라. 그것이 아이를 성장시킨다.[122]

위에 소개한 학생은 어머니로부터 지속적으로 구박받다가 사춘기가 되자 폭발하고 말았다.

아이들은 어른들이 하는 말의 내용과 태도를 닮고, 자신이 들은 비난을 그대로 믿고 자신의 성격을 형성한다. 어머니의 '이 못난 놈아'라는 구박이 아이의 머리와 가슴에 깊이 박혀 아이를 실제 못난 놈으로 만들어간다.

다른 사람을 설득하려면 덜 단정적으로 말하고, 상대의 조언에 의지하는 식의 대화법이 좋다. "엄마는 이렇게 생각하는데 길동이 생각은 어때?" 사람은 설득당하는 느낌이 들면 기분이 나빠진다. 계획과 의도를 물어보면 사람은 스스로 그렇게 하게 된다. 조언을 구하는 것은 상대에게 영향력을 행사하는 가장 좋은 방법이다. "길동아, 너의 흡연을 어떻게 하면 좋겠니? "[123]

부모는 다 울고 웃으며 산다

'아이를 엄마인 내가 원하는 방향으로 키우려고 했던 것을 많이 후회한다.' 아이와 나는 다른 사람이라는 것을 인정해야 한다. '너와 나는 다른 사람이야. 내 생각과 네 생각이 다른 것은 당연해. 내가 좋아한다고 네가 좋아하라는 법은 없어.' '엄마 아빠는 신경 쓰지 말고 날개를 펼쳐서 더 멀리 더 높이 날라고 말할 걸 그랬다.'

부모가 사춘기 아이에게 100% 올인하면 전면전이 된다. 40% 정도만 신경 쓰고 엄마의 시간을 가져야 한다. 요즘 맞벌이가 많다. 일을 하는 어머니는 아이에게 늘 미안하다. 그러나 열심히 사는 멋진 엄마의 모습은 아이에게 자랑이고 자부심이다. 아이와 스킨십이 부족한 만큼 같이 있는 시간을 더 농밀하게 보내면 된다. '나도 나중에 엄마처럼 멋진 커리어 우먼이 될 거에요.'

"엄마 나 매일 웃으면서 살아온 것 같아요" 딸아이가 말했다. '나도 너를 키우면서 그랬다'라는 생각이 뒤늦게 들었다. 나는 눈물이 났다.[124]

부모는 사춘기 아이들에게 휘둘리지 말고 의연하게 감싸주어야 한다. 관심을 갖고 아이를 지켜보면 된다. "길동아, 엄마 아빠는 늘 네 곁에 있으니 무슨 문제가 있으면 언제든지 말해라."

위의 학생은 어머니의 잔소리, 구박으로 엇나갔다. 잔소리도 요령이 있어야 한다.

자녀들이 어떤 일을 진정으로 믿고 행동하도록 하기 위해서는 지나친 회유책이나 강압책을 쓰면 안 된다. 압력을 가하면 일시적으로는 부모의 뜻대로 행동한다. 자발적으로 행동하게 하려면 자신의 행동에 대해 스스로 약속하고 책임지도록 해야 한다.

"거짓말하다 들키면 혼날 거야."식의 강하고 분명한 위협은 부모가 감시하고 있을 때만 효과가 있다. 그런 방법은 자녀 스스로 '거짓말하지 않겠다.'고 다짐하게는 못한다. 부모는 거짓말이 왜 나쁜가를 설명해주어야 한다. 그런데 그 이유가 강압적으로 들려서는 안 되고, 보상이나 체벌 같은 외부적 압력도 없어야 한다.[125]

우리는 비슷한 사람들의 행동을 따라한다. 일종의 사회성이다. 아이가 공부하게 하려면 부모가 아이를 데리고 도서관에 가서 또래들이 책을 읽는 모습을 보게 하면 좋다. 또는 우등생들과 친하게 지내도록 하거나 스터디그룹에 들어가도록 하면 그들을 따라 공부하게 된다.

나를 이기는 것은 전쟁에서 승리하는 것보다 어렵다. 그러나 나를 극복하고 통제하면 나의 인생은 찬란한 영광으로 빛난다. 자기 자신을 우호적이고 따뜻한 시선으로 바라보는 사람, 자존감과 자신감이 있는 사람이 정신적 신체적으로 더 건강하다. 아이를 비난하지 말라.

독서로 스트레스 풀고 롤 모델을 만들라

불안하면 뇌의 편도체가 흥분상태에 돌입하는데 이 흥분상태가 지속되면 우울증이 된다. 따라서 편도체의 흥분을 진정시키면 우울증, 불안을 줄일 수 있다. 언어정보가 뇌에 들어오면 편도체의 흥분이 억제되고 부정적인 감정이 진정되고 기분이 개선되고 결단력이 높아진다.[126]

엄마가 배 아픈 아이를 위해 "엄마 손이 약손"이라며 배를 문지르면 실제 아픔이 사라는 것은 언어정보와 사랑에 의해 불안이 해소되기 때문이다. 언어정보는 말하기 듣기 읽기를 통해서 뇌로 가는데 다른 사람(부모)과 대화가 가장 좋고 다음이 독서다.

영국 서섹스대학 신경심리학자 데이비드 루이스 박사팀의 연구에 따르면 조용한 곳에서 6분 정도 독서하면 스트레스가 68% 감소했고 심박수가 낮아지며 근육긴장이 풀어진다. 음악감상은 61%, 커피는 54%, 산책은 42%를 줄였다.

책을 읽으면 아드레날린 도파민 엔돌핀 옥시토신의 분비량이 늘어나 스트레스가 해소되고 행복해진다. 아드레날린은 공격을 준비할 때, 도파민은 가슴이 두근거릴 때, 엔돌핀은 행복감을 느낄 때, 옥시토신은 사랑할 때 분비된다. 이들 물질은 기억력 사고력을 좋게 한다. 독서는 종합영양제다.

미국 아이오와주립대 연구팀에 따르면 지능을 좌우하는 요인은 유전자 다음으로 독서량이다. 무엇을 읽었느냐가 아니라 얼마나 읽었느냐가 중요하다. 독서를 많이 하면 지능이 좋아진다.

15장

속독의 폐해, 성적(成績)초조감으로 기면증 걸려

부모의 과잉기대, 과도한 선행학습

겨울 방학인 1월 말, 한 학부모로부터 전화가 왔다.

"우리애가 서울 강동구의 K고 2학년 여학생인데요. 열심히 공부해도 성적이 오르지 않습니다. 수학과 사탐은 2등급, 영어는 4등급, 국어가 3등급입니다."

테스트를 위해 한글로 된 문제부터 풀도록 했는데 어머니는 전부 맞추었는데 학생은 틀렸다. 이에 어머니가 몹시 놀랐다. 영어로 된 문제에서도 정독을 필요로 하는 문제에서 학생은 좀 틀렸고 어머니는 대체로 잘했다. 학생은 어머니보다는 못했으나 해석, 문법, 어휘가 괜찮은 편이었다.

그런데 왜 성적은 안 나올까? 독서법이 잘못돼 있었다. 어려서 속독위주로 공부해서 문장 앞부분을 읽고 나면 그 다음 부분을 읽는 동안 앞 내용은 잊어버리므로 처음부터 다시 읽어야 했다. 속독의 맹점이다. 습관을 고치는 것은 여간 어려운 일이 아니다. 이 학생의 독서습관을 어느 정도 바꾸는데 무려 4개월이 걸렸다.

그런데 점수가 여전히 오르지 않았다. 학생과 문제점을 찾기 시작했다. 학생은 어려서부터 능력을 넘어서는 수준이상의 공부를 너무 심하게 했다. 어머니가 거의 전 과목의 학원을 다니게 했고 선행학습을 강제로 시켰다. 또래들과 어울려 놀 시간이 전혀 없었다. 노는 시간을 낭비라고 보는 어머니의 강박이 아이를 망친 것이다.

또 부모님의 기대가 너무 커 항상 성적에 대해 초조해했다고 털어놓았다. 시험장에 들어가 시험지를 받으면 그날의 컨디션에 따라서 어느 날은 종이는 하얗고 글씨는 검은 것으로 보였다. 다른 날은 시험지의 글자가 전혀 눈에 들어오지 않아서 마음을 진정시키고 문제를 대충 풀었다고도 했다. 고시도 아니고 여러 차례 보는 학교시험에서 이렇게 긴장할 정도면 아이의 압박감이 어느 정도였는지 짐작이 갔다.

이런 경우 많은 문제지를 실제 시험장에서처럼 풀게 하면 어느 정도 긴장을 완화시킬 수 있지만 이 학생은 그런 방법으로도 안 됐다. 기면증 전문병원에서 진찰받을 것을 권했다. 학생은 진찰 결과 심각할 정도는 아니나 기면증이라는 소견이 나왔다. 의사는 긴장과 초조함을 유발하는 환경을 만들어 반복적으로 연습해 극복하는 수밖에 없다고 했다.

사설기관 수능모의고사, 듣기, EBS 수능교재 등을 계속 풀도록 했다. 3~10월 숙제로 내주는 모의고사에서는 1등급이 나왔는데도 학교에서 보는 모의고사는 3등급이었다. 초조함이 여전히 원인이었다.

그러나 천만 다행 실제 수능시험에서 처음이자 마지막으로 한 개를 틀려서 꿈에 그리던 1등급을 받았다. 어머니는 "그동안 너무 초조해서 마음고생이 많았습니다. 전 과목 1등급을 받았습니다. 정말 감사드립니다.”고 했다. 학생은 서울 소재 중견 H대에 입학했다.

어려서 능력에 부치는 과도한 공부와 속독버릇이 아이를 고생시켰다. 자녀에 대해 너무 많이 기대하면 오히려 독이 된다. 교육뿐인가? 인생도 마찬가지다.

● 조언과 해법 ●

공부와 독서는 무엇인가?

지혜는 어느 정도 축적된 지식과 경험과 느낌이 녹아든 판단력이자 직관이다. 지혜로운 사람은 불법 부정 불의를 범하지 않는다. 그런 행위는 불안 초조 불행을 가져온다는 것을 알기 때문이다. 지혜로운 사람은 포용력 이해심 배려를 실행한다. 그러면서 남에게서 배워 더 지혜로워 진다. 궁극적으로 마음의 평안과 행복을 얻는다.

지혜가 있어야 어지러운 세상, 변화무쌍한 환경, 쏟아지는 정보 속에서 흔들리지 않고 중심을 잡을 수 있다. 진실과 배려 또한 지혜로운 사람이 가는 길이다. 우리는 살아보면서 진실과 배려가 결국은 삶의 근본이라는 것을 깨닫게 된다. 지혜로운 사람은 본능을 따르지 않는다. 본능은 자칫 파국으로 이어진다. 지혜는 또한 겉치레 규범과 형식을 꿰뚫어 맹목에서 벗어나게 한다.

지혜를 얻으려면 무엇보다도 나 자신을 객관적으로 볼 수 있어야 한다. '내가 최고'라는 엉뚱한 자부심은 지혜로 가는 길을 가로막고 자칫 재앙을 초래한다. 겸손해야 한다. 나를 포함해 인간은 불완전한 존재라는 사실을 깊이 인식해야 세상사를 이해할 수 있다. 따라서 불완전한 인간의 주장과 논리 뒤에 숨은 진실을 볼 수 있어야 한다.

지혜는 덕(德 virtue)이다. 덕은 신체적 용기, 시민으로서의 책임감, 금욕, 관대함, 지식의 실천이다. 지혜의 또 다른 측면은 '기분 좋다.'이다.

공부는 궁극적으로 지혜에 이르는 길이다. 지혜는 좋은 학교성적, 명문대 입학으로 얻어지는 것이 아니다. 부모가 아이에게 공부를 열심히 하라고 닦달하는 것은 어른이 돼서 훌륭한 삶, 행복한 인생을 살아가기를 바라는 마음에서 그러는 것이다. 권력과 영화를 누리며 떵떵거리라고 아이를 쥐 잡듯 잡지는 않을 것이다. 떵떵거리면 외톨이가 될 뿐이다. 그러니 아이교육 때문에 너무 조바심내지 말아야 한다. 그래야 아이도 넉넉한 품성을 물려받고 공부를 통해 지혜로워 진다.

인생을 살아가면서 나 자신을 찾는 것이 무엇보다 중요하다. '나는 누구인가?' '나는 왜 이런 생각을 하게 되었나.' 등의 질문을 자신에게 던져보아야 한다. 나는 무엇이 되고 싶은지, 그 모습을 그려보면 힘이 생긴다.[127] '어떻게 하면 먹고 살 수 있을까?' '안정된 생활은 할 수 있을까?' 따위의 생각을 하면 청소년이 아니다. 내가 하고 싶은 일이 무엇인지 찾아내 그 분야에서 최선을 다하겠다는 꿈을 가져야 피 끓는 청소년이다.

나의 단점을 없애기 보다는 장점을 살려야 한다. 단점은 없앨 수도 없지만 단점이 없다고 해도 특출한 장점이 없으면 평범한 사람이 되고 만다. 특출한 장점 하나만 있으면 만 가지 단점이 있다 해도 보이지 않는다. 그 장점 하나로 세상을 정복할 수 있다.

나를 찾는 최고의 방법은 독서와 사색이다. 다른 인생, 다른 사람의 생각을 관찰하면 진정한 나를 찾는데 도움이 되기 때문이다. 책을 읽으며 '이런 사람도 있고, 저런 삶도 있구나.'라며 감동받는다. 이런 과정을 통해 나의 생각이 넓어지고 깊어진다. 현명한 사람, 통찰력 있는 사람이 돼가는 것이다. 리더가 되는 길이기도 하다.

책을 읽는 사람과 읽지 않는 사람은 첫째, 일목요연한 전달력에서 차이가 난다. 중언부언 무슨 말을 하는 지 상대방이 알아들을 수 없으면 상대방은 나를 신뢰할 수 없다. 둘째, 독서를 하면 자기만의 말을 한다. 누구나 할 수 있는 말은 감동이 없다. 셋째는 잘 듣는다. 말하기보다 듣기가 훨씬 더 힘들다. 지식이 얕은 사람, 자신감이 부족한 사람은 목소리가 커진다. 남의 말은 듣지 않고 자기만 옳다고 큰소리치는 사람을 누가 좋아하겠는가?

책을 읽으면 공감능력이 커진다. 이 세상을 살아가면서 우리는 아주 적은 수의 사람과 만나고 한정된 공간만을 경험하고 아주 적은 상황만을 접하게 된다. 그런 얕은 경험으로는 넓은 시야, 깊은 생각을 가질 수 없다.

독서는 가장 쉽게 경험을 넓혀주는 최고의 도구다.

본인의 선택이든 부모의 욕심에 의해서든 속독을 배우는 아이들이 있다. 같은 시간에 더 많은 책을 읽을 수 있다는데 누가 반대하겠는가? 그러나 독서는 지식충전만이 목적은 아니다. 우리는 독서를 통해 자연과 우주를 탐험하고, 세상과 사람을 알아가고, 인생과 운명에 감동한다. 속독으로 단순히 지식과 정보를 축적하는 것과는 차원이 다르다. 싸구려 패키지 여행하듯 독서해서는 안 된다. 파리 베를린 런던 찍었다고 프랑스 독일 영국을 여행했다고 할 수는 없다. 생각하고 상상하며 감동해야 독서다. 그러기 위해서는 정독, 숙독이 돼야 한다.

100권을 대충 읽을 때보다 10권을 꼼꼼하게 읽으면 더 많은 지식과 정보를 두뇌 속에 저장한다. 특히 소리 내어 독서하면 눈으로 보고 귀로 듣기에 두 배의 효과가 있다.[128] 정독해야 책의 주인공이 돼서 주인공이 하는 말과 행동을 가슴으로 느낄 수 있다.

전문가들은 취학 전에는 부모가 책을 읽어주는 것을 듣는 것만으로도 충분하다고 한다. 생후 1년 정도부터 책을 읽어주면 되는데 그것도 아이가 좋아할 때만 아주 조금씩 해야 한다.

책을 펴기 전에 책의 내용이 무엇일까, 다른 주제들과 어떻게 연결될까 등을 미리 생각하라. 여백에 자신의 견해를 적는다. 이 책이 제기하는 철학적 문제는? 그것이 인생과 세상에 정면으로 맞서는데 도움이 될까? 어떤 대안이 가능한가? 등 여러 가지를 생각하며 읽으라.[129]

이해력 판단력 창의력 탐구력 집중력 상상력은 독서를 통해서 길러진다. 어휘력이 부족하면 엉뚱한 답이 나온다. '이재민(罹災民)을 도울 방법을 제시하라'는 문제에 '이재민씨 힘내세요.', '친구를 배려하는 방법은?'이라는 질문에 '친구를 베면 감옥 간다.'고 적을 수 있다.

독서로 불행한 삶을 빛나는 삶으로 바꾼 오프라 윈프리, 디트로이트도서관을 통째로 읽은 에디슨, 육신의 장애를 독서로 극복한 헬렌 켈러 등은 독서가 인생의 보석이라는 것을 깨우쳐준다.

자기주도 학습이 핵심이다

위의 학생은 어머니가 선행학습을 과도하게 시켜 부작용이 심했다. 선행학습은 공부의 재미, 수업시간의 집중력을 떨어트리고 아이의 연령(두뇌)에 맞지 않아 과부하가 걸린다. 득보다 실이 많다.

부모님이 아이를 가르칠 때는 요령을 잘 알려주고, 같이 해보고, 혼자서 해보도록 한다. 이 때 아이가 혼자서 할 수 있는 수준의 문제를 내야 성취감을 맛보고 의욕이 생긴다. 자기주도학습은 이런 성취감이 바탕이 되어야 가능하다. 무엇인가를 해내면 자신감이 생기고 동기가 부여돼 스스로 공부하게 된다.

자긍심을 높이기 위해서는 잘못한 일을 지적하지 말고 잘한 일을 칭찬하며, 실수를 하면 '좋은 경험했네. 앞으로 더 나아질 거야.'라고 말하라. 아이가 새로운 제안을 하면 '어떻게 그런 생각을 했어'라고 반색한다.

아이가 어릴 때는 엄마와 한줄 씩 또는 한 단원씩 서로 나눠 읽기를 해보라. 책을 읽고 줄거리를 말해보고, 특징적인 표현이나 인상적인 점을 이야기하고, 아이가 혼자 할 수 있도록 기다린다.

조금씩 꾸준히 규칙적으로 공부하는 습관을 들여야 한다. 아이는 놀면서 세상을 배워나가야 한다. 초교 고학년까지는 하루 1시간 정도면 족하고 중학교 들어가서 시간을 늘려간다.[130]

학생들은 흥미롭고 매력적이고 중요하다고 느낄 때와 교육에 대한 통제권 자율권이 자신에게 있을 때, 적당한 도전과제에 마주할 때, 격려를 받을 때 가장 효과적으로 학습한다.[131]

뇌가 결과를 믿지 못하면 신체의 힘을 쓸 수 없다. 그래서 공부하는 아이에게는 희망을 심어주어야 한다. 해낼 수 있다고 믿지 못하면 해내는데 필요한 힘을 얻을 수 없다. 아이가 믿는 순간 문이 열리고 에너지가 밀려

온다. 희망과 절망, 모두 자기 충족적 예언이다. 희망을 생각하면 희망을 달성하는 상황에 놓인다.[132]

아이가 공부를 하게하려면 우선 작은 것부터 시작하게 해야 한다. 오늘은 책을 5페이지만 읽자고 하고, 읽으면 그 노력을 칭찬해주고 1주일 뒤 10페이지로 늘려서 해냈다는 자신감을 갖게 하는 것이다.

나의 특성과 신념이 나의 독창성이다. 동료, 친구들의 배척이 두려워 나의 것을 버리고 그들과 동조하지 말라. 아이들은 남의 눈치를 보지 않고 자신의 의견 욕구 욕망을 표현해야한다. 주관에서 창의성이 나온다. 기존의 방식과 대세에 휘둘리지 말라.[133]

대중을 따르는 사람은 대중을 넘어서지 못한다. 홀로 길을 가는 사람만이 아무도 가보지 않은 곳에 도달할 수 있다. 내 안의 소리에 맞춰 춤출 때 창의성이 분출한다. 창의력의 천재들은 겁내지 않고 과감하게 자신을 세상에 드러냈다. 실패와 거절은 시도했다가 안 되는 것이지만, 후회는 시도하지 않았다는 절망감이다. 가장 나쁜 것이 후회다.

독일 성직자 마틴 루터는 이단으로 체포되어 카톨릭의 부패와 타락을 비판하는 95개조의 반박문을 철회하라는 회유와 협박을 끊임없이 받으면서도 뜻을 굽히지 않았다. 정치가 윌리엄 윌버포스는 영국에서 노예폐지운동을 주도해 혹독한 반대여론에 부딪혀서도 굽히지 않고 "같은 인간으로서 그들이 겪는 고통을 지켜보며 산다는 것은 미치광이가 되는 길."이라고 했다. 마하트마 간디는 "강한 확신을 갖고 '아니요'라고 말하는 것이 문제를 회피하거나 그저 눈앞의 즐거움만을 위해 '네'라고 말하는 것보다 낫다"고 했다.

도발하는 사람은 3자의 눈으로 세상을 보고 당장 고통스럽더라도 옳다고 믿는 것을 그만의 방식으로 시도한다. 당연히 일반적인 규칙을 깬다. 아이는 자신이 원하는 것을 할 때 아이디어와 힘이 생긴다.

비관적인 사람에서 낙관적인 사람으로

위의 사례에서 어머니의 완벽주의 성격은 아이에게 이어질 가능성이 크다. 성격을 고쳐야 한다. 강박증은 오래도록 불행을 낳는 병이다. 얼마나 몰아쳤으면 아이가 기면증까지 걸릴까?

불만 = 남편이 애들 목욕시키고 재우기로 했는데 퇴근하고 집에 와보니 다들 텔레비전 앞에 몰려있다.

왜곡된 믿음 = 남편은 왜 내 부탁을 들어주지 못할까? 애들 목욕시키고 재우는 것이 그리 어려운가? 이제 저 즐거운 분위기에 찬물을 끼얹으면 나만 악당이 되겠지.

잘못된 결론 = 정말로 화가 치밀어 마구 소리를 질렀다. 거실로 가서 텔레비전을 꺼버렸다. 나는 악당이 되었다.

이런 상황이라면 1. 다른 것을 생각하려고 애써라. '남편이 회사일로 피곤했나보다. 가족들이 즐거운 걸 보니 나도 행복하네.' 2. 왜곡된 믿음을 반박하라. 반박이 성공하면 똑같은 상황에 처해도 그 생각이 다시 떠오르지 않는다. '남편이 그동안 내 말을 다는 들어주지 않았어도 제법 들어주긴 했지.'[134]

불만족한 사건에 대해 습관적으로 반응하지 말고 반박하라. 근심, 걱정거리를 분석해보라. 대부분은 지나간 일, 일어나지도 않은 미래의 일, 천재지변같이 내가 어쩔 수 없는 일에 대한 걱정이다. 걱정의 96%는 쓸 데 없는 것들이다.

아이는 엄마로부터 비관성을 배운다. 어른들의 꾸지람으로부터 배운다. 비관성을 학습한다면 버리는 것도 가능하다. 스티브 잡스는 "시간은 한정되어 있다. 그러니 자신의 삶이 아닌 다른 누군가의 삶을 살면서 시간을 낭비하지 말라. 고정관념에 갇히지 말라. 다른 사람이 만들어 놓은 틀에 맞추며 살지 마라. 나의 내면의 소리를 들으라. 용기를 가지고 나의 가슴과 직감을 따르라. 가슴과 직감은 내가 원하는 바를 이미 알고 있다. 늘

갈망하며 늘 무모하게 살라."고 했다.

독서는 격리된 한 사람을 세상과 이어주는 다리다. 무엇보다도 위대한 영웅호걸들을 만나 그들의 고통과 기개, 노력을 느끼고 배울 수 있다. 천재들의 천재성, 낙관성은 어디서 오는 지 배울 수 있다. 그러니 부모는 여유를 갖고 아이와 독서부터 하면서 느긋하게 공부를 시작하도록 하자.

아이의 변호인이 돼 아이의 강점을 개발하라

딸이 "이 블라우스 정말 예쁘다"고 할 때 엄마가 "예쁘기는 무슨, 볼품없는데"라는 말은 절대 안 된다. "넌 취향이 형편없어"라는 말과 같다. 자식을 다른 성인을 존중하듯이 하나의 인격체로 존중해주면 만사형통이다. 해보면 효과를 실감한다.

아이가 음식이 짜다고 불평하면 "그래? 네 입맛에 맞는 것이 있으면 좋겠는데"라고 말하라. "엄마가 해준 음식인데 왜 불평이 그리 많니. 아프리카에서 굶는 아이들 생각해봐라"라는 말은 100% 소용없다.

부모는 10대의 변호인이지 검사가 돼서는 안 된다. 문제를 해결하려고 아이와 같이 노력하라. 아이의 개성과 인격을 모욕하는 말은 삼가자. 십대는 사는 만큼 배우고 경험하는 만큼 인간이 돼간다.[135]

위의 어머니처럼 과도한 선행학습으로 아이를 잡으면 성적, 아이 다 망가진다. 공부에 그렇게 목을 매면서 공부를 너무 쉽게 보는 것은 아닌지 모르겠다. 일본 뇌의학자 하야시 나리유키 교수는 뇌는 활성화된다고 좋아지는 것이 아니라 본능, 마음과 같이 움직여야 좋아진다고 했다. 아이가 하고 싶은 것을 해야 뇌가 좋아진다.

사람들은 약점에 대한 두려움 때문에 강점에 대한 자신감을 숨긴다. 강점은 삶을 살만한 것으로 만든다. 약점을 보완하면 실패를 예방하는 것 이상의 효과는 없다. 강점을 개발해야만 뛰어난 성과를 거둘 수 있다. 재능에 관심을 기울이고 연습과 학습을 통해 지속적으로 발전시켜야 한다.[136] 공부를 못하거나 싫은 아이는 도전욕구가 없는 경우가 많다. 도전욕, 탐구욕, 지식욕은 자연스러운 것인데 부모님의 과욕, 잘못된 훈육이 망쳐버린다.

성장하는 사람은 두려움을 느낀다. 새로운 시도, 새로운 일을 해야 하기 때문인데 새로움은 또 다른 어둠이기에 언제나, 누구에게나 두려움의 대상이다. 두려움을 깨부수는 방법은 그것에 정면으로 맞서는 것, 즉 새로운 것을 시도하는 것이다.

'천사들이 하늘을 나는 것은 스스로 가볍다고 생각하기 때문이다' 삶과 싸우지 말고 즐기면서 사는 법을 배운다면 무거운 짐을 어느 정도 덜어낼 수 있다. 어차피 해야 할 일이라면 즐기면서 하도록 노력하는 것이다. 아이들을 키우는 것은 전쟁이지만 즐겁고 행복한 전쟁이다.

인생은 투쟁이 아니라 모험이다. 내가 되고 싶은 것이 있으면 그렇게 되기를 바라지 말고 그렇게 된다고 믿어라. 어떻게 해야 할지 모르겠다고 하지 말고 어떻게든 할 수 있다고 생각하라. 큰 일 났다는 말 대신 배우는 중이라고 하라. "나는 취직이 되길 바란다." 보다는 "나는 취직할 것이다"라고 말하라.

항구에 정박한 배는 안전하다. 그러나 그건 배가 아니다. 시도하지 않는 것이 최악의 실패다. 해야 할 일의 우선순위를 정하자. 짧은 인생을 진정 원하는 것들로 가득 채워야 한다.[137]

중요한 것은 삶의 균형이다. 아이가 내 인생의 전부라고 생각하면 아이도 괴롭고 나도 괴롭다. 삶을 여러 가지로 채우라. 나 자신이 가치 있고 능력 있는 사람이라고 생각하라.

관대하고 다정한 사람이 되자. 가장 큰 함정은 조급함이다. 조급함은 스트레스, 불만, 두려움을 유발한다. 느긋해지자. 부모가 이런 자세로 살면 아이도 보고 배워 행복한 인생을 살게 된다.

16장

부잣집 무남독녀 3수생, 고집강하고 교만
목표만 크고 잘못된 독서습관, 두 번 전학

한 여학생이 어머니와 함께 학원에 왔다. 어머니는 학생과 가정상황을 설명했다. 아버지는 명문 K대 경영학과를 졸업하고 사업을 하고 있으며, 어머니 역시 중견 S여대를 졸업했다. 아이는 무남독녀였다.

친 할아버지는 재산가였다. 강남의 최고급 대형 아파트에 살고 있다. 초등학교 5학년 때 서울 강북에서 강남구 압구정동으로 이사 왔다. 초등학교를 졸업하고 인근 중학교에서 전교 5등 안에 들었으나 S대에 가기위해 강남구 대치동으로 중2 때 다시 전학했다.

이 학생은 머리도 좋고 기억력도 뛰어났다. '왜 이런 학생이 재수도 아닌 삼수하러 우리학원에 온 것일까?' 의아했다. 놀랍게도 고3때 수학 2등급, 국어 4등급, 사탐 2.5 등급, 영어 4등급을 받아서 유명학원에서 재수했는데도 역시 수학 2등급, 국어 3등급, 사탐 2.5 등급, 영어가 4등급이 나와서 불가피하게 3수를 하게됐다고했다.

고1 까지는 성적이 좋았는데 고2 이후부터 열심히 해도 점수가 오르지 않았다. 원인을 찾기 위해 어머니와 함께 테스트했다. 이해력을 파악하기 위해 한글로 된 문제지를 풀게 했는데 독해문제에서 학생은 틀리고, 공부를 한지 20년이 넘은 어머니는 전부 맞췄다. 같은 문제를 영어로 풀게 했고 단어를 해석해 줬는데도 마찬가지였다. 여러 형태로 다시 테스트했다.

학생의 고집이 너무 세고, 어려서 건성으로 너무 많은 책과 영어원서를 읽은 것이 원인 같았다. 계획 없이 닥치는 대로 이것저것 난독(亂讀)한 것이다. 여학생은 무남독녀로 부모의 사랑을 독차지해서인지 주관도 너무 강했다. 워낙 부유한 집이라 뭐 하나 아쉬움 없이 자랐다. 원하는 대로 다 제공되니 자신이 천하제일인 줄 착각해 고집과 주관, 우월감이 지나쳐 잘난 체했다고 토로했다. 문제의 첫 두 줄 정도만 빠른 속도로 읽고 지문의 내용을 벗어나 자기 마음대로 상상해서 답을 찾았다. 당연히 답이 여러 개가 나왔다.

이런 학생을 교정하는 것은 어렵다. 공부습관이 굳어진데다 고집이 강해 어지간한 지도방법으로는 불가능하다. 천천히 숙독하도록 철저하게 지도했다. 처음에는 새로운 공부방법이 낯설어 몹시 힘들어 했다. 격려하고 용기를 북돋우면서 EBS 수능교재 5년 치를 정독하며 배우도록 해 겨우 지문 읽는 습관을 바꾸게 되었다.

삼수를 하면서 잘난 체 하는 행동도 줄었고 기도 많이 죽었으나 영어 성적이 좋아지면서 용기와 자신감을 얻어서 공부에 매진했다. 드디어 9월 평가원 수능모의 고사에서 영어 94점으로 1등급, 국어도 1등급을 받았다. 잘못된 독서습관을 바로잡고 국어도 높은 점수를 받았다. 학생은 결국 본인의 희망보다는 낮지만 서울 소재 2류 대학에 입학했다.

조언과 해법

부유층 교육의 비극, 멍에가 되는 초기교육

아이들이 뛰어넘어야 할 장애물이 많을수록 그것을 통과하기 위해서 더 많은 비용이 들고 부유층만이 그 비용을 충당할 수 있다. 장애물이 많을수록 부유층 아이들은 더 불행해진다. 이기적으로 변하기 때문이다. 비극적인 보복이다.

교육체제를 바꾸고 다른 종류의 사회로 탈출해야 한다. 지배계급은 자기 우월을 굳게 믿고, 다른 사람들의 삶이 어떤지 생각하려 하지 않는다. 현 사회·교육시스템은 거의 동일한 인간들을 계속 양산하고 있다. 실력주의 사회는 모두가 자신만 아는 사회다. 리더십은 책임지는 것인데 지배계층은 책임은 없는 이기적 리더십을 추구한다.

신입생선발과정부터 변화를 시작해야 한다. 소수인종 우대정책은 소수인종의 부유층을 우대하는 정책으로 변질됐으므로 빈곤층우대정책으로 바뀌어야 한다. 학생들의 과외활동, 스펙 쌓기를 줄여야 한다.

지금은 경제적 가변성과 정치적 불안정의 시대다. 예측 불가능한 위험에 직면해있다. 과거와는 다른 지식이 필요하다. 재능이 있으면 똑같이 기회를 얻어야 한다. 사회정의가 부자들이 빈자들에게 선심 쓴 것이 돼서는 안 된다. 부유층이 차지하고 남은 자리를 두고 빈곤층 아이들이 경쟁하도록 부추김으로써 그 아이들을 공포와 절망 속으로 몰아넣고 있다. 공화국에서 씨족사회로 후퇴할 것인가?[138]

지능은 고정된 것이며 변화하지 않는다고 믿는 상류층 학생은 지능이 얼마든지 좋아질 수 있다고 믿는 서민층 학생에 비해 실패를 잘 극복하지 못하고 성적도 낮다. 또 '나는 똑똑하다'는 자부심 때문에 성적이 나쁘게 나오면 실망감으로 인해 성공에서 더 멀어진다.[139]

자부심 자존심이 너무 강한 사람, 머리가 좋다고 과신하는 사람, 잘난 체하는 사람은 다른 사람을 꺾고 일등을 하는데 끊임없이 초점을 맞춘다. 그래서 이길 수 없는 경쟁은 슬그머니 피하기에 성장하지 못한다. 상류층 학생들에게서 종종 나타나는 현상이다.

세계적인 가족사회학자 글렌 엘더의 연구다. 연구대상은 미국 버클리와 오클랜드 출신의 아이들로 평생을 추적 조사했다. 대상자들은 70~80대 노인이 됐다. 대공황에서 전 재산을 잃었던 중산층 가정의 소녀들은 중년이 되면서 충격을 회복하고 신체적 정신적으로 건강하게 나이를 먹어갔다. 반면 하층가정의 소녀들은 회복하지 못하고 비극적 일생을 살았다.

글렌은 그 이유를 "건강한 노년을 보낸 여성들은 대공황 때 어린 시절을 보냈지만 역경은 극복할 수 있다고 배웠을 것이다. 그들 가정은 대부분 30년대 말~40년대 말에 경제위기를 극복했다. 덕분에 그들은 낙관적 사고를 익혔고 나쁜 일은 극복할 수 있다는 사고를 형성했을 것이다. 나쁜 일의 원인을 일시적 부분적 외부적인 것으로 돌릴 수 있었다. 낙관적인 사고(思考)가 행복한 노년을 도와주었던 것."이라며 "반면 빈곤층 소녀들은 대공황 뒤에도 위기를 극복하지 못했다. 이들은 공황 전후에 모두 가난했다. 그래서 그들은 비관성을 체득했다. 어려운 상황에 부딪히면 힘든 시간이 계속된다고 체험했던 것이다. 비관성이 건강 성취 행복에 대한 생각을 갉아먹었다."고 설명했다.

교만은 학습뿐만 아니라 모든 면에서 성장을 가로막는다. 배움은 '나는 부족하다. 나는 모른다.'는 겸손에서 출발하는 것인데 자신이 잘났다고 생각하는 교만한 사람이 겸손할 수는 없는 것이다. 교만하면 난관을 극복하기 어렵고, 사회성, 배려가 부족해 사회생활도 잘하기 어렵다.

위의 학생은 부잣집 무남독녀로 아쉬움을 모르며 살아와 잘난 체하는 마음이 자리 잡았다. 무엇이든 원하면 부모님이 다 해줬다. 떠받들어져 산 경험으로 형성된 이기적인 의식과 행태(行態)는 평생 질곡(桎梏)이다. 부모 외에 누가 나의 이기적인 욕심을 이해하고 떠받들고 해결해주겠는가? 그러니 잘 삐지고, 서운해 하고, 다투게 된다. 그렇지 않으면 자신의 이기심을 속으로 다스려야 하는 데 이 심리적 과정이 본인에게는 고통이다. 자식이 예쁘다고 오냐오냐 키우는 것은 그 자식에게 평생 멍에를 씌우는 것이다.

이런 아이는 지금부터라도 성격을 고쳐가야 하고 고칠 수 있다. 봉사활동으로 세상의 다른 면을 깨우치고, 스터디그룹으로 남과의 협력을 배우며, 독서를 통해 생각을 키우고, 도보여행을 통해 신체적 고통을 체험하며 성장할 수 있다.

집안일을 하고 감사해하면 더 행복해진다

예전 대가족시대에는 3대가 함께 모여 식사했다. 대화도 풍성하고 따뜻했다. 이른바 밥상머리교육이 자연스레 이루어졌다. 조부모님의 지혜와 자애, 부모님의 식견과 사랑, 형제들의 우애가 넘치는 자리였다. 그러나 산업화시대에 접어들면서 핵가족이 됐고 이후 경쟁이 가속화되면서 맞벌이부부가 늘어났다. 가족끼리 식사하기가 너무나 힘들어졌다. 최고의 교육방법인 밥상머리교육도 사라졌다.

그러나 아이를 잘 키우고 싶으면 가족들이 자주 모여 식사해야 한다. 식사하면서 대화의 꽃을 피우면 그것보다 좋은 교육은 없다. 특별한 대화주제가 없어도 된다. 그저 가족의 정을 확인하는 자리로도 충분하다. 그러다 최근에 인기를 끄는 영화, 공부하는데 힘든 점, 가족끼리 집안일을 나누는 문제, 국제관계나 사회문제 등에 대해 자연스레 대화하면 된다.

미네소타대학 가정교육학 마릴린 마티 로스먼교수는 3~4살부터 집안일을 해온 사람들이 성공할 확률이 더 높다고 했다. 집안일을 거들다보면 '할 수 있다거나 하고 싶다는 느낌'같은 것이 길러지고 스스로 근면하다는 생각을 갖게 해준다.

우리 가정에서는 아이들에게 집안일을 잘 시키지 않는다. 특히 부잣집은 가사도우미가 있어 아이들에게 집안일을 아예 안 시킨다. 그 시간에 공부하라는 것인데 집안일을 하는 것도 아주 중요한 공부다.

상류층 자녀들은 감사할 줄 모르기 쉽다. 성공한 사람들은 자신들의 노력으로 성공의 사다리를 올라갔으나 나중에는 자신이 천품(天品), 재능을 타고났기에 성공한 것으로 착각하는 경우가 많다. 그렇게 되면 교만해지고 자신이 세상의 중심인 줄 착각한다. 당연히 부모의 이런 자세는 자녀들에게도 대물림돼 자녀들도 감사할 줄 모르게 된다.

캘리포니아대학교의 로버트 에몬스박사는 대학생들에게 10주 동안 감사일기를 쓰도록 했다. 이 학생들은 지난 주 일어난 일들 가운데 감사하게 생각하는 일 5가지를 목록으로 적었다. 결과는 놀라웠다. 이들은 감사일기를 쓰지 않은 학생보다 25% 더 행복했고 미래에 대해서도 더욱 낙관적인 태도를 갖게 되었다. 운동도 더하고, 더 다정해졌고, 남들을 더 도왔다.

독서는 1주일에 한권, 창의력은 심층학습으로

독서는 공부의 왕도지만 위에 소개한 학생은 마구잡이 독서로 효과를 거두지 못했다.

아침에 일어나 10~20분 정도 책을 읽으면 머리가 맑아지고 집중력이 올라가 공부에도 도움이 된다. 자기 전에도 20분 정도 책을 읽으면 공부하느라 스트레스 받은 뇌가 차분해져 잠도 잘 온다. 반면 휴대전화를 하다 잠이 들면 뇌파가 흔들려 숙면을 취할 수 없다. 시간을 정해서 책을 읽기보다는 시간 나는 대로, 학교를 오가면서 틈틈이 읽으라.

10대는 1주일에 한권은 읽어야 한다.[140] 책을 읽으면서 감동적인 부분은 노트북에 옮겨 적거나 밑줄을 긋고 내 생각을 덧붙인다. 가끔 읽기를 멈추고 사색해야 한다. 내 생각을 거치지 않은 지식은 내 것이 아니다.

책을 읽으면서 '작가는 왜 이렇게 썼을까?' 같은 질문을 계속해야 한다. 질문 없는 독서는 반만 읽는 것이다. 책을 속으로 읽는 것보다 낭독하면 시각과 청각을 함께 자극해 더 오래 기억한다.

위에 소개한 학생은 어머니의 강압에 의해 피상적으로 공부했다. 실력이 좋아질리 없다.

1. 피상적 학습자는 글을 읽을 때 그 내용을 가능한 많이 기억하려고 한다. 2. 전략적 학습자는 점수를 따는 데 집중한다. 3.심층적 학습자는 글의 속뜻과 그 응용방법을 생각하고, 분석 종합 평가 이론화한다.

1과 2는 개념을 심층적으로 이해하기 보다는 수학문제 풀듯 정해진 절차에 따라 학습한다. 이런 학생들은 똑같은 개념을 담고 있는 문제를 형태만 조금 바꿔도 풀지 못한다. 새로운 사고와 행동을 만들어내는 개척자가 못된다. 3은 자신의 교육을 스스로 관리하고 새로운 것을 이해, 창조한다.[141]

배움을 위해서가 아니라 경쟁에서 이기기 위해 공부하면 성적에 조종당하는 느낌이 들어 나중에는 싫증난다. 심층적 학습자가 되기 위해서는 자신의 자질과 장점을 찾아내고, 열정을 불태울 대상을 발견해야 한다. 나의 특별함을 깨닫게 되면 공부에서 힘과 동기를 얻을 수 있다.

최고의 학생들은 정신적 성장, 호기심 충만한 삶, 뚜렷한 주관을 찾으려고 노력한다. 세상에 태어난 이유와 역할에 대해 질문한다. 내가 창조하고 싶은 세상은 어떤 세상이며, 사회정의는 어떻게 구현하며, 앞으로 어떤 사람이 되어야 하는가에 대해 고민한다.

4부

게임중독 휴대전화에 빠진 아이들

17장

게임중독으로 인생망친 멘사(IQ148이상) 회원들

게임중독으로 1등급 과학고생 4명 집단퇴학, 1명은 재수(再修)

한국교육과정평가원 전국수능모의고사의 결과가 나온 후 7월 어느 날 피곤해 보이지만 상기된 얼굴로 D고 3학년 이 모군이 어머니와 함께 테스트 받으러왔다.

이군은 모의수능에서 국어, 수학, 과학탐구 모두 1등급이라고 당당하게 말했는데 "영어는 4등급입니다."라고 창피한 듯 말했다. 테스트 결과 이해력이 좋았다. "10회 수업하면 1등급이 가능하다."고 단정적으로 말했더니 "이제까지 어느 학원을 다녀도 3등급이상 올라갈 수 없었다."며 믿을 수 없다는 듯 2등급만 나와도 좋겠다고 했다.

다음날부터 주 3회, 1회 당 90분 수업을 시작했다. 이군은 1등급이라는 말에 자신감을 얻어서인지 미친 듯이 공부했고 9월 평가원 수능모의고사에서 영어 94점으로 1등급, 다른 과목들도 전부 1등급을 받았다. 이군은 "선생님 전부 1등급 받았어요."라고 건물 전체가 떠나갈 정도로 소리 지르면서 학원에 들어왔다.

이군의 아버지는 Y대 출신의 회사원이고 어머니도 명문대 출신이었다. 어머니는 경기도 Y시에서 초등생 영어학원을 운영하고 있어 입시에 대해서는 박식했다. 집안은 유복하였고 특별히 문제도 없었다.

이군은 두 번의 지능(IQ)테스트에서 147, 149를 받았다. IQ가 150이상인 네 명의 학생과 이군 등 다섯 명이 과학고에 가기위해서 초교 5학년부터 중3까지 그룹을 만들어 함께 고교입시를 준비했다. 네 명은 중학교 때 전교 5등내에 들었다. 그러나 이군만 특목고에 못가고 나머지 네 명은 전부 합격했다. 이군은 일반고에 갔다.

이군은 낙담한 나머지 부모의 말을 전혀 듣지 않았으며, 낙방 후 PC방에 가기 시작하면서 삶이 차츰 힘들어졌다. 학교가 끝나자마자 교복만 갈아입고 PC 방으로 가서 밤새도록 게임하고 아침에 다시 교복을 입고 학교에 갔다.

이군은 이런 생활을 고등학교 3학년 1학기까지 2년 넘게 계속했다. 이군은 중학교 3년 동안 수학을 고3 과정까지 끝냈기 때문에 고등학교에 와서 공부를 안 해도 수학은 늘 1~2등급이었다.

게임에 빠져 지내던 이군은 고등학교 3학년 4월이 되면서 불안해지기 시작했다. '내가 이러다 인생을 망치지'라는 생각이 들었다고 했다. 이군은 겨우 마음을 다잡아서 PC방을 끊고 열심히 공부했다. 6월 평가원 수능모의고사에서 국어 수학 사탐 1등급, 영어 4등급을 받았다. 게임만 했던 아이치고는 성적이 아주 잘 나왔다. 영어도 9월 평가원 수능모의고사에서 1등급을 받아 전 과목 1등급을 받았다.

그러나 9월 전 과목 1등급이 나온 그 다음 날부터 방심해 다시 PC방에 가기 시작했다. 이것이 중독의 늪이다. 숙제를 하지 않고 단지 학원에 와서 공부하는 것이 전부인지라 실제 수능에서는 수학, 영어, 국어, 사탐 각각 3등급을 받았다. 재수의 길로 들어섰다. 재수하면서도 변함없이 학원에서 수업 받는 시간을 빼고는 매일 PC방에 가서 밤을 새웠다. 수능시험의 결과는 뻔했다. 전 과목 3등급. 인천의 I대 기계공학과에 입학했다.

그 후 1년 뒤 어느 날 군대에 간다고 인사하러 왔다. 만나서 반가운 마음도 잠시 이군은 대학 1년간 전 과목 낙제점을 받았다고 말했다. 내 귀를 의심케 했다. 그 이유는 대학에 합격한 날부터 PC방에서 살았다. 대학교 기숙사에서 생활했지만 거의 매일 인천에서 서울 강남구 대치동에 있는 게임친구들을 찾아와 밤새 게임을 하기를 1년. 그래서 군대 제대 후 마음잡고 열심히 공부하기위해서 군대를 지원했다는 것이다.

그런데 더욱 놀라운 소식은 자기 자신은 그래도 대학에 들어갔지만 과학고에 들어간 머리가 좋았던 친구 4명은 과학고 1학년 때 전부 퇴학당했다는 것이다. 그들은 대학에 못가고 자신만 대학에 갔다고 했다. 친구 네 명은 과학고에 입학하자마자 기숙사 생활을 했다. 그런데 기숙사 취침시간인 저녁 10시에 기숙사를 몰래 빠져나와 학교 근처 PC방에 가서 밤을 새면서 게임을 했다고 한다.

이들은 IQ 148 이상만 가입할 수 있다는 멘사(Mensa)에도 충분히 들어갈 정도의 두뇌를 갖고 있었지만 게임에 빠져 인생을 그르친 것이다. 역시 인생의 승부는 기교, 두뇌, 재기로 결판나는 것이 아니다. 마부작침(磨斧作針 도끼를 갈아 바늘을 만든다)이라는 사자성어가 요즘은 미련스럽게 들릴지 모른다. 그러나 그 말속에 담긴 성실성과 정성을 깨우쳐야 한다.

아무리 머리가 좋아도 공부 안하면 그만. 더구나 공부 잘하는 학생들이 다닌다는 과학고에서는 두말하면 잔소리다. 진도를 따라갈 수 없으니 전 과목 낙제는 당연하다. 퇴교 당하자 대학에도 못 가고 PC방에서 게임만 하고 지낸다고 했다. 게임중독이 얼마나 위험한지를 너무나 잘 보여주는 충격적인 사건이다. 마약만큼 위험한 것이 게임중독이다.

이군의 여동생은 이군과는 전혀 반대였다. 여동생의 IQ는 100정도로 평범하나 열심히 노력하는 학생이었다. 꾸준히 공부해 영어 2등급, 국어 3등급, 사탐 2등급을 받아 E여대 디자인과에 무난히 합격하였다. 마부작침이었다.

● 조언과 해법 ●

중독은 파멸의 길이다

인터넷 중독은 마약중독과 같다

전자기기가 넘쳐난다. SNS중독, 게임중독, 스마트폰 중독 등 문제도 많다. 우리 아이들에게는 문명의 이기가 아니라 흉기가 되기도 한다. 머리와 가슴은 빈약하고 손가락과 눈만 큰 기형이 돼가고 있는 것은 아닌가? 지식과 감성을 채워서 세상과 인생을 알아가야 할 시기에 말초적 쾌감만 가득한 것은 아닌가?

미국의 경우 6세 이하의 아이들은 독서시간의 세배 이상, 하루 평균 4시간동안 텔레비전을 본다. 전자기기 중독은 창의력, 사회성 등 아이들의 모든 것을 갉아먹고 뚱보로 만든다.

미국 스탠퍼드대학 연구팀이 1,000명의 학령기 아동을 조사한 결과, 아이들이 전자기기를 통해 폭력을 경험하면 실제 폭력을 경험하는 것과 같은 강력한 악영향을 받는다고 했다. 게임중독은 텔레비전보다 더 심각하다. 미국의 경우 만 12~17세 남자아이의 90%, 여자아이의 94%가 게임을 하고 90% 이상의 어린이들이 하루 30분 동안 게임을 한다.

게임이 주는 쾌락은 감각적이지 정신을 활성화시키지는 않는다. 마음의 수양이나 인격도야와는 거리가 한참 멀다. 쾌락은 땀에 젖은 얼굴을 잠깐 스쳐가는 먼지바람일 뿐이다.

기분이 내키는 대로 하면 결국은 기분이 나빠진다. 쥐에게 먹이를 먹는 것과 뇌의 쾌락신경에 전기자극을 가하는 것 중 하나를 선택하게 하면 쥐는 전기자극(쾌락)을 선택해서 죽고 만다.[142]

아리스토텔레스는 "행복은 주관적이 아니라 객관적"이라고 했다. 남들이 나를 어떻게 보던 내가 행복하면 그만이다? 그렇지 않다는 것이다. 행복은 남들도 인정해야 행복이다. 술 취한 사람이 길거리에 누워 잠이 들었다. 너무나 평온하고 행복한 얼굴이다. 그가 술에서 깨면 "행복했다"고 말할 수 있을까? 남으로부터 인정받는 것이야말로 행복의 핵심요소 중 하나다.

술 마약 게임 섹스 도박 같은 것들은 말초적 행복, 감각적 행복만 줄 뿐이고 남들은 인정하지 않는다. 그런 것들에 빠지면 감각적으로는 잠깐 기분이 좋아질지 모르나 나중에는 "내가 과연 이 정도 밖에 안 되나."하는 자괴감을 남긴다. 행복은 성취 노력 불굴 투지 극복 같은 것으로부터 오는 만족감이다. 그것이 진정한 행복이다.

중국의 연구자들은 1주일에 6일, 하루에 10시간동안 온라인게임을 하는 대학생들의 뇌가 변한 것을 발견했다. 말하기, 운동조절, 충동적인 행동과 부적절한 행동의 억제 등을 담당하는 뇌의 회백질 영역이 20%나 줄었다. 기억을 담당하는 해마에도 이상이 생겨 기억력과 집중력이 떨어졌다. 이 영역은 약물중독과 관련이 있는 영역이다. 게임이 약물중독과 똑같은 부작용을 낳는 것이다.

게임이라는 괴물을 키우는 과정과 TV의 영향

실명하면 시각적 자극을 처리하던 뇌세포, 시각피질이 그냥 멈춰버리지 않고 청각과 촉각처리를 돕는다. 눈이 멀면 귀와 손의 감각이 발달한다.

하버드대학교 의과대학 신경연구학자 알바로 파스쿠알 레온의 실험에 따르면 우리의 사고방식이 뇌의 모양을 바꾼다. 그는 피아노를 연주해본 경험이 없는 사람들을 모아 단순한 멜로디를 연주하는 법을 가르쳤다. 그런 다음 실험참가자들을 두 그룹으로 나누어 한 그룹은 5일 동안 키보드로 멜로디를 연습하도록 했고, 다른 그룹은 5일 동안 건반을 치지 않고 멜로디를 연주하는 상상만 하도록 했다. 그는 실험 이전, 도중, 이후에 모든 참가자들의 뇌 활동을 기록했다. 그 결과 피아노를 치는 상상만 했던 사람들도 실제 건반을 친 사람들과 정확히 같은 종류의 뇌 변화를 보였다.

뇌의 특정회로가 육체적 정신적 행동의 반복을 통해 강해질수록 해당 행동을 습관으로 받아들이기 시작한다. 게임중독자가 게임에 집중할수록 게임중독은 더 깊이 뇌신경회로에 각인된다.

인터넷을 오래사용하면 할수록 이해력과 기억력이 떨어진다. 인터넷을 하면 수많은 찰나의 감각적 정보를 처리하며 검색해야 할지 말지를 결정해야 한다. 뇌가 혹사당한다. 어떤 방해도 받지 않고 깊이 있는 독서를 할 때 형성되는 풍요로운 정신적 연계능력은 일어나지 않는다.[143]

함께 조직화된 뇌세포집단이 동시에 활성화되는 일이 반복되면 이들은 회로를 형성하며 함께 묶인다. 이를 헵 법칙(Hebb's Law)이라 한다. 일단 회로가 형성되면 그 회로에 연결된 두뇌영역은 동일한 상황에서 언제나 똑같은, 자동화된 반응을 보인다. 이로 인해 회로는 더 강화된다.

헵 법칙이 효과를 발휘할 정도로 뇌의 일정영역을 활성화시키는 것을 양자제논효과(The Quntum Zenon Effect)라 한다. 즉 활성화된 두뇌영역이 안정적인 상태가 되어 헵 법칙이 적용되도록 유지하는 것이다. 주의를 집중하면 이렇게 된다. 일정 두뇌영역을 활성상태로 만드는 것을 양자제논효과, 그 상태에서 헵 법칙이 연결선을 만들고 그에 따라 새로운 회로가 생겨난다.[144]

게임을 반복하고 집중하면 강력한 습관이 된다. 집중할수록 두뇌회로는 강화된다. 마지못해 주의를 집중하거나 남이 강제로 시켜도 마찬가지다. 따라서 싫은 일도 어떻게든 계속하면 습관이 된다. 하기 싫은 공부도 계속하면 습관이 되고 중독된다.

우리는 최초로 게임을 할까 말까 할 때 그것을 결정할 능력이 있다. 이 때 적극적으로 게임을 하지 말자라고 하고, 다른 건설적인 행동으로 대체해야 한다. 그러면 게임에 중독되지 않는다. 그러니 나쁜 행동은 가능한 신경을 쓰지 말고 억지로라도 좋은 일에 신경을 쓰고 마음을 집중해야 한다. 그러면 좋은 회로가 형성된다.

미국 소아과학학회 미디어위원회 도널드 쉬프린 박사는 "두 살 이하의 유아들에게 유아용 비디오를 보여주는 건 통제 불가능한 실험을 하는 것과 같다"고 했다. 어린이들이 TV를 오래보면 뇌 구조가 바뀐다. 어른은 안 바뀐다. 뇌 발달에는 순서가 있는데 먼저 발달하는 부위가 악영향을 받으면 다음에 발달하는 부위가 완전히 다른 식으로 조직될 수 있다.

수십 년 간 진행된 연구에서 2~7세 아동은 현실과 상상을 제대로 구분하지 못한다. 그래서 TV에 폭력적이거나 불안한 장면이 나오면 겁을 먹고 불안해한다. 당연히 정서불안을 유발한다.

멀티태스킹이 뇌에 미치는 영향

사람은 생활의 변화가 심할수록 병에 걸릴 확률이 높다. 즐거운 변화라도 마찬가지다. 변화는 스트레스와 함께 온다. 스트레스는 예방접종, 면역이 안 된다.

청소년이 키보드를 두드리면서 페이스북, 트위터, 블로그, 음악듣기, 유튜브를 동시에 하는 멀티 태스커(multi-tasker 다중작업자)라고 치자. 스탠퍼드대학 연구팀은 이들이 정신적 과제에서 한 결 같이 형편없다는 사실을 발견했다. 그들은 연관성 없는 항목 때문에 정작 집중해야할 일에 훨씬 더 집중하지 못했고, 기억력이 더 나빴으며, 과제를 전환하는데 더 느렸다. 런던대학 정신과학연구소는 이메일과 전화통화 때문에 정신이 산만한 노동자들의 IQ가 대마초 흡연자의 IQ보다도 떨어진다는 사실을 보여주었다.

멀티태스킹은 끊임없는 변화로 스트레스를 주기 때문에 코티졸과 아드레날린이 방출돼 장기간 부정적 영향을 미치고 단기기억도 방해한다. 인간은 오랜 수렵생활을 하면서 생활을 위협하는 즉각적 단기적 스트레스(적인가 동지인가, 먹히느냐 먹느냐)에 대처하도록 진화했다. 그래서 장기적 스트레스에 대한 내성이 없으므로 만성스트레스가 더 해롭다. 청소년이 멀티태스킹을 오래하면 뇌에 만성스트레스를 가하는 것이다. 스트레스는 질병과 싸우는 백혈구와 면역체계를 손상시킨다.

작은 실수를 중요하게 여겨야 한다. 여기서 중요한 것은 '실수'지 '작다'가 아니다. 작다는 것에 초점을 맞춰 둔감해지면 큰 것을 잃게 된다. 바늘도둑이 소도둑 된다. '깨진 유리창이론(창문이 하나 깨진 차를 길가에 세워두면 버려진 차로 알고 사람들이 차를 완전히 망가뜨림)'에서처럼 작은 실수가 큰 악영향을 미쳐 대사를 그르칠 수 있다. 부모와 아이가 협의해 게임을 잘 시작해야 한다.

아이들이 인터넷에 부모를 빼앗겼다

영아들의 학습과 언어발달을 관장하는 뇌 부위는 엄마가 아이에게 말을 걸어주면서 완전히 함께 있다는 충족감을 줄 때 최고로 활성화된다. 그런데 엄마가 아이를 눕혀놓고 휴대전화를 하거나 컴퓨터를 하면 아이는 분리감을 느끼고 뇌는 위축된다.

뇌는 두세 살까지 성인 뇌의 85% 정도로 커진다. 이 시기에 뇌는 구조적 기능적으로 서로 연결되고 학습을 위한 신경구조를 만들어낸다. 그런데 이 때 부모가 전자기기를 사용하느라 아이를 눕혀놓으면 뇌 발달이 다 이루어지지 못한다.[145] 부모님은 아이를 안고 있어야지 전자기기를 안고 있으면 절대 안 된다.

뇌가 생기면서 신경회로망을 갖추기 시작하는데 여기에 읽기를 위한 회로는 준비되어 있지 않다. 부모가 아이와 이야기를 나누고 책을 읽어주면 읽기회로들이 생성, 강화된다. 전자기기는 이 강화과정을 방해한다. 어린 뇌의 학습중추는 부모의 스킨십에 의해서만 반응한다.

아이가 어릴 때 유아용 비디오를 많이 볼수록 어휘력이 떨어진다. 2007년11월 <소아과학>에 워싱턴대학교의 논문이 실려 한바탕 야단이 났었다. '유아용 비디오'를 본 아이들의 어휘력이 보지 않은 아이들보다 못하다는 것이었다.

워싱턴대학교의 패트리샤 쿨 박사에 따르면 아기들은 비디오나 오디오를 통해서는 외국어의 음소를 인식하지 못한다. 아기들은 사람에게서만 언어를 배울 수 있다. 어린 아이들에게 영어교육용 비디오를 줘서는 안 된다. 아기들은 엄마의 입을 보며 말을 배운다. 그래서 모(母)국어라 한다.

비디오나 오디오는 아이의 반응에 엄마처럼 상호작용을 할 수 없다. 아이에게 말을 많이 해주는 것도 중요하지만 아이의 말에 어떤 형태로든 즉각 반응하는 것이 더 중요하다. 아기의 말문을 트이게 하는 것은 부모의 말이 아니라 아기의 말에 대한 부모의 즉각적인 반응, 즉 사랑과 관심이라는 것이다.[146] 아이들만 인터넷을 한다고 걱정할 게 아니라 부모부터 조심하고 모범을 보여야 한다.

게임중독을 어떻게 막을 수 있나

삶의 의미와 욕망을 구별하라

살아야 할 이유가 있는 사람은 무엇이든 견딜 수 있다. 2차 세계대전 때 강제수용소에서 살아남은 사람은 삶에서 의미를 찾고 자기 앞에 놓인 기회를 최대한 활용하는 사람이었다. 극한 상황에서 의미를 찾으려면 목표, 역할, 영향력이 필요하다. 삶의 의미를 찾지 못하고 목표도 없는 사람들은 곧 죽었다. 인간에게서 뺏을 수 없는 단 하나는 자기태도를 결정하는 것이다. 주변상황은 내가 통제할 수 없지만 그에 대한 대응은 철저히 내 소관이다.[147] 미래에 초점을 맞추고 어떤 사람이 되어서 어떤 삶을 살아야 할지를 스스로 결정해야 한다.

욕망은 특정결과, 사건, 느낌을 갈구하는 것이다. 욕망은 진정한 자아, 장기적인 목표에서 나오는 것이 아니라 단기적인 목표를 향한 충동이다. 삶을 망가뜨리는 욕망으로는 첫째, 가질 수 없는 것을 갖고자 하는 것으로 슬픔 우울 분노만 일어난다. 둘째, 당장은 즐거울지라도 장기적으로 유해한 행동을 계속하면 삶이 망가진다. 게임 마약 같은 순간적인 욕망이다.

상황이 어려워질 때 노력을 중단하는 것도 삶을 망가뜨린다. 다이어트, 운동 등을 단기적으로 효과가 안 난다고 중단하는 것이다.

중독, 잘못된 행동, 충동과 욕망에 휘둘리는 행동은 소중한 삶을 망친다. 또한 나를 지치게 하고 다른 기회를 잃어버리게 하며, 활동을 제한해 인간관계가 망가진다. 중독에서 벗어나려면 생산적인 행동과 생각으로 주의를 돌리고 중독으로 인한 생각 충동 감각 등이 사실도 아니고 집중할 가치도 없다고 자꾸 생각해야 한다. 다음과 같은 질문을 해보라. 이 행동은 나에게 유익한가 해로운가? 내 진정한 목표나 가치에 부합하는가? 갈망에 근거한 행동인가 아닌가? 어째서 이런 행동을 하려고 하는가?[148]

삶의 의미와 욕망을 구분해야 한다. 자기 전에 하루 동안 내가 잘한 일, 감사할 일, 고마운 일, 장점 등을 생각해보라. 내가 무엇을 누리고 있는지를 생각해보고, 그 선물에 감사하라.

전자기기 사용시간을 가족끼리 약속하라

텔레비전이나 게임은 어릴 때부터 버릇을 잘 들여놓는 것 외에 다른 방법이 없다. 하루에 정해진 시간만 시청하거나 게임을 하도록 아이와 약속을 하고 그 약속을 반드시 지키도록 해야 한다. 그 이전에 부모가 아이와 함께 식탁에 앉아서 책을 보는 습관을 들이는 등 다른 대안을 찾아서 습관화해야 한다. 가족끼리 전자기기 금지의 날을 정하면 좋다.

특히 게임은 한번 빠지면 헤어 나오기가 아주 어려운 만큼 초기에 버릇을 잘 들여야 한다. 게임을 못하게 할 수는 없을 것이다. 그렇다면? 게임하기 전에 할 일을 다 할 것, 게임 시작과 끝을 부모에게 알릴 것, 게임으로 인해 생활에 지장이 있을 경우 언제든지 중단시킬 수 있다는 점을 약속할 것, 죽이고 파괴하는 게임은 하지 말 것 등 원칙을 정하라. 아이가 어릴 때부터 이런 약속을 해둬야 한다. 그래야 커서도 약속을 지키게 된다. 아이와 협의해 인터넷기기, 컴퓨터에 보호프로그램을 설치하면 좋다.

텔레비전을 바보상자라고 불렀었다. 게임, 텔레비전은 재미는 나지만 보람, 성취감 같은 근본적인 행복감을 주지는 못한다. 사고력과 인지능력을 떨어뜨린다. 피상적인 시간 때우기이자 감각적이고 말초적인 쾌감에 불과하다. 이런 쾌감은 불쾌감을 남긴다.

전자기기의 중독은 정신에너지를 소모시켜 뇌의 혈류속도가 느려지고, 감정이 메마르고, 업무 공부 사람 아이디어와 멀어지고, 집중력이 떨어지고, 통제력을 잃게 한다.[149]

IT기기 발상지 실리콘밸리 부모들은 자녀에게 IT기기 접근을 금했다

한국일보 2018년10월29일 자 워싱턴특파원의 기사다.

'첨단기술의 메카인 미국 실리콘밸리의 아이들은 디지털첨단기기를 가장 먼저 접하는 얼리 어답터로 여기기 십상이다. 하지만 현실은 정반대다. 실리콘밸리의 부모들은 아이들이 휴대폰이나 컴퓨터, 게임기, 텔레비전 등 디지털 기기에 일절 접근하지 못하도록 한다.

실리콘밸리에서 보모를 고용할 때 휴대폰사용을 금지하는 계약서를 작성하는 것이 유행이라고 뉴욕타임스가 최근 전했다. 번쩍이는 디지털기기의 스크린에 조금이라도 노출되면 아이들이 중독될 수 있다는 우려로 보모들이 휴대폰을 사용하는 것조차 못하도록 한다는 것이다.

아이들은 전자기기 대신 나무로 만든 장난감을 가지고 놀거나 공원에서 그네를 타는 등 디지털기기가 없던 시절로 되돌아간다. 보모들은 아이들을 공원에 데리고 가거나 카드게임을 가르쳐주는 것이 주 업무다. 이 지역의 인기있는 사립학교들도 디지털기기를 피하고 있다고 뉴욕타임즈는 전했다.

아이들을 디지털기기로부터 떼어놓는 것이 부유층의 육아와 교육 트렌드다. 가난한 아이들은 디지털기기에 구속된 반면 부유층 아이들은 디지털기기에서 해방된 자유로운 환경에서 성장하고 있다.'고 전했다. 세계보건기구(WHO)는 2019년5월24일 게임중독을 질병으로 등록했다.

18장

게임과 휴대전화는 필요악인가?

가난한 홀어머니 휴대전화 못 사줘, 친구도 정보도 없는 외톨이

어느 날 한 어머니가 학원으로 전화했다. "우리아이가 B고 2학년 문과인데요. 좋다는 과외나 학원을 다녀도 항상 영어가 6등급입니다. 이런 아이도 가르치시나요?" 전화를 끊고 나서 1시간여 후에 학원에 왔다.

어머니와 학생이 한눈에도 가난해 보였다. 학생이 초교 2학년 때 아버지가 돌아가시고 홀어머니가 온갖 궂은 일을 하면서 두 명의 형들과 이 학생을 키웠다. 불행하게도 두 명의 형들은 몸이 너무 약해서 대학도 못가고 취직도 못한 채 집에서 놀고 있었다. 어머니는 막내라도 대학에 보내야겠다는 마음이 굉장히 강해보였다.

어머니도 교육을 많이 받은 것 같지는 않아 보였다. 먹고살기 바쁘다보니 아이가 초등학교 때 책을 많이 읽히지도 못했다. 돈이 없어 아이들에게 PC나 휴대전화를 사주지도 못해서 초교생도 다 아는 download(내려받다)가 무슨 뜻인지 모를 정도였다. 휴대전화가 없으니 친구도 거의 없었다.

거기에 공부는 반에서 꼴찌인데다 '왕따'를 당해 몹시 주눅이 들어 있었다. 처지와 상황이 너무 안타까웠다. 학생과 어머니는 배우고자 하는 열정이 크다는 것을 느꼈다. 수강료를 받지 않고서라도 가르쳐야겠다고 생각했다.

학생과 어머니는 영양가 있는 식사를 못해서인지 건강상태도 안 좋아 보였고, 아는 것이 거의 없고, 목소리도 적고, 자신감도 없었다. 아주 기초부터 차근차근 지도했다. 실력은 없어도 곰처럼 열심히 공부했다. 숙제도 잘 해왔다. 공부에 대한 흥미와 자신감을 얻으면서 진도도 빨라지고 성적이 서서히 오르기 시작했다. 수능영어 2등급에 다른 과목도 성적이 좋아져 집이 있는 서울 소재 대학에 진학했다.

이 학생을 보면 게임이나 휴대전화가 아이들에게는 필요악이 아닌가 하는 생각이 들었다. 게임을 모르거나 휴대전화가 없으면 또래와 대화가 안 되고, 친구들과 연락이 안 되니 교우활동을 못해 사회성과 친화력이 떨어지게 된다. 친구도, 대화도 없으니 자연히 두뇌발달에도 나쁘다. 세상 돌아가는 이야기들을 너무 모르기 때문에 점점 외톨이가 된다. 요즈음 어린 학생들에게는 문명의 이기가 없어서는 안 되는 필요악이 돼버렸다. 바로 이런 이유로 부족하지도 않고 넘치지도 않는 부모의 현명한 훈육이 필요하다.

● 조언과 해법 ●

내 탓이라고 해야 전진한다

초등학생도 다 갖고 있는 스마트 폰을 고등학생인 아들에게 사주지 못하는 어머니의 마음은 얼마나 고통스러웠을까? 그 학생은 또 얼마나 소외감을 느끼고 힘들었을까?

잘 되면 내가 잘나서고 못 되면 조상 탓, 남 탓 하는 사람은 운명 앞에 무력하다. 내 탓이라고 해야 전진할 수 있다. '나는 좋아지리라.'라고 강건한 희망을 가질 때 불운에서 벗어날 수 있다. 주어진 상황의 굴레를 발전의 발판으로 삼기위한 적극적 사고가 필요하다. 니체가 말한 운명애(amor fati)가 초인적 창조의 원동력이다. 나의 운명을 사랑해야 발전한다.[150]

'땅에 넘어진 자는 그 땅을 밟고 다시 일어설 수밖에 없다.'(보조국사 지눌) 나의 운명을 수용하고 사랑하자. 부정적으로 생각하면 나는 자꾸 작아질 뿐이다. 긍정적 사고와 신념에서 구원의 희망이 싹트고 길이 열리지 부정적 소극적으로만 생각하면 아무 것도 할 수 없다.

말은 그 사람의 의식상태를 그대로 드러낸다. 부자나 성공한 사람들은 긍정적 단어를, 빈자나 실패한 사람들은 부정적 단어를 많이 쓴다. 같은 정보를 들어도 부자, 성공한 사람들은 기회로 받아들여 검토한다. 빈자, 실패한 사람들은 안 될 것부터 생각해 아예 검토도 안 한다. 따라서 기회도 없다. 시도도 안 해보니 실패는 없겠지만 발전이 없는 영원한 패망에 빠진다.

내가 좋아하는 것, 내가 잘하는 것을 찾아서 꾸준히 해보는 수밖에 달리 뾰족한 방안이 없다. 성공한 사람들은 오래 버틴 사람들이다. 갑자기 하늘에서 뚝 떨어지듯 성공한 사람은 천지간에 한 명도 없다.

디지털은 필요악? IT기기는 새로운 문자다

IT기술은 원거리 친구나 가족을 연결시켜주고, 아이가 건전한 관심사를 탐색할 수 있는 특별한 자원들을 제공하고, 같은 열정을 공유한 사람들과 만나는 기회를 제공하며, 평생교육의 장을 제공하는 순기능이 있다. 게임은 친구들을 연결시켜주고, 사회적 소통과 전략적 사고를 촉진하며, 협동작업을 배우고, 문제해결 시 빠른 판단능력을 길러준다.

그러나 아이들이 인터넷, 휴대전화에 빠져있으면 공감능력이 훼손된다. 공감이란 인간성과 연민을 만들어내는 배려의 접착제로 유아기에 만들어진다.[151]

미국 소아과학회는 30여 년간 이루어진 연구에서 텔레비전 시청, 전자기기 사용을 줄일 것을 권고했다. 자유로운 놀이, 전자기기 없는 놀이가 아이들이 창조적으로 생각하고, 문제해결능력을 기르도록 하며 추론능력, 커뮤니케이션능력, 운동능력을 발달시키는 좋은 방법이라고 했다. 그러나 최근 들어 아이들은 자유놀이 대신 게임 텔레비전 휴대전화 속으로 빨려 들어갔다. 동시에 아동비만도 30년 사이에 3배나 늘었다.

위의 학생은 스마트 폰이 없어 친구들로부터 고립됐다. 아이의 공동체감각(교우관계)을 높이기 위해 가장 먼저 할 일은 자기와 타인에 대한 신뢰를 경험하도록 하는 것이다. 가정에서 아이의 협력을 구하고 그것에 대해 감사의 말을 하면 좋다. 자신의 행동이 감사가 되어 돌아올 때 인간은 자기효능감이 충족되어 자신감이 생기고 상대에 대한 신뢰도 쌓인다. 그 자존감을 바탕으로 친구들 사이에 당당히 서게 된다.

구텐베르크의 인쇄술이 책을 대중화한 5세기 동안 선형적 문학적 사고는 예술 과학 사회의 중심에 있었다. 이 같은 방식의 사고는 르네상스를 불러온 상상력이었고, 계몽주의를 낳은 이성적 사고였으며, 산업혁명을 이끈 창조적 사고, 모더니즘을 낳은 전복적 사고였다고 한다.

프리드리히 니체가 1882년 타자기를 쓰기 시작하자 그의 친구인 하인

리히 쾨제리츠(작가 작곡가)는 "아마도 그 기기를 이용하면서 새로운 언어를 갖게 될 것이네. 음악과 언어에 대한 나의 생각들은 펜과 종이의 질에 의해 종종 좌우되네."라고 했다. 니체는 "자네 말이 옳아. 우리의 글쓰기용 도구는 우리의 사고를 형성하는데 한 몫 하네."라고 답했다.

요즘 컴퓨터 인터넷 휴대전화 등이 거대한 문명의 흐름으로 사회현상을 변화시키고 사람의 사고방식 행동양식과 글쓰기까지 변화시킨 것도 같은 맥락이다.

기술은 우리의 자연적 능력을 보완하거나 극대화한다. 쟁기 바늘 전투기 등은 체력 복원력 민첩성을 키워줬다. 현미경 확대경 계수기 등은 감각을 더욱 민감하게 만들었다. 지도 시계 계산기 컴퓨터 인터넷 등은 정신적 능력, 생각에 지속적으로 영향을 미치는 지적기술이다.[152] 위에 소개한 학생의 경우 컴퓨터와 휴대전화가 없으니 이 같은 영향권 밖에서, 무인도에서 사는 것과 비슷한 생활을 한 것이다.

새로운 언어는 새로운 생각을 낳는다. 아이들은 기성세대가 모르는 말과 문자를 주고받는다. 그들만의 언어다. 인터넷이 낳은 새로운 문화의 흐름이다. 떠오르는 세대가 주도적으로 사용하면 그게 문화가 된다. 아이들의 언어, 문자는 알게 모르게 그들의 사고와 행태에 영향을 미친다.

위의 학생처럼 이 흐름에서 제외되는 것은 여간 큰 문제가 아닐 수 없다. 아이들은 누구보다도 또래들의 영향을 크게 받기 때문이다. 언어는 고차원적 형태의 사고의 틀이기 때문에 언어를 재구성하는 기술은 우리의 지적생활에 강력한 영향을 미친다. 요즘 아이들은 언어를 완전히 재구성했다.

위대한 부모의 사랑, 두려워도 시도하라

가난한 홀어머니가 세 자녀를 키운다는 것은 너무나 힘든 일이다. 가난은 사람을 여러모로 힘들게 한다. 자신감 자존감을 잃을 수 있다. 가난에 지지 말자. 사람의 힘은 본인이 알지 못할 정도로 대단하다. 실패는 선택이 아니라 필수다. 나의 능력을 시험하고 최대치를 높여서 할 수 있는 것에 집중해야 한다.

'세 살짜리 아이가 고아원 앞에 버려졌다. 아이는 구타를 피해 다섯 살 때 고아원에서 도망쳐 대전으로 갔고 유흥가에서 살았다. 공중화장실에서 자고 먹을 것을 찾아 쓰레기통을 뒤졌다. 거리에서 껌을 팔았다. 유흥가에서 만난 사람들은 조폭 양아치들이었다. 욕을 먼저 배우며 길거리 생활을 10년 정도 했다. 노점상 아주머니가 '지성'이라는 이름을 지어주었다. 14살 쯤 야간학교 선생님의 도움으로 파출소에서 지문검색을 해 진짜 이름과 나이를 알게 되었다.

그는 나이트클럽에서 어느 날 성악을 듣고 매료됐다. 그는 성악을 배우기 위해 어렵게 스승을 찾다가 드디어 박 모 선생을 만났다. 박 선생은 그가 16살 때 예고를 가도록 도와주었다. 그는 2007년 기초생활수급자가 돼 처음으로 '집'이라는 데서 잠을 잤다.

그는 10여년의 떠돌이 생활 중에 수많은 사고와 폭력으로 만신창이가 돼 병원을 오갔다. 초중학교를 검정고시로 통과했고 D예고를 나와 K사이버대학 문화예술경영학과에 입학했다. 학비, 생활비를 벌기 위해 닥치는 대로 일을 했으며 추락사의 위기도 넘겼다.

그는 2011년 '코리아 갓 탤런트'라는 프로그램에서 준우승을 차지하며 자신의 이름을 알렸다. 심사위원, 청중, 시청자들 모두는 그의 눈물겨운 삶과 노래실력에 울고 환호했다. 그의 공연은 유튜브를 통해 전 세계에 알려졌고 당시 1억5천만번의 조회 수를 기록했다. 세계 유명 언론사들은 모두 그의 처절한 삶을 내보냈다. 그의 삶이 던지는 통렬한 메시지는 세

계인을 감동시켰다. 그는 '최성봉'이다.'

새것은 낡아가고, 아름다움은 빛이 바래고, 생명은 죽음을 향해 다가가는 것이 세상과 자연의 이치다. 이것에 제동을 걸려면 새로운 것을 시도하면 된다. 그러면 삶은 다시 생기를 띈다.

두렵더라도 일단 저질러야 한다. 더 이상 잃을 것도 없지 않은가? 새로운 시도는 언제나 두렵다. 그러나 두려움 속에서 전진하는 것이 진정한 용기다. 주어진 역할만 하고, 틀에 맞춰서 살아가면 언제 저 하늘로 솟아오르겠는가? 새 세상을 개척하고 꿈을 찾아내고 그 꿈에 방해가 되는 것들은 과감히 쳐내야 한다. 어려운 가정환경에 짓눌려 지내기만 해서는 안 된다. 힘을 내고 시도하자. 부모의 위대한 사랑이 등대가 될 것이다.

'최성봉'의 용기와 도전에 보내는 박수와 환호, 감동 속에는 인류진화의 찬란한 빛이 녹아있다. 인류가 개척한 빛나는 역사는 수많은 '최성봉'이 흘린 땀과 눈물의 결실이다.

동기부여를 위해서는 의지보다는 행동해야할 이유가 중요하고 실행을 위해서는 목표를 강화하는 환경조성이 중요하다. 적극적으로 그 영향에서 벗어나려 하지 않는 한 출생환경은 한 개인에게 평생 직접적이고 가시적인 영향을 미친다.[153]

자녀에게 집안사정과 공부는 힘든 것이라고 말하라

부모는 흔히 집안의 어려운 상황을 자녀에게 말하지 않는다. 말을 한다 해도 아이의 마음만 아프게 한다는 판단에서다. 자녀를 학원이나 대학에 보내기 어려운 처지를 말 못한다. 그러나 아이도 알건 다 안다. 아이에게 집안 사정을 솔직하게 말하고 도움을 청하는 것이 옳다. 그래야 아이도 가족으로서 책임감을 느끼고 철부지에서 벗어난다.

회복력은 역경을 딛고 일어서는 능력이다. 부모는 더 크게 성취하는 것은 타고난 자질이 아니라 본인의 노력에 달려있다는 것을 가르쳐야 한다.

부모가 아이에게 하는 거짓말은 '너는 원하는 대로 무엇이든 될 수 있다' '너는 특별하다' 등으로 이런 거짓말로 인해 자녀는 정서적으로 불안정한 백지상태로 성인이 된다. 자녀들에게 회복력을 길러주려면 솔직하게 말해야 한다.[154]

성적이 나쁜 아이에게 "넌 할 수 있어. 넌 가능성과 재능이 있어."라는 말은 도움이 안 된다. 아이가 공부를 하게 하려면 동기를 부여해야 한다. 그런데 이 동기부여가 쉽지 않다. 어떻게 하면 아이가 분발할 수 있을까? 가장 큰 동기부여는 부모님이 성실히 사는 모습이다. 역경에 굴하지 않고 힘차게 도전하는 부모의 삶보다 좋은 동기부여는 없다.

잔소리, 비난은 역효과만 난다. 최악은 강요와 방치다. 아이가 공부를 안 하는 것은 공부를 해봤자 성적이 안 오르고, 모르고 어렵기 때문이다. 열심히 하면 모르는 것도 알게 되는 데 거기까지 가는 것이 어렵다. 그래서 어릴 때 공부습관을 만들어주는 것이 최선이다.

아이의 마음속에는 공부를 잘 하고 싶은 마음이 본능적으로 자리 잡고 있다. 실패와 실수가 두려운 것이다. 그런 아이에게 "공부를 안 하니 성적이 올라가지 않는 거야. 공부하면 돼"라는 말은 소용없다. 사실 청소년들에게 공부만큼 어려운 게 없다. 모든 것을 참아야 공부가 된다. 피가 끓어오르는데 참는다는 게 쉬운 일이 아니다. 그래서 공부를 잘하면 보상이 많고 오래가는 것이다. 공부는 힘든 것이라고 말하고 부모가 도와야 한다.

내성적 성격은 장점이다

위에 소개한 학생은 내성적이고 자신감과 말이 없었다. 누구라도 그 상황에서는 그렇게 됐을 것이다. 그러나 성격은 변한다. 성격에는 옳고 그름, 좋고 나쁨이 없다. 많은 부모들이 아이가 너무 내성적이라며 걱정한다. 하늘이 무너질까 걱정하는 것과 같다.

위대한 사상가, 발명가, 현자(賢者)들 중에는 내성적인 사람들이 많다. 특히 현자들은 사색을 통해 자비 깨달음 사랑을 얻었다. 마이크로소프트사의 창립자인 빌 게이츠와 '오마하의 현인'으로 불리는 워런 버핏이 TED에서 대담했었다. 두 사람 모두 내성적이었다. 빌 게이츠는 스스로 내성적이라고 말했는데 이 사람은 앉아있는 자세, 말하는 행동도 겸손했다. 워런 버핏은 조용한 사색가로 존경받는데 재치와 유머가 돋보였으며 겸손함이 배어있는 자세였다.

내성적인 성격과 외향적인 성격은 단점도 아니고 장점도 아니다. 그 성격 그대로 인정하면 되는 것이며 서로 상대적인 장단점이 있는 것이다. 미국 콜로라도영재센터의 린다 실버맨 소장은 30년 동안 영재들과 상담하면서 그들에게 내성적 성격의 특징을 발견했다. 특히 높은 수준의 영재들은 75%가 내향적이다. 내성적 영재가 외향적 영재보다 세 배가 많다.

부모가 바라는 성격유형이 있을지 몰라도 그런 성격이 더 좋은 성격도 아닐뿐더러 그렇게 되지도 않는다. 아이의 성격을 있는 그대로 인정하고 거기서 장점을 발견해 키워주면 된다. 더 좋은 성격이란 없다. 특성만 있을 뿐이다.[155]

열등감을 리더십의 밑거름으로, 왕따는 사랑으로

가난은 죄도 아니고 인격, 인품과 무관하다. 빈부를 떠나 인품을 갖추면 훌륭하다. 가난은 불치병이 아니다. 노력하면 개선하거나 떨쳐버릴 수 있다.

높은 인생의 목표를 세우고 이를 위해 달려가자. 가난한 어머니는 학벌이나 돈 한 가지로 자신을 평가하지 말자. '나는 아이들을 잘 키웠다. 나는 힘들지만 가정을 잘 꾸려가고 있다.' 나를 전체적으로 평가하면 된다. 이 세상에서 성공한 사람 중에 실패해보지 않은 사람은 없다. 인생은 사인곡선, 오르락내리락하는 것이다. 자존감까지 잃지 말자. 열등감은 나를 채찍질하는 힘이다.

위에 소개한 학생은 가난으로 인해 우울하고 내성적이며 왕따를 당했다.

그러나 공부를 열심히 해 자신이 가고자하는 대학에 갔다. 이런 힘든 환경을 극복하는 지름길이 리더십이다. 지도자가 되기 위해 리더십을 기르라는 것이 아니라 좋은 자질을 기르다보면 리더십이 생긴다. 이런 학생은 리더십을 기르는 과정에서 가난으로 인한 부정적인 상황에서 탈출할 수 있다. 그러면 진정한 리더도 될 수 있다. 역경은 그릇을 크게 만든다.

리더십은 꿈을 이루는 가장 중요한 열쇠다. 리더십은 나의 꿈을 이루게 하지만 남의 꿈도 이루게 도와준다.[156] 산골을 여행하던 관광객이 그 마을의 노인에게 물었다. "이 마을에서 태어난 위대한 인물이 있습니까?" 노인이 대답했다. "없어요. 아기들만 태어나는걸요." 리더십은 타고나기보다는 길러지는 것이다. 자신의 믿음 가치 목표를 달성하기 위해서는 남들이 나의 믿음 가치 목표에 동감해야한다.

리더는 다른 사람을 이끌기 전에 내 자신을 이끌어야 한다. 리더는 결단력 자제력 노력 인내심 배려 희생정신 봉사정신 등을 갖추어야 한다. 그러면 리더를 넘어 영웅이 될 수 있다.

고대 이스라엘의 소년 다윗은 거인 골리앗과 맞서 이겼다. 다윗은 자신을 믿었다. '난 안 돼.'라는 부정적인 마음이나 자신에 대한 '의심'은 얼마든지 할 수 있는 일도 실패하게 만든다. 갈 수 있는 데까지 가보지 않는다면 내가 정말 어떤 사람이며, 얼마나 크게 될 수 있는지를 알 수 없다.

청소년들은 왕따를 당할수록 잔인한 게임에 몰두하기 쉽다. 게임으로 복수하는 것이다. 그것보다는 상대에게 강하게 대응하는 것이 좋다. 왕따를 당하면 그 즉시 내가 얻어맞는 한이 있어도 대항해서 그렇게 못하도록 해야 한다.

우리는 모든 사람을 다 좋아할 수도 없고 모든 사람으로부터 사랑과 존중을 받을 수도 없다. 서로들 싫어하고 좋아하는 사람들이 있는 것이다. 유유상종(類類相從), 그게 자연스럽다. 나는 나 자신을 지키며 살아가면 된다. 우리 모두는 독립된 주체로 살아가는 것이다.

아이들이 왕따 등 나쁜 행동을 방관하는 이유는 멈추게 하는 방법을 몰랐거나, 도와야 된다는 확신이 안서고, 고자질쟁이가 되는 게 싫고, 다른 사람이 도울 거라는 생각 때문에 나서지 못한다. 부모가 아이에게 올바른 길을 설명해주면 좋다. 사람이 하지 말아야 할 일, 특히 잔인한 일을 한다면 그는 사람이 아니라 짐승만도 못한 것이다. 가슴에 사랑이 없으면 사람이 아니다. 약한 친구를 여럿이 놀리는 왕따야말로 짐승보다 못한 짓이다.

누구나 다 장단점이 있다. 외모 지위 성공은 일시적이지만 자존감은 변하지 않는다. 이런 자존감은 유년기에 부모 자식 간의 관계에서 형성된다. 부모만이 무조건적으로 자식을 인정하고 받아준다. 자식이 무능하거나 부족해도 부모는 자식을 있는 그대로 사랑한다. 이런 경험이 반복되면 아이는 자기가 한 인간으로서 사랑받는 존재라는 자존감을 갖게 된다.

그러나 부모의 눈 밖에 난 아이, 부모의 기대를 충족시키지 못하는 아이, 우울한 부모의 아이, 너무 바쁜 부모의 아이는 무조건적인 자기수용을 경험하지 못한다. 아이는 자기가 미운 오리새끼라고 착각한다. 이때 아이는 열등감이 생긴다. 왕따에는 사랑 자존감이 특효다.

5부

전학(轉學)과 재수(再修)는 잘해야 본전?

비교하면 목마르다

있는 그대로의 나를 사랑하자. 남과 나를 비교하지 말자. 비교하는 순간 목이 마르다.

모든 사람은 항상 어떤 면에서건 다른 사람보다 부족하기 마련이다. 비교는 자신을 파괴하는 지름길이다. 지금의 나를 인정하고 문제가 크게 없다는 생각이 행복의 출발점이다. 그렇다고 현실에 안주하자는 것은 아니다. 나는 다른 사람을 행복하게 할 수는 없으나 나 자신을 행복하게 할 수는 있다. 남의 기준, 세상의 기준에 나를 맞추려고 하면 '나'는 없어진다. 나의 내면에는 위대한 힘이 존재한다. 그 힘을 발휘해야 한다. 나는 내 인생의 주인공, 주어진 인생을 열심히 살아가면 된다.

5부

전학(轉學)과 재수(再修)는 잘해야 본전?

사람들은 모두 자신의 위치에서 맡겨진 역할을 담당하고 있다. 배역이 다르다고, 주인공이 아니라고 우월감이나 열등감을 느낄 필요 없다. 그 배역은 내가 살아온 삶의 결과물이니 원망이나 불평은 하지 말자. 나의 역할에 충실하다 보면 주인공이 될 수 있다. 주인공들도 모두 무명, 단역에서 시작했다. 주인공이 아닌들 어떤가? 우리는 모두 고유의 장단점을 갖고 있다. 그저 나에게 주어진 인생을 열심히 살아가면 된다. 그 인생에서 우리 모두는 주인공이다.

내가 정말 좋아하고, 잘 할 수 있는 배역이 무엇인지를 파악하고 그 일에 매진하면 그것으로 충분하다. 자신감을 갖자. 사람의 차이는 삶을 대하는 자세의 차이일 뿐 우열이 없다. 나를 사랑하면 남을 사랑하게 되고, 그 사랑은 다시 나에게로 돌아와 행복을 더해준다. 나 자신을 사랑하지 않는 사람이 어찌 남을 사랑할 수 있겠는가.

인간에게 가장 공평하게 주어진 것은 시간이다. 그 시간을 어떻게 보내는 가에 따라 인생이 달라진다. 비교하는데 에너지를 쓰지 말고 현재의 자원과 여건을 충분히 활용하자.

19장

자신감상실하고 외톨이, 게임몰두에 실어증까지
경기도 Y시에서 서울 강남으로 전학, 전교 6등이 30등 밖으로

"안녕하세요? 우리 아이는 고등학교 1학년 2학기 때 경기도 Y시 S고에서 서울 강남구 J고등학교로 전학 왔습니다. 현재 3학년인데 내신, 수능모의고사 모두 4등급이 나와요."

"전학 오기 전 S고 1학년 1학기까지는 전교에서 6등 안에 들었어요. 중학교 때는 더 잘했고요. 그런데 여기 J고 애들은 너무 잘해서 밤을 새고 공부해도 전교 30등 안에 들지 못해요. 그래서 그런지 자포자기해서 게임만 해요. 전학을 잘 못 온 것 같아요. 이런 학생도 성적이 오를까요?" 어머니는 한숨을 푹푹 쉬면서 전화했다.

학생은 어려서 책을 많이 읽어서인지 이해력이나 사고력은 좋았다. 그런데 문장을 정확하게 해석하지 못했고 문법도 정리가 안 돼 있었다. 학생은 S고 1학년 때 전교에서 6등 안에 들었기 때문에 강남에서는 적어도 20등 안에 들것으로 기대했다. 강남 대부분의 고교에서 전교 20등 안에 들면 특목고 학생들에게도 전혀 뒤지지 않는다는 사실을 모르고 있었다.

그러나 성적을 잘 받아본 경험이 있는 이런 학생, 특히 독서를 많이 한 학생은 이해력이 좋아서 보통 15회 정도 수업을 받으면 고3 수능모의고사에서 1등급이 가능하다. 공부는 습관인데다 성적을 잘 받아본 학생은 성적이 떨어지면 자존심이 상해 분발하게 된다. 아니나 다를까. 이 학생은 12회 수업으로 사설기관 수능모의고사에서 1~3개 정도 틀려서 1등급이 되었다.

그런데 더 큰 문제는 이 학생의 여동생이었다. 오빠가 영어성적을 좋게 받아서 인지 2년 뒤 7월에 그 학생의 어머니로부터 전화가 왔다. "안녕하세요? 기억하실지 모르겠네요. 2년 전에 Y시에서 전학 온 아무개 학생 엄마인데요. 오빠는 수능성적이 잘 나와서 H대에 들어갔습니다. 그 때 찾아뵙고 인사드렸어야했는데 죄송합니다. 그런데 고3이 된 여동생이 문제입니다. 2년 전에 Y시의 S중학교에 다닐 때는 반에서 2~3등 했었어요. 그런데 강남에 와서는 반에서 중간도 안 되니 자신감을 완전히 잃었습니다. 실어증에 걸려 말도 안하고 친구도 없어요. 지금 수능모의고사에서 5등급 정도 받습니다. 다른 과목도 비슷하고요. 2년 전 오빠처럼 잘 부탁합니다. 애가 학원을 안 가고 그 동안 혼자 공부했습니다."

학생을 테스트를 하는데 전혀 말이 없었다. 완전히 벽하고 대화하는 꼴이었다. 억지로 테스트를 했으나 결과는 뻔했다. 이해력 등 전반적으로 많이 부족했다. 30번 정도 수업하자 수능모의고사에서 5등급이 2등급으로 올라갔다. 실제 수능에서도 2등급을 받았다. 이 학생은 오빠보다 못한, 서울 소재 대학에 힘겹게 입학했다.

대치동을 사교육 1번지라고 한다. 강남에 대한 정보 없이 또 학생을 뒷바라지 할 수 있는 재력 없이 강남으로 전학을 하면 아이가 힘들어진다. 우리나라 교육의 가슴 아픈 실상이다.

이들 두 남매는 Y시에서 계속 학교를 다녔으면 교육적 충격 없이 공부를 더 잘 했을지 모른다. 공부 잘하고 있는 아이들, 한창 감수성이 예민한 어린 학생들을 친구 하나 없는 살벌한 경쟁의 장, 전쟁터로 옮겨놓으면 당연히 충격 받는다. 무엇보다 자신감을 잃으면 회복하기가 정말 힘들고 본인들도 고통스럽다.

● 조언과 해법 ●

전학은 아이와 협의해서 엄청난 각오로 해야한다

전학하면 적응하기가 너무 힘들다. 특히 예민하기 비할 바 없는 사춘기 그것도 여학생의 경우는 더하다. 전학은 낯설고 두렵다. 가는 곳의 아이들과 분위기가 다르다. 정든 친구와 헤어지고 새로운 친구를 사귀는 것도 스트레스다. 특히 아이가 감수성이 풍부하거나 내성적일 경우는 더 힘들다.

수험생 스트레스에 인간적 스트레스까지 겹쳐 돌풍이 몰아치는 사춘기 미성년으로서는 갈피를 잡지 못할 것이다. 사춘기 아이들에게 친구가 없다는 것은 거의 지옥이다. 사춘기에는 또래가 가장 강력한 행동모델로 모든 면에서 서로들 영향을 미친다. 부모님의 더 많은 사랑과 격려, 모범적인 행동이 필요하다.

사춘기 아이들을 전학시키는 것은 모험이다. 특히 아이가 부모님과 떨어져 혼자서 전학하는 것은 지극히 위험해 안 하는 것이 좋다. 부모님과 아이 모두 잘 할 자신이 있을 때 아이와 협의해서 결정하는 것이 좋다. 다른 곳에서 서울로, 강북에서 강남으로 전학하면 일반적으로 석차, 내신이 떨어진다는 걸 각오해야 한다. 이런 여러 가지 역기능을 극복할 자신이 있는 지부터 점검해야 한다.

친구의 영향이 부모보다 크다

우리는 살아가면서 외부의 장애물 못지않게 자기회의와 두려움이라는 내면의 장벽에 부딪힌다. 어쩌면 이 내적 장애물이 더 크게 삶에 영향을 미칠 것이다.

발달심리학자 주디스 리치 해리스에 따르면 어린 아이들의 발달을 결정짓는 세 가지 주된 영향력은 개인적 기질, 부모, 친구들이며 친구들의 영향력이 부모보다 훨씬 강하다. 친구들과 공유하는 세상이 아이들의 행동을 결정짓고 타고난 성격을 바꾸며 그 결과 그 아이가 어떤 사람으로 자라게 될지도 좌우한다. 부모님들이 항상 되뇌는 "친구 잘 사귀라"는 말은 이런 깨달음 때문이다.

이렇게 친구가 중요한 시기에 전학을 가면 친구가 전혀 없는 세상으로 내던져지는 것이다. 아무리 사교성이 좋고 외향적인 아이라도 이 상황은 스트레스다. 수험생의 압박감에 고립감과 외로움이 겹치면 감수성 예민한 10대에게는 형벌이다.

캘리포니아대학 심리학교수 나오미 아이젠버거 연구팀은 사회적 고립이 두뇌에 미치는 영향을 연구했다. 두뇌 스캐너를 부착한 참여자가 가상의 공 던지기 게임을 하도록 했다. 이 참여자는 가상현실 속에서 동료 두 명과 공평하게 공을 주고받으라는 규칙을 전달받았다. 그런데 갑자기 두 사람이 규칙을 깨고 자기들끼리만 공을 갖고 놀았으며 이 사람은 소외감을 느꼈다.

그러자 뇌의 경고센터에서 경고음이 울렸다. 이 센터는 신체적 고통을 경험할 때 반응하는 영역이었다. 신체적 고통과 사회적 고통을 처리하는 뇌 부위가 같았던 것이다. 우리는 외로움, 따돌림 같은 사회적 고통을 육체적 고통과 동일하게 느낀다.

인간은 생존하고 번성하려면 물리적 안전 외에 주의집중, 수용, 애정, 칭찬, 허용이 필요하며 그래야 안정감과 자신감을 갖는다. 인간에게 사회적 유대는 신체적 안전만큼 중요하다.

학교폭력의 위험

전학 온 아이들은 자칫 학교폭력의 희생자가 될 수 있다. 특히 눈치가 뻔한 학생들 사이에서 집이 가난하거나 사회적 위치가 낮은 집의 아이라면 더 그렇다. 학교성적, 집의 크기, 부모의 권력이나 돈, 지위에 따라 아이들 세계에서도 영향력이 달라지는 풍토 속에서 전학은 위험한 도전이다.

가해자들은 자신보다 약한 아이를 괴롭히면서 자신의 자존심이 높아진다고 느낀다. 학급이나 학교에서 사회적 지위(짱)도 얻을 수 있다. 다른 아이들이 그들을 보면서 쿨하고 강하고 재미있다고 판단할 수 있다. 명성을 얻게 된다. 이런 아이들은 고착 마인드를 갖고 있다. 자신은 우월하고 약한 아이는 열등하다는 것이다. 자신은 재판관이고 피해자들은 그것을 수용한다.

폭력은 우울증 자살을 부른다. 괴롭힘을 당하는데도 도와주는 친구들이 없고 괴롭힘에 가세하는 아이들이 늘어나면 당하는 아이는 스스로를 못난 존재라고 생각하기도 한다.

폭력이나 왕따를 막기 위해서는 일관성 있는 훈육이 중요하다. 가해학생에게 '일체 심판하지 않겠다' '너는 학교에서 사랑받는다'는 느낌이 들도록 해야 한다. 가해자들에게 "네가 아이들을 괴롭히는 짓을 그만둔 것을 잘 알고 있다. 네가 노력하고 있다고 본다."라고 칭찬하면 좋다. 이런 방법으로 괴롭힘이 93%, 집적거림이 53% 줄었다. 이는 미국 스탠데이비스의 학교폭력예방프로그램에 따른 숫자다.[157]

부모로부터 학대받은 아이는 다른 아이들이 울 때 그들을 때린다. 부모로부터 '우는 아이는 심판받아야 한다.'는 걸 배웠기 때문이다. 학대받은 아이는 어른이 되었을 때 다른 아이를 학대할 확률이 높다. 학대를 학습한 것이다. 사랑받은 아이는 우는 아이에게 다가가 동정심을 보이고 도와줄게 있는지 살핀다.

행복하면 성적과 창의성이 좋아진다

현실에 대한 해석이 경험과 삶, 인생을 크게 바꿀 수 있다. 학업을 부담으로만 여기는 학생들은 소중한 기회를 그냥 흘러 보내고 있다. 반면 학업을 특권으로 생각한 학생들은 많은 기회를 갖게 된다. 돈이 없어 공부하고 싶어도 하지 못하는 청소년이 너무나 많다는 것을 생각해보라.

우리가 행복하고 긍정적이며 열정적일 때 비로소 성공이 따라온다. 행복은 현재에 대한 긍정적인 감정상태와 미래에 대한 낙관적 전망이다. 잠재력을 실현하기 위해 노력하는 과정에서 느끼는 희열이다.

행복은 먼저 신체적인 측면에 영향을 미치고 장기적으로는 성공가능성을 높이는 실질적 기반이 된다. 당연히 행복한 아이들이 성적이 더 좋다. 아이들이 행복하다는 것은 부모 형제 친구와의 관계, 열정, 의미, 동기부여 등과 관계되므로 아이가 공부 잘하기를 원하면 윽박지를 것이 아니라 먼저 행복하게 만들어주어야 한다. 그런 아이가 지속적으로 학업도 더 열심히 할 수 있고 성적도 좋아진다. 전학을 가서 아이가 불안하고 외톨이가 되면 성적이 떨어진다. 어린잎에 상처가 나면 그 흔적은 낙엽이 될 때까지 남는다. 칼로 베인 몸의 상처는 며칠이면 아물지만 말이나 외로움, 왕따로 베인 마음의 상처는 잘 아물지 않는다.

긍정적인 감정이 충만해지면 학습능력과 창의성이 높아지고, 다양한 아이디어가 떠오른다.[158] 위에 소개한 아이처럼 전학하기 전 학교에서 성적이 좋았던 아이는 긍정적인 감정으로 충만했을 것이다. 그 소중한 감정을 전학으로 잃어버렸다.

행복감정은 도파민과 세로토닌을 분비케 하는데 이 두 호르몬은 기분을 좋게 만들뿐만 아니라 학습중추를 자극한다. 또 뇌 신경회로를 좀 더 섬세하게 조직하여 이를 계속해서 유지시켜
공부를 잘하게 만든다.

20장

중3이 엄마와 떨어지려고 전학을!
외로움에 게임과 TV시청뿐

엄마가 6살부터 공부압박, D시에서 강남 전학한 여중생의 추락

한 여학생으로부터 전화가 왔다. 자신은 D시에서 서울 강남구 대치동의 한 중학교로 3학년 때 전학 왔으며, 현재는 모여고 2학년이라고 했다. 학생은 일간지 기자인 언니와 살고 있었다.

부모님과 동생은 D시에 산다. 아버지는 S대 출신으로 기자를 하다 은퇴했으며, 어머니는 중견 J대를 나온 전업주부였다. 학생은 테스트 받는 내내 엄마를 원망했다. 6살 때부터 기자인 언니처럼 너무 많은 공부를 시켜서 신물이 난다고 했다. 태권도, 승마, 골프, 검도 등등 손으로 꼽을 수 없을 정도여서 지긋지긋했다.

공부는 잘 했지만 사춘기 시작되면서 엄마와 심하게 갈등해 엄마와 떨어지려고 언니가 있는 서울로 전학했다. 전학하기 전에 선행학습을 고3까지 해놓아서 상당히 잘해왔는데 문제가 생겼다고 실토했다.

부모의 간섭이 없어서인지 고1 때부터 게임에 빠져서 심각한 상태까지 왔다. 기자인 언니는 너무 바빠 동생을 챙길 시간이 없었다. 이 학생은 학교가 끝나면 바로 PC방으로 직진해 게임으로 날을 지새웠다. 집에 가면 아무도 없는 방에서 혼자 밥 먹고 텔레비전 보는 게 전부였다. 외롭고 힘겹고 무의미한 시간낭비가 계속됐다. '지방에서 전학 온 아이'라는 같은 반 학생들의 눈총도 싫었는데 성적까지 떨어지니 점점 더 잔인한 게임에 몰두하게 됐다.

그러다 자신이 차츰 이상하게 돼 가는 것 같다는 생각이 들었다고 했다. 더구나 성적이 점점 내려가면서 다른 아이들이 더 우습게 보는 것 같았다. 고1학년 2학기부터 서서히 점수가 내려가기 시작해 고2인 현재 전 과목이 거의 3등급으로 떨어졌다. 학생은 성적에 따라 친구들이 대하는 게 달라진다는 걸 잘 알고 있었다. 안되겠다 싶어 학원을 찾게 됐다.

이 학생은 선행학습은 물론 어려서부터 책을 많이 읽어 박식해서인지 너무 앞서나갔고, 모든 것이 쉬워보였다. 공부도 쉬워 보여 대충했다. 그러다 학년이 올라갈수록 점점 실수가 많아지고 문제를 대충 풀기 때문에 좋은 점수가 나올 수 없게 되었다. 학년이 올라가면 전 과목에서 더 세밀한 정독과 사고력이 필요하기 때문에 점점 더 성적이 떨어진 것이다.

특히 공부보다도 엄마에 대한 원망이 너무 심각해서 이 문제부터 고쳐야 했다. 우선 이 학생이 좋아 하는 게임에서부터 문제를 풀어가야겠다고 생각했다. 게임에 대해 이야기하면서 학생은 조금씩 마음을 열기 시작했다. 90분 수업에서 50분을 게임에 대해 이야기했고, 나머지 시간에 영어문법과 독해문제를 푸는 등 기본적인 것만 지도했다.

게임 이야기를 하면 신들린 사람처럼 필사적으로 말을 했다. 게임에 대한 질문 몇 개면 50분이 지나갔다. 사실 게임에 대해서 잘 알지 못했지만 듣는 척하니까 너무 좋아했다. 말을 하면서 마음에 두고 있던 응어리를 서서히 풀어놓았고 어머니에 대한 미움도 사라졌다.

학생이 불쌍했다. 우리 아이들이 공부 때문에 이렇게 마음고생을 해야만 하는가? 그것도 올바른 공부도 아닌 줄 세우기를 위한 주입식 교육, 4차 산업혁명시대에는 쓸모도 없는 지식위주의 교육 때문에 이런 고통을 겪어야 하는가? 이런 대한민국의 교육현실을 어찌해야만 하는가?

수업 20회 만에 성적이 좋아졌고, 게임은 거의 하지 않게 되었다. 그 결과 다른 과목에도 취미를 붙여서 고3 수능에서 전 과목 1등급을 받아 명문 K대에 입학했다. 이 학생은 너무나 다행스런 경우다. 한번 엇나간 학생이 이처럼 제자리로 돌아오는 경우는 드물다. 이 학생처럼 어려서 지나친 조기교육과 선행학습, 공부압박은 자칫 아이를 망친다. 적정선이 필요하다.

● 조언과 해법 ●

아이가 부모와 관계가 나쁘면 술 담배 게임에 빠진다

엄마의 압박이 얼마나 심했으면 엄마와 떨어지려고 어린 학생이 전학까지 했을까? 이 학생의 어머니는 사람이 왜 공부하는 지 그 이유를 모르는 것은 아닌가 싶다. 엄마와 딸 사이만큼 좋은 관계는 이 세상에 없다. 그런데 엄마랑 떨어지기 위해 도망치듯 전학한 여학생이 어디에 마음을 둘 수 있을까? 아이들은 작은 충격이나 유혹에도 쉽게 술 담배 게임 약물에 기대게 된다.

미네소타대학 심리학교수 데이비드 월시에 따르면 니코틴은 도파민생성을 부추겨 사람을 기분 좋게 만든다. 니코틴은 10대들에게 성인보다 세배 더 위험하다. 미국에서는 매년 40만 명이상이 담배로 사망하고 매일 3천명의 아이들이 니코틴중독에 빠진다. 우리나라에서는 성인은 담배를 끊지만 청소년의 흡연율은 올라간다. 특히 여자 아이들의 흡연이 늘고 있다. 청소년 시절의 흡연은 성인기로 이어진다. 컬럼비아대학 약물남용연구센터에 따르면 적극적으로 부모자녀관계를 유지하지 못하는 가정의 자녀들이 4배나 더 술 담배 약물남용에 빠진다.

성인보다 아동과 청소년기에 뇌가 더 잘 변하는 것은 생존 즉 환경을 잘 알고 적응하기위해서다. 따라서 중독도 더 잘되고 중독으로 인한 상처도 더 깊다.

청소년의 뇌는 성인의 뇌보다 부정적인 정보를 처리하는 능력이 떨어지기 때문에 위험한 일에 뛰어드는 성향이 크고 거기에 뒤따르는 실수나 사고로부터 배우는 능력도 떨어진다.[159] 부모의 관심이 필요한 이유다.

통제는 NO, 아이는 +2보다 -1이 더 싫다

사람은 본능적으로 성장하고 발달하려 하므로 강압은 필요 없다. 의무감은 열정의 적이다.

우리는 건강하고 긍정적으로 살아가기 위해 꼭 내면화해야 하는 가치와 규칙이 있다. 리처드 라이언과 웬디 그롤닉은 초등학생 부모를 상대로 아이가 외부(부모, 가정, 사회)의 가치와 규칙을 성공적으로 내면화하기 위해 어떤 환경이 좋은가를 연구했다.

결과는 자율성을 북돋우면서 관심을 많이 보인 부모, 숙제에 대해 물어보고 어려움이 있으면 약간 도와주는 부모의 자녀들이 가치를 내면화하는 정도가 높았다. 이런 아이들은 책임지고 숙제를 하려했다.

학교생활을 잘해내야 한다는 가치를 내면화한 아이들은 책임감이 더 컸고 더 행복했다. 아이에게 명령보다는 권유하고, 통제보다는 선택하게 하라. 이유를 제시하고 감정을 인정하고 압박하지 말아야 한다.

부모가 아이의 개성과 자율성을 존중하면 아이는 진정한 자유를 느끼고 책임감 있는 사회성원으로 자리 잡을 수 있다. 그러나 허용의 한계를 정해서 그 선을 넘을 때 부모님은 일관되게 반응해야 한다. 그래야 아이가 행동노선을 정할 수 있다.

냉정하게 사사건건 통제하는 환경이나 혼란스런 환경에서 자란 아이는 이기적이거나 반항적이 돼 무책임하게 행동하기 쉽다. 통제당한 아이는 자기 내면에 어떤 힘이 잠재해 있는지, 자신이 진정으로 바라는 게 무엇인지 탐색할 능력도 사라진다. 스스로 선택하고 주도할 적절한 도전과 기회가 제공돼야 아이의 진정한 자아가 꽃핀다. 자녀에게 올바른 행동을 가르친다는 이유로 사랑을 주었다 거뒀다 하는 부모는 아이가 규칙을 내면화하는 걸 가로막는다.[160]

사람은 일반적으로 이득보다는 손해를 두 배 더 중시한다. 동전 던지기를 할 때 앞면이 나오면 100달러를 손해보고 뒷면이 나오면 150달러를 번다고 할 때 사람들은 동전던지기를 하지 않는다. 적어도 200달러는 돼야 한다. 손실이 주는 불행감이 이득이 주는 행복감보다 크다.

길동이는 두 개의 컵 중 무엇을 사용해도 좋지만 하나의 컵으로 정한 지

하루가 지나자 다른 컵으로 바꾸고 싶지 않았다. 소유효과 때문이다. 우리는 이득을 얻기보다는 손해를 피하려는 욕구가 훨씬 강하다.[161] 사냥하기 어려웠던 원시 수렵채취시절의 생존원리다.

이런 심리는 전학을 앞둔 학생에게도 똑같이 적용될 수 있다. 전학을 가면서 얻는 것보다 잃는 것이 더 많다고 생각할 것이다. 그러니 애초에 전학 자체에 대해 좋게 생각하기 힘들다. 그런데도 엄마와 떨어지기 위해 전학을 감행한 위의 학생은 오죽하면 전학했을까 싶다. 이 학생은 괴로움을 게임으로 달랬다.

중1의 미래준비기간은 3년뿐, 공부로 기본을 다지자

텔레비전 시청으로 초교생은 3점, 중학생은 6.3점, 고교생은 8~10점 점수가 낮게 나온다. 텔레비전을 보는 것은 단순히 시간을 낭비하는 것 이상으로 문제가 있다. 텔레비전을 본 뒤 공부하는 것은 잠자고 있던 사람이 갑자기 운동하는 것과 같다. 텔레비전은 뇌를 과도하게 자극하고 보고 난 뒤에는 잔상이 남기 때문이다.

기초역량과 창의력이 최고조에 이르는 나이는 25세다. 중1이라면 14세이니 25-14=11년이 남았다. 남학생은 그 중 2년은 군대에 가니 9년이 남는다. 9년 중 3년은 잠을 자고 3년은 일상생활하고 딱 3년이 미래를 위해 준비할 수 있는 시간이다.

마이크로소프트의 빌게이츠, 애플의 스티브 잡스, 페이스북의 마크 주커버그는 모두 20대 초반에 사업을 시작했고 세계최고가 된 사람들이다. 이들은 어린 시절부터 컴퓨터와 같이 보낸 시간이 많지만 컴퓨터를 활용해 콘텐츠를 생산한 사람들이다. 게임은 콘텐츠를 소비하는 것이다. 콘텐츠 소비자가 되지 말고 생산자가 되자.

빌 게이츠는 꿈을 가진 후 10년 노력 한 뒤에 달성했다. 미국에서는 14세 창업이 흔하다. 세계의 친구들이 자신의 꿈을 향해 달려갈 때 남들이 만든 게임에 매달려 부모님께 혼나고 정작 해야 할 공부는 게을리 하면서 건강마저 해치고 있지는 않은가?[162]

내가 만들어가야 할 꿈이 나를 간절히 기다리고 있다. 게임을 하느라 손가락 사이로 시간이 바람처럼 빠져나가고 있다. 이런 시간낭비는 나에게 주어진 자유를 누리는 것이 아니라 죄를 짓는 것이다.

경험에서 교훈을 얻지 못하면 실수를 반복한다. 꿈이 없으면 난관에 부딪힐 때 무너진다. 공부욕구는 타고난 본능인데 전학과 같은 극심한 스트레스는 그것을 가로막는다.

21장

의지력은 쓸모없어, 재수생 70%는 성적 떨어져
엄마강압으로 6살부터 학원 10곳 다녀, 사춘기반항으로 재수

대입수험생만 가르쳤으나 지인의 아들인 초교 5년생을 간곡한 부탁으로 가르치게 되었다.

아버지는 작은 건설회사, 어머니는 초등생 대상으로 영어학원을 운영하고 있었다. 자녀는 큰 아들과 초교 2학년 딸 등 삼남매. 어머니는 아이들이 6살이 되면서부터 어학 논술 수학 웅변 태권도 독서 음악 생태실습 등을 억지로 시켰다. 더구나 먼 곳에 있는 영어원서읽기학원과 영작학원에까지 보냈다. "너무 많지 않습니까?" "우리 아이는 머리가 비상해서 잘하고 있고 좋아합니다."

아이를 테스트한 결과 한글문제에서 거의 답을 못 맞혔고 영어는 말할 것도 없었다. 그저 평범한 아이었다. 이런 사실에 충격을 받을까봐 어머니에게 비밀로 했다. 아이는 충격을 받은 것 같았다.

학생이 여러 학원을 다니느라 시간이 부족한 점을 고려해 주 1회 수업하기로 했다. 시간이 부족하니 숙제를 잘해올 리 없다. 1년 동안 중학교 1학년 과정까지 끝내주고 전 과목을 가르치는 학원으로 갔다. 어머니가 억지로 시키니까 그나마 중1까지는 반에서 3등정도 했다. 그러나 사춘기에 접어들면서 어머니 말을 어기고 공부를 등한시한다고 했다. 그렇다고 게임을 하는 것도 아니었다.

어느 날 학생의 아버지가 아이를 일반고에 보낼지 아니면 자사고에 보낼지 물었다. 중3 때 반에서 중간인 15등정도 했다. 그러면 내신에서 불리하므로 일반고에 보내는 것이 좋다고 권했다. 그러나 어머니가 우수한 아이들이 많은 자사고를 선택했다. 자사고에 입학하면서부터 고3 1학기까지 반에서 최하위권을 헤맨다고 했다. 열심히 공부를 해도 내신은 전 과목 평균 5등급, 모의고사는 평균 3~4등급을 받는다고 하소연했다.

고3 1학기 기말고사를 끝내고 다시 나에게 왔다. 학생은 주눅이 들었다. 고1과정부터 영어수업을 다시 해야만 했다. 열심히 공부하는 데도 좀처럼 성적이 오르지 않았다. 이해력과 단어가 부족했다. 다행히 잘 따라와 수능에서 영어만 2등급이고 나머지 과목은 3~4등급이 나왔다. 서울 소재 대학의 좋은 과는 힘들고 타 지역의 이름 없는 대학은 가기 싫다며 재수했다. 지방에도 우수한 대학은 많지만 이 학생은 그 수준의 대학은 갈 수 없었고 그 아래 대학은 가기 싫다는 것이었다.

재수도 과목마다 어느 정도 실력이 있어야 재수학원 수업을 따라갈 수 있다. 그렇지 않으면 과목별로 따로 개인지도를 받아야 학원수업을 따라가고 점수도 올릴 수 있다. 그리고 고3까지 이미 배운 내용이어서 실력이 있든 없든 초심자의 열정으로 공부하지 않는 경우가 많다.

심지어 잘하지 못하면서도 수학을 눈으로 푸는 학생도 많다. 고1부터

3년 동안 학원에 다니면서 익히 들어 온 터라 강의를 들으면 전부 아는 것 같지만 실제 문제를 풀라고 하면 틀린다. 게다가 다른 재수생들과 친해져 남자 재수생들은 5월 이후에는 술마시러가는 경우가 많다.

재수생 중에서 고3 때보다 1점이라도 성적이 오르는 경우는 30% 정도이고 나머지는 고3때보다 성적이 더 떨어지거나 그대로다. 3수이상이면 점점 더 어려워진다. 재수는 자신과의 싸움이기 때문에 의지력이 약한 학생은 실패율이 높다. 이 학생은 재수했는데도 전 과목 3등급을 받았다. 고3때 영어가 2등급이었는데 후진한 것이다. 어찌할 수 없어서 무명 대학에 갔다.

● 조언과 해법 ●

젊어서 고생하면 극복회로가 생긴다

모든 시련은 나를 더 강하게 만든다. 스티브 마이어는 쥐들에게 전기충격을 가하는 실험을 했다. 그 결과 죽지 않을 만큼의 전기충격을 스스로의 노력(핸들을 돌리면 전기를 차단한다)으로 차단할 수 있었던 어린 쥐들은 강인한 어른 쥐로 성장했다. 그러나 전기충격을 통제할 수 없었던(핸들이 없어 전기충격을 고스란히 받아야 했다) 쥐들은 무력한 어른 쥐가 돼버렸다.

청소년기에 아주 어려운 역경을 극복하면 전전두엽피질과 변연계-편도체 등에 역경을 극복하는 신경회로가 형성돼서 같은 역경이 오면 그 회로가 반응해 역경을 다시 극복하는데 도움이 된다. 사소한 불편 정도로는 회로를 형성하지 못한다.[163] 그러니 말로만 '역경을 극복할 수 있다'고 다짐하는 것보다 체험이 낫다. 젊어서 고생은 사서라도 해야 한다.

그렇다면 극심한 역경이 계속될 때는 어떤가? 이것은 위험하다. 위의 실험쥐처럼 역경을 극복하지 못하고 그런 역경이 지속되면 무능감에 희생될 수 있다. 그래서 빈곤한 가정의 아이들이 빈곤이 던지는 문제에 오래 매몰되면 무력한 어른으로 성장하는 등 문제가 될 수 있다. 같은 이유로 실패를 모르고 자란 나약한 우등생들, 어려움 없이 자란 부잣집 아이들도 문제다. 이들도 실패를 극복한 경험이 없어서 난관이 닥치거나 한번 실패하면 일어서기 힘들어한다.

지능이나 재능을 칭찬하는 대신 노력한 과정과 성장을 인정하라. "와! 정말 빨리 풀었구나. 실수 하나 없이 잘 풀었네."라는 말은 속도와 완벽성을 칭찬하고 있다. 그런데 속도와 완벽은 학습의 적이다. 어려운 수학문제는 실패를 거듭하며 연습해야 풀 수 있다. "문제 푸느라 고생했네."라고 노력을 인정하면 된다.[164]

위대한 교사들은 지능과 재능의 성장을 믿고 배움의 과정을 즐기게 한다. 미국 CBS 프로그램 '60분'에 소개된 마빈 콜린스라는 선생은 버림받은 아이들을 가르쳤다.

그녀는 학기 초에 아이들에게 말한다. "너희들 대부분 알파벳도 모르고 읽는 방법도 몰라. 그렇지만 난 너희들에게 약속한다. 너희들도 알파벳을 알게 되고 책을 읽게 될 것이라고. 너희들 중에 실패한 사람은 아무도 없어. 지금까지는 학교가 너희들을 모른 체 했어. 이제 그런 일은 다시는 없을 거야. 그러니 애들아. 성공을 맞아들일 준비를 해야 해. 여기서 너희들은 어려운 책을 읽을 것이고, 읽은 내용을 이해하게 될 거야. 또 너희들은 매일 글을 쓸 거야. 그러니 내가 너희들을 도울 수 있도록 너희들도 나를 도와야해. 성공이 너희들을 찾아오는 것이 아니라 너희들이 성공에 다가가야 하는 거야."

콜린스는 처음부터 학생들에게 높은 기준을 제시하고 애정으로 일관했다. 그녀는 서너 살짜리에게 고등학생용 단어집, 7살에게 월스트리트저널, 이어서 플라톤, 토크빌, 조지 오웰, 세익스피어를 읽고 토론토록 했다. 콜린스 : 얘야 넌 뭘 하려고하니? 너의 인생을 가꿔 나갈거니 아니면 그냥 팽개칠 거니? 문제아 : 힘든 공부 같은 건 안 할거 에요. 콜린스 : 그래도 난 널 포기하지 않아. 네가 인생을 포기하도록 내버려두지 않을 거야. 만약 네가 하루 종일 그 벽에 기대어 있으면 너는 평생 누군가에게 기대어 살 거야. 그러면 너의 내면에 억눌려있는 모든 재능은 헛되이 버려지고 말거야. 문제아는 나중에 맥베스를 토론하는 당당한 학생이 되었다.

사람에게는 환경을 활용하고자 하는 욕구, 탐구욕, 도전욕구가 있는데 이 욕구들은 적절한 환경 하에서만 작동된다. 재미 대신 돈 때문에 어떤 행동을 하게 되면 동기, 욕구, 즐거움이 사라진다. 수학문제를 하나 풀 때마다 돈을 주겠다고 하면 아이는 단기적으로는 문제를 풀겠지만 장기적으로는 수학에 대한 흥미를 잃는다.[165]

보상은 시야를 좁게 한다. 단순한 문제에는 보상이 도움이 되지만 복합적인 상황에서는 보상이 효력을 발휘하지 못한다. 보상을 받으면 즐겁게 하던 것도 일로 느껴진다.

아이들이 매일 저녁 집 앞에서 시끄럽게 떠들며 즐겁게 놀았다. 집주인이 아이들을 불러 집 앞에서 놀 때마다 3달러를 주었다. 1주일 뒤 2달러로 줄였고 2주일 뒤에는 1달러로 줄였고 3주일 뒤에는 50센트로 줄였다. 점점 숫자가 줄어들던 아이들은 더 이상 집 앞에 오지 않았고 집 주인은 편안해졌다. 예술가들도 보상보다는 창작의 즐거움을 추구해야 탁월한 작품을 창조한다. 보상에 영향을 받지 않는 사람이 결국은 더 큰 보상을 받게 되는 것이다.

자율성, 목적을 무시하면 동기를 죽이고 성취도 적어진다. 목표를 강요당하면 혁신적인 해결책에 필요한 사고력이 떨어진다.

어차피 하려면 자제력을 발휘해 제대로 하자

사람은 깨어있는 시간의 10~15%를 실제로 먹거나 먹을거리를 생각한다. 포로수용소에서 가장 먼저 죽는 사람은 음식을 먹을 수 있다면 무슨 일이든 하려는 사람이었다.

자신에게 왜 어떤 충동이 일어나는지, 왜 습관에 따라 어떤 행동을 하는지 고민하는 것은 정신력을 통제하고 자유로 가는 첫걸음이다. 다이어트는 쉽지 않지만 본능인 식탐과 게으름을 누르고 자꾸만 실행하면 점점 더 강해지는 나 자신을 느낀다.

'번창하는 사람은 부러움을, 역경을 이겨내는 사람은 존경을 받는다.(프란시스 베이컨)' 어려워도 자신의 신념을 확고히 지켜나간 것에 대한 존경이다. 불굴의 용기를 보여준 사람을 시기 질투하지 않고 진정으로 존경해야 불행을 더 잘 물리친다. 이런 사람은 개방적이고 유연해 가능성 있는 대안을 발견할 수 있기 때문이다.[166]

재수는 고통스러운 과정인 만큼 재수하기로 했으니 제대로 해서 고통과 노력의 대가를 얻어야 한다. 노력해야하는 목적 목표를 분명히 설정해야 한다. 노력은 반복하고 계속하는 것이다. 무엇을 반복해서 계속할지를 정해야 한다.

0점에서 80점으로 가기는 쉽다. 80점에서 100점 가기가 어렵다. "노력에는 반드시 보상이 있다. 만약 보상을 얻지 못했다면 그것은 아직 노력이라고 할 수 없다"(야구선수 오 사다하루<왕정치>)

기본교재는 한 권으로 족하다. 세권의 책을 각각 한 번씩 읽는 것보다 한 권의 책을 세 번 읽는 것이 좋다. 현재의 실력으로 80%를 풀고 노력해서 나머지를 풀 수 있을 정도의 수준이 좋다. 너무 어려우면 포기하게 된다. 마음속으로 경쟁상대를 정해서 그를 이기겠다고 다짐하라. 노력을 자신과의 싸움으로 만들면 힘들다. 자신이 아니라 라이벌과의 경쟁이 효과적이다. 또 나 스스로 노력하는 나 자신을 인정하고 칭찬해야 한다.[167]

동기부여 창의성은 부모가 좌우한다

위 학생의 어머니가 아이에게 강제로 학원뺑뺑이를 돌리지 않고 스스로 공부하는 습관을 갖게 했더라면 아마 재수의 고통은 겪지 않았을 것이다. 어린 아이가 어른도 소화하기 힘든 10개 학원을 강행군하는 것은 공부가 아니라 고문이다. 어머니 자신도 이런 일정은 소화하기 힘들다. 이건 아이를 잡는 것이지 교육이 아니다. 세상에 어느 나라의 부모가 이렇게까지 하겠는가.

4차 산업혁명이라는 거대한 쓰나미가 몰려오고 있다. 주입식 교육은 앞으로는 거의 쓸모가 없어진다. 아이들이 놀이하는 것처럼 즐거운 마음으로 친구들과 협력하여 프로젝트에 열정을 가지고 빠져들도록 해야 한다. 그것이 창의성을 기르는 길이다. 프로젝트, 열정, 친구, 놀이가 필수요소다. 창의성은 사람들이 협력하고 공유하고 서로 함께 쌓아나가는 사회적

과정에서 축적된다. 남과 어울리지 못하면 도태된다. 또 새로운 것을 즐겁게 시도해야 한다. 그러니 도전의식이 필수다.

창의성은 1%의 영감과 99%의 노력이고 명확한 의도와 열정을 가져야 한다. 새 프로젝트를 추진하려면 창의력이 필수다. 그 창의력은 끈기 지식 정보 동료가 필요하다.[168] 지식과 정보는 그중 쉽게 얻을 수 있다. 동료는 인성을 갖춰야 얻을 수 있으므로 경쟁중심으로 아이를 키우면 얻기 어렵다. 끈기 역시 부모의 양육으로 길러지는 것이다. 지식은 꽃병에 물을 주듯 자녀에게 주입해서는 안 된다. 아이는 친구들과 놀면서 세상에 대한 자기생각을 계속해서 창조하고 수정하고 시험한다.

고통은 나를 위해 우주가 주는 선물이다

낙관적인 사람이 더 많은 일에서 성공하고 더 많이 실적을 낸다. 비관하면서 공부하면 성과가 나올 수 없다. 가고 싶은 대학에 붙는다는 확신을 갖고 공부해야지 긴가민가하면서 공부하면 합격할 수 없다.

가치관과 주도성이 가장 중요하다. 무엇을 할까보다 어떤 사람이 될까가 더 중요하다. 나의 인생에서 어떤 것에 가치를 두고 살까를 숙고해서 선택해야 한다.[169] 아무렇게나 살겠다는 의식으로는 절대로 성공할 수 없다. 한번 뿐인 인생을 되는대로 살 수는 없다.

사람들의 80%는 부정적인 생각을 하고 20%만이 긍정적이라고 한다. 80%는 돈 명예 지위 등을 추구하고 20%는 자신의 잠재력을 발휘해 성장하고 행복해질 수 있다는 생각을 한다.

80%는 흡수하는 에너지를 자신만을 위해 사용하고 20%는 사회에 환원한다. 20%의 사람을 만나면 그들의 에너지를 받아 충만하고 기쁘지만 80%를 만나면 피곤하다.[170]

그러나 사람은 살면서 변한다. 지금은 80%에 해당된다고 해도 얼마든지 20%가 될 수 있다. 우리가 의식수준을 높이겠다고 목표하는 그 순간 우주(신, 인생의 힘)는 우리를 도와준다.

그렇다면 의식수준을 높이기 위해 어떻게 해야 할까? 고통 실패 역경이 필요하다. 인생에서 가장 중요한 배움은 '고통을 통한 깨달음'이다. 고통은 나를 힘들게 하기 위해 주어지는 것이 아니라 인생을 살아가기 위한 실력을 쌓아주기 위해 우주가 내는 문제이자 선물이다.

꽃들은 서로를 시기하지 않는다. 이 세상에는 나보다 나은 사람들이 많다. 그들을 다 따라할 건가? 언제까지? 가장 나다운 것이 가장 아름답다. 이름 없고 못생기고 이익을 주지 않아서 잡초가 아니다. 있어야 할 자리에 있지 않을 때 잡초가 되는 것이다. 논에 난 산삼은 논의 입장에서는 잡초다. 벼는 논에 있고 보리는 보리밭에 있을 때 비로소 잡초가 아니다. 공부를 잘 하는 친구는 좀 이른 시기에 피는 꽃이다. 좀 늦게 피는 국화나 코스모스면 어떤가. 소중한 나 자신을 위해 물도 주고 거름도 주자.

22장

8수생, 어쩌다 이렇게까지 됐을까?

고집불통에 이기적, 부모는 명문대출신의 고위공무원

어느 해 6월 수능모의고사 시험이 끝난 지 1주일 쯤 지나서 한 어머니로부터 전화가 왔다.

"우리애가 6월 평가원 시험을 잘 못 봐서 학원에 가보려고 하는데요?" "가능하면 어머님과 함께 오십시요."

다음 날 오후 어머니가 30대 초반의 남자와 함께 상담실에 들어왔다. "어서 오세요. 학생은 안 왔나요?" "아뇨. 이 애가 학생입니다." "예!? 아이고 죄송합니다. 이쪽으로 앉으시죠." 미안해서 몸 둘 바를 몰랐다.

이 청년은 8수를 하는 중이었다. 27세였으나 나이가 더 들어 보였다. 아버지는 명문대 출신으로 고시를 합격해 고위공직을 역임했다. 어머니는 명문 여대를 나온 전업 주부였다. 두 명의 형과 한 명의 누나 모두 명문대를 졸업하고 직장에 다니고 있었다. 모두 결혼했고 3남1녀의 막내인 이 청년과 부모님이 함께 산다고 했다.

막내라서 그런가. 27세인데도 고집불통에다가 자신밖에 모르는 철부지였다. 8수라고해서 공부를 잘할 것으로 생각했다. "지난해 어느 대학에 지원했습니까?" "K대를 지원했습니다."

"그러면 성적이 상당히 좋겠습니다?" "지난해 수능에서 전 과목 6등급을 받았습니다." 나는 또 놀랐다. '8수에 수능 전 과목이 6등급이라니?' '그 성적으로 K대를 지원했다니?'

어떻게 8수까지 하게 됐을까? 사연은 이러했다. 고3때는 수능 전 과목 평균이 1.5 등급으로 K대 법학과에 응시했으나 낙방했다. 그 다음해에 재수종합학원에서 공부했으나 성적이 오히려 떨어져 H대에 지원했는데 낙방했다. 이번에는 혼자 3수를 했는데 성적이 더 떨어졌고 생각하던 대학보다 낮은 대학에는 가기 싫어 4수를 했다. 다행인지 병역은 과체중에 고도난시로 면제됐다. 5수 때에 재수종합반에서 공부했으나 성적은 점점 떨어졌다. 그렇게 시간이 흘러 8수를 하게 됐다. 27세의 청년이 학원에 어머니와 함께 온다는 것도 이해하기 어렵다.

재수를 거듭하면 성적이 떨어지는 것이 일반적이다. 대부분의 재수생들이 그 동안 수없이 강의를 들어서 모르는 것이 없는 것처럼 착각한다. 거기에 미래가 불안해서 같은 재수생끼리 술집에 자주 간다. 점수가 잘 나올 수 없다. 재수는 자신과의 싸움인데 대부분 진다.

미안한 마음을 갖고 테스트를 시작하려고 했으나 청년이 안하겠다고 고집을 부렸다. 그동안 무수히 테스트를 받아서 다 안다는 것이었다. 이것은 시험이 아니고 학생의 문제점을 찾는 테스트니까 테스트를 받는 것이 좋다고 가까스로 달랬다. 학생은 테스트에서 문제마다 답이 2~3개라고 우겼다. 어머니가 놀라면서 어떻게 답이 2, 3개가 되냐고 싸웠다.

학생의 문제점은 바로 황소고집이었다. 또 스스로 머리가 좋다고 생각해 중요한 부분을 대충 공부하고 넘겼다. 우여곡절 끝에 테스트 다음날부터 주 3회 수업하기로 했다. 그런데 자신이 지금까지 공부하던 습관대로만 하려고 했다. 지금까지 해온 공부방식으로 실패했으니 다른 방법으로 해야 한다고 누누이 설득해도 계속 고집을 부렸다. 수업이 아니라 학생과의 기 싸움이었다. 결국 지도를 포기해야만 했다.

고집은 나의 생각 주관을 지키겠다는 것인데 인식과 경험, 지식을 확장하기 위해서는 고집을 버려야 한다. 성장의 걸림돌이다. 사람은 보통 보고 싶은 것만 보고 듣고 싶은 것만 들으려는 약점이 있다. 그러면 마음이 편하기 때문이지만 성장, 발전하지는 못한다. 부족한 자신을 스스로 틀 안에 가두는 것이니 정체되고 만다. 세상이 얼마나 넓으며 현명한 사람들은 또 얼마나 많은가. 그들의 말에 귀 기울여야 한다.

이 학생은 4남매의 막내로 이기적이었다. 이기심은 남을 배려하는 마음이 부족한 것이다. 자신만 아는 사람은 사회생활을 할 수 없다. 사람의 마음은 밖으로 드러나게 돼 있다. 이 학생은 대학입학보다 고집과 이기심을 버리는 것이 먼저다. 그런 인성으로 대학을 졸업한들 어디에 쓰이겠는가?

이 청년은 수양(修養)을 위해 혼자 도보여행을 하던지, 산사에 들어가 독서와 사색을 하던지, 보육원이나 재해현장에서 봉사활동을 하던지, 아니면 건설현장에서 막노동으로 땀을 흘려봤으면 싶었다.

● 조언과 해법 ●

공부하는 이유를 알고 하자

위 학생은 공부를 그냥 했다. 그렇지 않다면 8수를 할 수는 없는 것이다. 공부를 왜 하는지 명확한 이유도 모르고, 공부를 통해서 이루고자 하는 목적 목표도 없었던 것은 아닌가? 공부를 하고 싶어도 돈이 없어 못하는 아이들이 얼마나 많은가. 부모가 지원할 때 공부 하지 않으면 언제 할 것인가? 부모가 언제까지나 자녀를 지원할 수는 없다. 부모에게 효도는커녕 마냥 지원을 기대하는 건 사람의 도리가 아니다.

사는 방법은 많다. 그중 가장 확실하고 정확하게 사는 방법은 나만의 결승점을 정하고 거기를 향해 전진하는 것이다. 2009년 한 소녀가 미국 하버드대학에 들어갔다. 카디자 윌리엄스. 태어날 때부터 집이 없어 홈리스(노숙자)로 뉴욕, 로스앤젤레스 등 여러 도시를 전전하며 살았다. 그러나 공부는 포기하지 않았다. 학교를 12번이나 옮기고 6학년은 건너뛰고 8학년은 학교에 2주 밖에 못나갔다.

홈리스센터에 머무는 동안은 학교에 갈 수 있어서 새벽에 일어나 냄새나지 않는 옷을 입고 등교했다. 모자라는 잠은 버스에서 잤다. "집도 없는 주제에 무슨 공부냐?" 라는 주변의 빈정거림에도 한 달에 4~5권의 책을 읽고 결국 고등학교를 졸업했다.

그녀는 하버드대 콜럼비아대 브라운대 등 명문대에 당당히 합격했다. 카디자는 공부를 통해 가난과 고통을 극복하고 인생에서 희망을 찾았다. 이것이 공부가 주는 혁명이다. 공부는 사람의 인생을 무조건 좋게 바꿔놓는다. 공부를 하면 나만의 아우라가 생기고 자신감이 높아진다.

생각하지 않는 사람은 위험하다. 공부는 생각과 지식을 함께 충전한다. 공부를 하기위해서는 규칙을 만들어야 한다. 쉬운 규칙부터 만들어 공부를 즐거운 일로 경험하라. 최선을 다한 공부는 절대 배신하지 않는다.

1990년대에 '탁구마녀'라 불렸던 중국의 덩야핑. 92년, 96년 올림픽여자 탁구 단식 복식 2관왕 2연패, 탁구실력과 불꽃같은 눈매로 마녀라고 불렸다. 세계대회 금메달이 18개, 국내대회 우승이 132번이다.

처음 국가대표가 됐을 때가 13살로 키가 150㎝도 안됐다. 탁구하기에는 불리한 체격이다. 대표팀은 그녀를 국가대표로 뽑기를 망설였지만 신체적 한계를 극복해 세계최고의 탁구선수가 됐다. 다른 사람이 1년 동안 신을 운동화를 한 달 만에 닳아 없앴다.

그녀는 영국 명문 캠브리지대학 경제학박사다. 운동을 그만둔 뒤 중국 칭화대에 특기자로 입학해 알파벳도 몰랐지만 공부했고 결국 캠브리지에 들어갔다. 2010년부터는 인민일보 계열사인 지커닷컴의 CEO로 근무했다. 그녀는 늘 새로운 도전을 하고 있다.

기자가 물었다 "탁구, 박사학위, CEO 중 어느 것이 가장 어려운가?" "세상에 쉬운 일은 없다. 하지만 안 되는 일도 없다"[171] 얼마나 멋진 사람인가. 한번 사는 인생인데 죽은 나무처럼 쓸모없이 서 있다가 바람에 휩쓸려 넘어지고 말 것인가?

실수를 왜 반복할까?

이 학생은 8수까지 하면서 누구보다 본인이 고통스러웠을 것이다. 자신이 못나보였을 것이고 자존심도 상하고 친구들도 만나지 못하고 스스로 고립됐을 것이다. 그런데 어찌 8수까지 했나? 사람은 보통 같은 실수를 반복하며 살아간다. 그래서 의지는 믿을 것이 못된다. 의지가 아니라 환경, 시스템으로 좋은 행동을 스스로 강제하고 그 행동이 습관이 돼야 실수를 줄이고 전진할 수 있다.

사람은 했던 일보다는 하지 않았던 것을 훨씬 더 후회한다. 대학에 진학하지 않은 것, 공부를 열심히 하지 않은 것, 가족과 충분한 시간을 보내지 않은 것 등을 더 후회한다. 그 이유는 우리의 심리적 면역체계가 행동하지 않은 것보다 행동한 것에 대해 훨씬 더 유리한 방향으로 해석(자기합리화)하기 때문이다. 사람은 생존을 위해, 고통을 잊기 위해 자신의 잘못을 그럴듯한 명분과 이유로 포장해 합리화한다.

기억은 오류가 많아서 과거를 잘못 회상하거나 미래를 잘못 예측하게 한다. 기억, 추억은 100% 사실이 아니라 편집된 것이다. 우리가 기억하는 것은 가장 좋았던 순간이거나 가장 나빴던 순간이지, 가장 흔한 순간이 아니다. 그래서 경험에서 많은 것을 얻지 못한다. 캠핑을 갔던 때를 기억하면 좋은 순간만 떠오르기 때문에 캠핑에서 느꼈던 나쁜 점을 기억하지 못하고 자꾸 캠핑을 간다. 나쁜 점을 기억하지 못하니 개선하지 못해 종전과 비슷한 캠핑을 한다. 사람들은 마지막을 기억하는 경향이 있다. 그래서 끝이 좋으면 다 좋다고 생각한다.

감정에 관한 우리의 기억은 이례적인 사건, 끝부분, 우리가 그 당시에 어떻게 느꼈을 거라고 하는 믿음에 의해 영향을 받는다.[172] 그 결과 우리는 과거의 경험으로부터 많이 배우지 못한다. 그래서 실수를 반복한다. 공부를 잘 하려면 의지보다는 잘할 수 있는 환경 속으로 들어가고, 공부시스템을 만들고, 공부를 습관화해야 한다.

어릴 때 자제력 자존감을 키워야 집중한다

재수생에게 필요한 것은 자제력 인내심 분투 끈기 집중력이다. 갖가지 유혹을 이겨내고 공부에 매진해야 하는데 그게 말처럼 쉽지 않다. 자극에 대해 생각하는 방식을 바꾸면 그것이 감정과 행동에 미치는 영향 또한 바뀐다. 디저트 접시위에 놓인 초콜릿을 보고 그 위로 바퀴벌레가 지나간 것으로 상상하면 그렇게 구미가 당기지 않는다.

유혹에 지는 일이 많을수록 충동반응을 피하기가 더 어려워진다. 그래서 어린 시절 자제력을 활성화하는 전략을 배우고 익혀야 한다. 고도의 스트레스도 충동을 활성화한다. 그래서 학습압박에 시달리는 아이들이 충동적으로 폭력게임에 빠진다.

아이가 태어나면 무조건 안아주고 아이의 울음에 즉각 반응하고 먹이는 등 사랑을 퍼부어야 한다. 그러면 아이는 감정을 식히고 조절한다. 자제력의 출발점이다. 심각한 학대, 무정한 양육 등과 같은 적대적 경험은 아이의 신경계에 심각한 손상을 가한다. 부모의 끊임없는 말다툼도 마찬가지다. 태교부터 성장환경까지 잘 조정돼야 한다. 이 학생은 8수를 하면서 자존감이 많이 상했고 약해진 자존감으로 인해 강하게 치고나가지 못했을 것이다. 위축되면 분발, 도전하지 못한다.

역경이 나를 형성한다. 시련과 도전은 통찰을 선사한다. 내게 가장 중요한 것이 무엇인지, 나는 누구인지를 확인하면 불안을 줄일 수 있다.[173] 다짐과 결의는 더 좋은 성취를 만들어 낸다는 것이 수많은 전문가들의 실험결과다. 나 자신과의 약속을 지키지 못하더라도 잘못을 되뇌지 말고 부끄러워하지 말자. 사람은 누구나 한번 만에 자신과의 약속을 지키지 못한다. 차츰 차츰 나의 강점을 쌓는 것이다. 재수생은 오로지 공부에만 집중하고 그 외 것들은 1년 후로 유보해야 한다. 의식 속으로 집어넣는 정보가 중요하다. "나는 할 수 있다"고 다짐하고 다짐하자.

자신을 믿고 큰일에 초점을 맞추자

8수생에게 대입공부는 정말 지겨웠을 것이다. 8수를 해서라도 대학에 가야하는 것인가?

1만 시간의 법칙, 즉 하루에 세 시간씩 10년이면 1만 시간인데 이 시간만큼 한 가지에 노력하면 엄청난 결과를 낳는다고 한다. 8수를 하는 세월이면 큰 성과를 낼 수 있다. 굳이 대학에 갈 필요도 없다. 4차 산업혁명시대에는 많은 대학들이 문을 닫을 것이다. 대학이 가르치는 현재의 지식시스템이 배출한 사람은 앞으로 쓸모가 없다. 공부에 흥미가 없는 학생은 자신의 재능을 찾아서 그 재능을 살리면 된다. 굳이 3수, 4수 할 필요 없다.

함부르크-에펜도르프대학병원의 신경과학자들은 50~67세 사이의 남녀 44명에게 곡예훈련을 시켰다. 그 결과 이들의 뇌에서 시각관련 피질이 늘어났다. 학습에는 나이제한이 없다. 인간의 역사에 큰 족적을 남긴 사람들은 대부분 중·장년기에 그런 업적을 이룩했다.

사회 환경 국가 등 자신보다 큰 것을 위한 삶은 슬며시 사라지고 개인을 중시하는 사회가 돼버렸다. 자신에게 너무 초점을 맞추고 살면 우울증에 걸리기 쉽다. 목표 달성에 실패하면 무기력해진다. 나의 목표, 성공, 쾌락이 중요하다고 믿을수록 실패했을 때 상처도 커진다.[174]

재수생은 동기부여가 확실해야 힘든 시간을 견디며 공부에 집중할 수 있다. 다음과 같은 말들을 수시로 반복하면 좋다.

'나는 이 현실을 받아들인다. 나는 스스로를 돌본다. 나는 고집을 버리고 융통성 있게 선택한다. 나는 내가 해야 할 일을 하고 결과는 하늘에 맡긴다. 모든 사람이 나의 스승이다. 우주는 나의 변화를 지지한다. 나는 결과에 관계없이 내가 원하는 것을 소망한다. 지금 이 모든 것을 사랑과 기쁨의 눈으로 바라본다.'[175]

미국 성인 1만6천명을 대상으로 조사한 결과 그릿(끈기 투지 근성)이 높은 사람들이나 보통사람들이나 비슷한 쾌락욕구가 있지만 그릿이 높은 사람들은 타인과 사회를 위해 더 큰 목적을 갖고 있었다. 목적의식을 기르려면 "어떻게 하면 세상이 더 살기 좋은 곳이 될까?"라는 꿈을 꾸어야 한다.

재수생은 불안하다. 불안과 좌절은 나를 성장시키고, 경쟁과 도전은 나를 발전시킨다. 20세기초반 파울 에를리리는 매독치료제 '606'을 만들었다. 605번 실패하고서야 성공했다. 아이들도 마찬가지다. 실패 불안 분노 슬픔을 겪으면서 어른이 된다. 실패의 경험이 없으면 '606'의 성공을 뺏는 것이다.[176]

단 한번만이라도 공부에 몰입하자

진정 원하는 것을 발견하면 끈기 있게 밀고나갈 수 있다. 가끔은 공부방향을 바꾸고 왔던 길을 되돌아가야 할 때도 있을 것이다. 고 3 때의 실패를 받아들이고 그 경험에서 많은 것을 배울 수 있다. 공부의 목적을 찾고 재수의 과정을 통제하며 능력을 발전시킬 수 있다고 믿으라.

강한 내적동기로 무장하라. 자신의 관심과 생각을 통제하는 능력이 의지력이다. 최고의 학생들은 유혹을 무시하는 법을 터득했다. 공부목적을 확고히 하고 스스로 책임지라.

인생에서 단 한번만이라도 공부에 몰입해 다른 일들은 생각할 겨를조차 없어보라. 이런 소중한 경험은 평생 자산으로 자신을 지탱해 준다. 자신감을 갖게 한다. 최종기한을 정해 놓고 스스로 정한 그 제한시간을 지키기 위해 다른 유혹은 거들떠보지도 말라. 할 수 있다는 믿음을 가져라. 나의 인생목표를 완벽히 실현하겠다는 다짐으로 꾸물거리지 말자.

대입시 과목을 과목별로 서너 번 통독하고 개념과 공식을 완전히 이해하고 나면 과목을 관통하는 개요를 알게 된다. 세부적으로 외우느라 애쓰기 전에 이런 식으로 전체적인 골격을 파악하고 나면 과목전체가 한눈에 들어온다. 그런 다음 반복적인 복습을 통해 암기하면 된다.

공부의 왕도는 예습과 반복적인 복습이다. 교과서를 완전히 내 것으로 해놓은 다음 다른 책을 참고하면서 폭을 넓히면 좋다.

23장

공부는 밑 빠진 독에 물 붓기, 막판에는 넘치게 붓자

모의수능이후 방심으로 3수, 뒤늦게 깨달아 S대 합격

3월 어느 날 남학생이 혼자 상담 받으러 왔다. 재수생이었다.

혼이 나간 사람처럼 횡설수설했다. 고3 때 수능 전 과목에서 턱거리 1등급을 받아 K대 법학과에 응시했으나 낙방했다. D학원 재수종합반에서 재수했으며 재수 1년 내내 전 과목에서 2개 정도만 틀렸다. 그러나 실제 수능에서는 국어 1등급, 수학 2등급, 사탐 1.5등급, 영어 3등급을 받아 아직까지 믿어지지 않는다고 했다.

학생은 3~10월 종합반 학원의 자체 수능모의고사에서는 전 과목에서 1~3개 정도만 틀렸고, 6월과 9월 평가원 전국수능모의고사에서 각각 1~2개를 틀렸으니 그럴만했다.

왜 이런 결과가 나왔을까? 여러 테스트를 해봤지만 알 수 없었다. 문장에 대한 이해력, 사고력은 좋았다. 어려서 책도 많이 읽었다. 가까스로 문제점을 발견했다. 10월 모의고사 이후의 공부태도 때문이었다.

많은 수험생들이 10월 수능모의고사를 끝내면 긴장이 풀려 수능시험까지 공부를 열심히 하지 않는다. 그래서 실제 수능시험을 망치는 경우가 있다. 이 학생도 10월 전국수능모의고사이후 공부를 소홀히 했다. 어떤 시험이고 시험 날까지 최선을 다하지 않으면 점수를 잘 받을 수 없다. 고3 현역수험생들이 이런 실수를 종종 한다.

이 학생은 원하는 대학에 가야겠다며 결국 3수를 결정하고 학원에 1년 동안 나왔다. 원래 잘하는 학생이어서 큰 문제는 없었다. 평상시 점수도 잘 나왔다. 그리고 이전의 오류를 깨닫고 수능전날까지 열심히 공부해 목표를 올려 S대 경제학과에 입학했다. 천만다행이었다. 투지와 끈기가 운명을 좌우한다.

시험공부는 밑 빠진 독에 물붓기다. 쏟아 붓는 물의 양이 빠지는 양보다 많을 때 입시에 성공한다. 입학이 결정될 때까지 쉼 없이 달려야 한다. 시험은 비행기 이륙과 비슷하다. 오랫동안 엔진을 달구고 서행하다가 이륙 직전에 기름을 쏟아 부으며 고도의 출력으로 하늘로 솟아오른다. 그러나 달리는 시간이 그렇게 길지 않은 것이 다행이다. 그 기간 최선을 다하면 분명한 결과로 답을 주는 것이 대입 시험이다.

● 조언과 해법 ●

매일 내 삶을 점검하라

사람은 오랜 시간 계속해서 긴장할 수 없다. 생명원리에 반한다. 집중력이 필요하다. 공부를 다해놓고 모의수능이후 긴장을 늦추는 것은 천신만고의 노력을 헛되게 하는 것이다.

성과를 내는 3요소는 노력, 결단, 유혹에 흔들리지 않는 자제력이다. 노력은 꿈을 이루기 위한 기초요소이고, 결단은 하나를 얻으려면 하나를 포기하겠다는 의지다. 가지 않은 길에 대한 미련을 버리고, 현재의 안주를 넘어 모험의 길을 가려는 의지다. 자제력은 쉬고 싶은 욕구, 음주, 게임, 친구와 놀기 등 나를 흔드는 현실적 욕구들을 참는 것이다. 현재의 환경에 나를 묶어두는 하찮은 두려움과 잡념들을 넘어서야 한다.

1979년 남극대륙관광용 여객기가 승객 등 257명을 태우고 뉴질랜드를 출발했다. 조종사들은 누군가가 2도 정도 비행좌표를 변경하는 바람에 비행기가 경로에서 45㎞ 동쪽으로 가고 있다는 사실을 몰랐다.

남극대륙이 가까워오자 조종사들은 탑승객들에게 멋진 경치를 보여주기 위해 비행고도를 낮췄다. 안타깝게도 부정확한 좌표 때문에 비행기는 활화산인 에러버스산위로 지나가고 있었다. 눈 덮인 화산과 그 위에 낀 구름을 구분할 수 없어 조종사들은 평소처럼 평지 위를 날고 있다고 생각했다. 고도를 신속히 높이라는 경보음이 울렸을 때는 이미 늦었다. 여객기는 화산에 부딪혔고 탑승객은 전원 사망했다.

비행기 좌표를 2도 잘못 설정한 실수가 엄청난 비극을 초래했다. 사소한 오류도 수정하지 않으면 대형사고로 이어진다. 이 여객기는 우리 삶과 비슷하다. 우리의 매일 매일의 삶에서도 하찮고 작은 잘못들을 수정하지 않으면 그것이 종말을 초래하는 원인으로 커질 수 있다.

그러니 항상 나 자신을 점검해야 한다. 내가 제대로 가고 있는가? 나의 꿈은 무엇인가? 언제 그것을 이룰 것인가? 경로를 벗어나지는 않았는가?

인생에서 급한 일보다 중요한 일에 먼저 집중하라. 아침에 일어나면 가장 먼저 오늘 내가 할 일을 생각하고, 그대로 하리라고 마음을 다잡아야 한다. 그 다짐대로 하지 못하는 경우가 많아도 매일 아침 마음을 다시 다잡아야 한다. 매일 아침 꿈을 떠올리고 목표달성을 믿고 이를 간절히 원하자.

생각이나 느낌대로 행동하지 말자

행동을 유발하는 것은 두뇌 속에서 솟아오르는 무의식이다. 욕망 충동 생각 느낌은 무의식적인 것으로 그것이 생겨나는 것 자체를 막을 수는 없다. 그것을 행동으로 옮기느냐 마느냐가 중요하다. 이 때 긍정적이고 유익한 행동에 의식적으로 초점을 맞추어야 한다. 게임에 대한 관심을 운동하기 등으로 돌려야 한다.

두뇌는 환경이 변하면 회로, 화학성분, 기능이 달라진다. 사고로 오래 걷지 못하면 다리 근육뿐만 아니라 걷기를 담당했던 뇌 영역도 손상된다. 그러나 강한 의지로 걷기연습을 자꾸 하면 걷기를 담당하는 뇌가 생긴다.

뇌는 자주 사용하거나 요청하는 기능에 우선순위를 둔다. 주의를 집중하면 뇌 회로가 새로 만들어진다.[177] 주의집중, 노력, 몰입을 통해 게임을 중단하고 '열공(열심히 공부)'을 선택해 이를 행동으로 옮기면 뇌는 세포를 재조정하고 열공을 강화한다.

유혹을 극복하려면 약한 유혹부터 극복하라. 그러면 할 수 있다는 자신감이 생기고 그 자신감이 좀 더 강한 유혹을 극복하게 한다. 게임을 1시간 하다가 30분으로 줄이고 10분으로 줄이고 매일 하다가 이틀에 한번, 3일에 한번, 1주일에 한번으로 줄여나가는 것이다. 자제력도 훈련으로 강해질 수 있다.

계획대로 잘 안됐을 때도 의욕을 잃지 않는 낙관주의, 시작한 일은 반드시 끝내겠다는 투지, 목표에 대한 집중력, 새로운 상황에 신나게 접근하는 열정, 유혹에 넘어가지 않겠다는 결연한 투지를 다짐하고 다짐해야 한다. 자꾸 다짐하면 그렇게 된다.

본능과 감각적 쾌락을 좇으면 불행해진다. 친구를 만나 밤새도록 게임을 했다. 그러면 어떤가? 나를 스스로 허접하게 만들었다는 생각에 후회한다. 나 자신을 이겨내고 보람을 느낄 때 진정한 행복감을 맛볼 수 있다.

인생의 좌표를 나의 결단으로 설정하고 자발적 노력으로 꿈을 향해 달려가는 삶은 얼마나 멋진가! 살아가려고 버둥대지만 말고 한번뿐인 인생이니 진정으로 살아야 한다. 인형의 삶을 살수는 없다.

게임에만 관심이 쏠려있는 사람은 자신의 심리적 에너지를 자유롭게 활용할 수 없다. 사회적으로 건강하고 독립된 존재가 되고 싶다면 본능적 욕구를 통제해야 한다. 그렇지 못하면 욕구의 노예가 된다. 몸이 원하는 것에서 벗어나 마음의 주인이 되어야 한다.

성공으로 가는 길

시험을 잘 보려면 기억력을 높여야 한다. 그러기 위해서는 뇌가 정보를 이해하고 숙성시켜야 한다. 아이가 선생님이 되어 남들 앞에서 공부한 내용을 가르쳐보는 것이 체험기억인데 이보다 좋은 공부방법은 없다. 기억력을 높이는 과학적 방법은 이해-숙고(熟考)-체험이다.

기억은 대뇌피질에 있는 측두엽에 저장된다. 정보가 여러 번 반복해서 뇌에 들어오면 해마가 중요하다고 판단해 측두엽으로 보내 장기 저장한다. 기억하려면 잠을 충분히 자야한다. 침실은 어둡고 따뜻해야 한다. 추우면 피로가 덜 풀리고 면역력이 떨어진다.[178]

'삶은 힘겹다'를 '삶은 도전이다'로 바꾸자. 상상하지 않으면 기회를 잡을 수 없다. 상상하라. 그것이 현실이 될 것이다. 꿈을 이룬 나의 모습을 그려보라. 가고 싶은 대학의 캠퍼스사진을 책상 앞에 붙여두고 그곳에서 공부

하는 나의 모습을 그려보라.[179]

성공의 유일한 장애물도 나 자신이고, 성공의 유일한 길도 나 자신이다. 낙담이 악마의 도구라면 희망은 나와 하늘의 도구다. 스스로 행복하고 성공적인 사람이라고 생각하라. 부정적인 대화나 남을 비방하지 마라. 언제나 긍정적이고 활기 넘치게 인사하라. 끈기는 할 수 있다는 강한 의지에서, 고집은 할 수 없다는 강한 의지에서 온다.

새로운 날이 아름다운 것은 새로운 시작을 할 수 있기 때문이다. 승자는 아이디어가 있지만 패자는 변명만 한다. 승자는 '나는 이 일을 할 거야'라고 하지만 패자는 '이건 내일이 아니야'라고 한다. 승자는 문제의 해결책을 찾으려고 하지만 패자는 문제점만을 찾으려 한다. 승자는 무엇이든 하려하지만 패자는 그 일에서 벗어날 궁리만 한다. 승자는 패자가 할 시간이 없다고 하는 일을 하고, 할 필요가 없다고 하는 일을 한다. 스스로에게 물어라. "나는 쉬운 선택을 했는가, 옳은 선택을 했는가?" 오늘 한 선택이 미래를 결정할 것이다.

아놀드 파머는 "자신이 패했다고 생각하면 실제로 패한 것이다. 이기고 싶지만 그럴 수 없다고 생각하면 실제로 이길 수 없다. 가장 강하고 가장 빠른 사람이 승리하는 것이 아니라 자신이 이길 수 있다고 생각하는 사람이 이긴다."고 했다.

6부

자녀의 성공을 선택한 부모

24장

아이와 함께 공부계획하고 도서관 다니며 독후토론

S대 입학, 교육왕도는 부모가 아이와 함께 하는 것

"안녕하세요? 중3 여학생인데요. 테스트를 받으려면 어떻게 해야 되죠?" 학생은 1주일 후 토요일 오후에 부모님과 함께 왔다. 아버지는 회사원이고 어머니는 중학교 선생님이었다. 중1남동생이 있었다.

수 십 년 학생을 지도해왔지만 이렇게 훌륭한 학부모는 처음이었다. 아이들 교육에 대해서는 부모가 항상 함께 고민하고 계획을 세운다고 했다. 상담할 때도 지도할 때 참고하라며 유아 때부터 최근까지 아이에 대해 세세한 부분까지 말해주었다.

3세까지는 주로 아기에게 좋은 클래식 음악을 항상 들려주었다. 아이의 창의력에 도움이 되는 책을 많이 읽어주었다. 4~7세까지는 피아노, 바이올린, 태권도, 육상, 수영, 농구 등을 무리하지 않게 아주 조금씩 시켰다. 아이의 적성을 찾기 위해 자연스럽게 접하도록 한 것이다. 6세부터는 생각의 폭을 넓혀주는 좋은 책을 함께 읽으면서 서로 이야기했다.

수학은 기본적인 것을 깨닫도록 함께 했고, 읽은 책에 대한 독후감을 부모와 아이가 함께 썼다. 초등학교에 입학하면서 학교에서 배운 내용을 부모가 함께 토론하고 복습했다. 학원에 다닐 필요가 없었다. 이런 식으로 함께 공부하면서도 부모는 주말에 도서관에서 아이와 함께 공부할 것을 미리 준비했다. 초등학교 4~6학년 때 원어민 어학원에 보냈다. 중학교에서는 공부범위가 넓어져 3학년 때 일부 과목만 학원에 보내기로 했다. 그 중 하나가 영어였다. 테스트결과 모든 부분에서 잘했다.

고등학교에 올라가서 학원에 주1회 정도 나왔고 방학 때는 주2회 정도 다녀도 내신과 모의고사에서 거의 100점을 받았다. 중간고사와 기말고사 때는 한두 번 정도 학원수업을 하면서 질문만하고 학원에는 나오지 않았다. 다른 과목도 이런 식으로 해서 전교에서 1, 2등을 했다.

드디어 S대에 무난히 합격했다. 공부는 자신과의 싸움이다. 이 학생은 부모와 함께 하면서 인성도 훌륭해졌다. 그러나 이 부모님은 또 얼마나 힘들었겠는가? 부모가 고생한 만큼 아이도 훌륭하게 성장했고 원하는 학교에도 갔으니 고생 끝에 행복이 왔다. 아이들의 초기교육에 왕도가 있다면 부모가 함께하는 것이다.

● 조언과 해법 ●

진로선택을 자녀에게 맡기고 숙제에 참견말라

"부모님이 안정적인 수입이 보장되는 의사가 되라고 해서 의대에 갔으나 적성에 맞지 않아 진로를 바꿨다." 많이 들어온 말이다. 부모가 자녀의 재능이나 좋아하는 것도 모른 채 무작정 자신의 경험과 판단을 강요한 것이다.

아이의 진로는 부모가 결정할 게 아니라 아이가 결정할 아이의 문제다. 무엇보다도 부모세대의 가치관과 자녀세대의 가치관은 너무나 다르다. 직업 환경도 달라졌다. 요즘 결혼한 자녀와 한집에서 살려고 하는 부모는 거의 없다. 그 연장선에서 부모의 삶과 자녀의 인생을 별개로 봐야 한다. 그래야 아이와 부모 모두에게 좋다.

아이는 부모가 시켜서 하는 일은 집중하지 못한다. 자신이 하고 싶은 일이라야 집중한다. 아이는 노력을 인정받을 때 더 잘하려고 한다. 간섭하지 말고 지켜보다가 인정하고 칭찬하라.

부모는 자녀들이 어떤 일이건 부딪치고 어려움을 극복하는 법을 배우도록 기회를 줘야 하는데 그럴 기회를 빼앗아 버리고 모든 면에서 1등이 되도록 준비시키는 데만 집중한다. 자녀들에게 '너는 대단한 존재'라는 점만 강조한다. 이러면 부모 자식 모두 실패한다. '숙제는 네 몫이고 일은 엄마 몫이다. 개인적으로 각자 책임을 지는 거야.'[180]

엄마의 치마폭에 싸여 고분고분 시키는 대로 하는 아이가 좋은가? 그런 아이는 성숙할 수 없다. 숙제를 도와주면 아이에게 "넌 무능해"라고 인식시키는 것이다. 부모는 여건이나 환경을 만들어주고 조금 거들어주면 된다. 아이가 숙제나 공부를 하면서 몸이나 다리를 흔들고, 음악을 듣고, 볼펜을 씹고 하는 것에 대해 지적하지 마라.[181]

예습 복습이 성적을 올리는 데 최고의 방법인줄 알지만 많은 아이들이 실행하지 못한다. 특히 반복 복습하면 성적은 급격히 좋아진다. 개념과 공식을 완전히 이해하고 여러 번 복습하는 것이 최고다.

예습을 하고 교실에 들어가면 선생님의 말씀에 공감하거나 이견이 생기고, 어떤 부분을 모르는지를 알게 된다. 그러면 노트에 적는다. 예습은 그저 책을 한번 죽 훑는 것으로 충분하다. 모르는 부분이 당연히 나오지만 모르는 채 훑고 넘어가면 된다.

학습은 가르쳐보기 90%, 실제 해보기 75%, 집단토의 50%, 시범강의보기 30%, 시청각수업듣기 20%, 독서 10%, 강의듣기 5% 순으로 효과가 있다.

어릴 때는 위인전 읽기, 봉사, 여행을 많이 하도록 하자. 평생 롤 모델이 생기면 그것으로 동기부여가 되고 꿈을 찾아내고 성숙한 아이가 된다. 세 돌 이하의 아이에게는 그림책을 구경하는 수준으로 책에 익숙하게 만드는 것으로 충분하다. 그저 행복하게 많이 안아주면 족하다. 그러면 기저핵과 변연계가 발달하고 나중에 공부를 담당하는 전두엽이 제대로 발달한다. 네 돌 미만의 아이가 스트레스를 받으면 변연계가 망가져 성격은 물론 공부도 못한다. 공부는 초교 3~4학년 때부터 서서히 시작하면 된다.[182]

가족스킨십을 위해 공동취미를 갖자

하버드대 아만드 니콜라이 심리학과 교수는 "부모들이 돈을 벌고 경력을 쌓느라 집밖으로 도는 동안 아이들은 불행한 희생자가 되어 고통 받는다. 자녀가 부모와 보내는 시간이 부족해지면서 어린이와 청소년들의 자살과 정서장애가 늘고 있다"고 했다.

<한국청소년의 부모자녀관계와 성취에 대한 종단연구>라는 논문에 따르면 부모에게 죄송함을 느끼거나 부모를 존경할 경우 자녀들은 성취동기가 높아지고 학업성적도 좋아졌다.

그런데 요즘은 부부간에 평등의식이 높아지면서 예전의 엄부자모(嚴父

慈母 엄한 아버지 자애로운 어머니)라는 역할분담이 없어지고 친구 같은 아버지가 대세가 되었다. 이것은 자녀에게 부모(父母)가 아니라 엄마만 두 명 있는 것과 비슷하다. 자녀는 엄마에게 사랑을, 아빠에게 존경심을 느끼는 것이 좋다. 아빠에 대한 존경심은 엄마하기에 달렸고 엄마의 희생에 대한 죄송스러운 느낌은 아빠하기에 달렸다. 엄마가 '아빠는 존경할만한 분', 아빠는 '엄마가 고생하신다.'는 것을 아이들에게 인식시켜야 한다.

심리학 거장 알프레드 아들러는 "음주 게임중독 나태 탐닉 등 인생을 힘들게 하는 짓을 안 하면 인생은 힘들지 않다. 나의 선택이 나를 만든다. 유전이나 성장배경은 그저 재료에 지나지 않는다. 과거와 타인은 바꿀 수 없다. 그러나 지금부터 시작되는 미래와 나 자신은 바꿀 수 있다."며 "아이에게 가족은 세계 그 자체다. 부모에게 사랑받지 못하면 아이는 살 수 없다. 부모의 사랑과 관심을 받기 위해 아이는 착한 아이, 우등생, 문제아가 되는 전략을 사용한다. 이 중 효과가 좋은 방법을 반복해 쓰게 되면서 아이의 성격이 형성된다."고 했다.

가족은 행복의 원천이지만 미움의 뿌리가 될 수도 있다. 가족은 누가 누구를 탓할 수 없다. 가족이 같이 지켜야할 규칙이나 과업, 공동의 취미가 있으면 에너지 낭비를 막을 수 있다.

전인(全人)은 통합교육으로

이 학생은 부모님이 어릴 때부터 전인교육을 잘 시켰다. 이런 아이들이 4차 산업혁명시대를 이끈다. 교육의 목표는 이해에 있지 단순한 지식습득에 있는 것이 아니다. 학생들은 창조적 사고의 결과물인 소설 시 실험 이론 그림 무용 노래 등을 분석하고 베끼고 모방하면서 감각적이고 지적인 과정을 배운다.

예술에서 활용하는 상상의 도구들은 과학에서도 매우 중요하다. 따라서 교과목을 공통의 언어로 통합해야 한다. 지식을 파편화하고 자신의 분야

밖에서는 소통할 수 없는 전문가는 쓸모가 없다. 지식을 한 과목에만 고립시키는 '예술' '음악' '과학'같은 명칭을 무시해야 한다.

학생들이 화가이자 과학자, 음악가이자 수학자, 무용수이자 공학자로 생각할 수 있어야 한다. 이것이 4차 산업혁명시대에 맞는 교육이자 배움이다. 혁신가들이 혁신적일 수 있었던 이유는 다양한 분야의 개념과 도구들을 융합할 수 있었기 때문이다.

상상력이 풍부한 만능인을 만들어내야 한다. 그들이 우리를 미지의 미래로 인도한다. 창조적 인물은 일과 취미를 조화시킨다. 러시아 수학자 소피야 코발레프스카야는 유럽에서 여성최초로 대학교수가 됐는데 그녀는 시인이 될 거라고 확신했었다. "수학은 최대한의 상상력을 요구하는 과학이다. 영혼의 시인이 되지 않고서는 수학자가 될 수 없다. 시인은 다른 사람들이 보지 못하는 것을 보아야 하며 다른 사람들보다 더 깊이 보아야 한다. 수학자도 마찬가지다"

앙리 파브르는 기하학을 사랑했던 학생이었으나 '곤충세계의 시인이자 예언자' '장수말벌과 거미에 관한 산문의 호머'라고 불렸다. 젊은 시절 사회학을 좋아했던 바실리 칸딘스키는 비구상적 그림을 그린 최초의 화가다.

전문가가 아니라 전인이 되어야 한다. 이들은 개척자로 전문가의 영역들 사이에 다리를 놓았으며, 제각각 떨어져 있는 지식을 통합했다. 경험을 변형할 줄 알고 지식을 통합할 줄 아는 전인들만이 우리를 종합적인 앎의 세계, 풍요의 세상으로 이끈다.[183]

교육강국 스웨덴 부모는 아이가 스스로 생각하도록 한다

인구 1천만명, 면적은 남한의 4.5배, 인구 100만명 당 노벨상 수상자 3.5명, 교육에 대한 투자가 가장 높은 나라, 스스로 생각하는 능력을 길러주는 나라, 남을 존중하는 나라. 1류 국가 스웨덴이다.

스웨덴 부모는 아이가 잠들기 전에 책을 읽어준다. 아이는 부모의 책 읽는 소리를 들으며 정서적으로 안정되고 지식을 충전하며 성장한다. 부모의 노력으로 아이의 독서습관이 키워진다.

다음 글은 스웨덴 사회아동권리협회의 포스터 문구로 공공장소 어디서나 볼 수 있다고 한다.

'비난을 받은 어린이는 비난을 배운다/맞고 자란 어린이는 싸움을 배운다/멸시당한 어린이 소극적이 된다/격려 받은 어린이는 신뢰하는 법을 배운다/허용과 관용을 경험한 어린이는 인내를 배운다/칭찬받은 어린이 감사하는 법을 배운다/공평을 경험한 어린이는 정의를 배운다/우정을 느끼는 어린이 친절을 배운다/평안함을 느끼는 어린이는 타인을 신뢰하는 법을 배운다.'

답이 있는 교육은 아이들의 상상력을 묶어두고, 답이 없는 교육은 아이들의 상상력을 키워낸다. 스웨덴에서는 문제를 제시하고 스스로 해결하도록 지켜본다. 아이가 몇 등을 했고 누구를 이겼다는 것에는 전혀 관심 없다.

아이들이 싸우면 교사는 싸운 이유를 묻지 않고 사람을 때리는 행동이 좋은지 나쁜지를 묻는다. 그 과정에서 싸움에 대해 생각하고 용서하는데까지 간다.

덴마크 출신 노르웨이 작가 악셀 산데모제가 1933년에 쓴 소설 <도망자 그의 지난 발자취를 따라서 건너다>에 나오는 '얀테'는 가상의 덴마크 마을로 잘난 사람이 대우받지 못하는 곳이다. 보통의 사람들과 다르면 이상하다. 그래서 이 마을에서 살려면 지켜야하는 열 가지 원칙이 있는데 그게 '보통사람의 법칙'이라 불리는 '얀테의 법칙'이다. 이 법칙은 스칸디나비아반도 국가의 부모들이 자녀를 키울 때 가르치는 규범이다.

1. 당신이 특별한 사람이라고 생각하지 마라. 2. 다른 사람처럼 좋은 사람이라고 생각지 마라. 3. 다른 사람보다 더 똑똑하다고 생각지 마라. 4. 남

들보다 더 낫다고 믿지 마라. 5. 더 많이 안다고 생각지 마라. 6. 더 중요하다고 생각지마라. 7. 모든 것을 잘한다고 생각지 마라. 8. 다른 사람을 비웃지마라. 9. 다른 사람들이 당신을 신경 쓴다고 생각지 마라. 10. 다른 사람을 가르칠 수 있다고 생각지마라.[184]

25장

아이는 초교입학 전까지 놀아, 인성교육에 중점
부모는 중위권대 졸업, 어머니 적절한 교육으로 아이 Y대 합격

박 양은 부모가 바람직하게 교육시켰다. 아빠는 중위권대를 졸업하고 대기업 이사로 재직 중이고 엄마도 중위권대학을 졸업한 전업주부였다. 역시 중위권 대학에 재학 중인 오빠가 있었다.

박 양은 서울 K여고 2학년, 겨울방학직전에 상담하러 왔다. 박 양은 지도하기 참 쉬웠다. 진지하고 착실하게 수업을 듣고, 숙제는 정확하게 해왔다. 이해력과 추리력이 아주 좋았고 상식도 풍부하여 국 영 수 사탐 등 전 과목이 거의 1등급이었다.

Y대 경영학과를 원했지만 S대도 충분히 들어갈 수 있는 실력이었다. 이렇게 잘하는 학생도 중간에 위기가 없는 것은 아니었다. 고3 5월에 슬럼프가 와서 어느 날 갑자기 "공부하기 싫어요." 하는 것이었다. 그

러자 6월 평가원 시험에서 2등급이 나왔다. 그래서 "너 그렇게 공부해서 2류 대학이나 갈 수 있겠어?" 라고 혼냈다. 박 양은 그 말을 듣고 울었다. 한편으론 측은했지만 냉정하고 단호하게 꾸짖었다.

사실 고3은 보통 5월, 8월, 10월 세 번 정도 슬럼프가 온다. 이 슬럼프를 슬기롭게 잘 넘기지 못하면 수능에서 성적이 떨어진다. 박 양은 다행히 슬기롭게 끝까지 잘해내서 수능에서 영어 100점으로 1등급, 수학 98점으로 1등급, 국어 95점으로 1등급, 사탐 1.5등급을 받았다. 고민에 빠졌다. Y대 경영학과를 추천했지만 부모님은 심리학과를 강력히 요구했다. 경영학과에 떨어질 것을 걱정해서였다. 어렵게 우수한 성적을 받았는데 혹시라도 떨어지면 너무나 후회하게 될지 몰라서였다.

그러나 나는 강력하게 경영학과를 권했고 박 양은 Y대 경영학과에만 원서를 접수했다. 그런데 합격통지가 오지 않았다. 예비합격자 10번이었다. 그러던 어느 날 박 양으로부터 연락이 왔다. 합격했다고!

박 양의 부모는 아들을 키워본 경험을 바탕삼아 딸을 유아 때부터 현명하게 잘 교육했다. 부모는 초등학교 입학 전까지는 특별한 교육을 시키지 않고 충분히 놀게 했다. 초등학교에 들어가면서부터 딸에게 맞는 과목을 선별해서 조금씩 꾸준히 교육했다. 그것도 딸의 의견을 물어가면서 그 의견을 충분히 인정해주었다. 박 양도 어머니 말씀을 잘 따랐다. 책을 읽으면 어머니와 딸이 독후감을 나누며 토론했다. 아마 학원순례를 시켰더라면 공부에 염증을 느꼈을 것이다. 너무 적게 시켰더라면 도전의지, 투지가 약해졌을 것이다.

어머니는 딸이 중학교에 가면서부터 가속페달을 살며시 밟았다. 특히 인성교육에 중점을 둔 것이 너무나 돋보였다. 박 양은 예의도 바르고 인내심, 투지, 끈기를 고루 잘 갖추었다. 약속도 철저히 지켰다. 나는 박 양이 푸른 하늘 높이 날아갈 것을 확신했다. 박 양은 빛나는 보석이었다.

● 조언과 해법 ●

아이가 하고 싶은 것을 하도록 하라

심리학자 앨리슨 고프닉은 "아이가 선생님으로부터 무엇을 배우고 있다고 생각할 때, 사실 아이는 새로운 것을 창조하는 게 아니라 어른이 하는 것을 모방할 가능성이 크다. 아이들은 선생님이 어떤 것을 하는 방법을 보여주면 그게 올바른 방법이라고 생각하고 더 이상 다른 방법을 시도하지 않으려는 경향이 있다"고 했다. 따라서 부모님 선생님의 모범이 중요하다.

교사, 부모는 멘토로서 촉매자, 컨설턴트, 연결자, 협력자의 역할을 해야 한다. 촉매자는 불씨역할을 하는 것으로, 질문하면 된다. "어떻게 그런 생각을 하게 되었니? 왜 그런 일이 일어났다고 생각하니?" 학생의 탐구와 성찰을 촉진하는 것이다.

교사 부모는 안내자로 학생과 같이 배우고, 다른 학생들과 학습공동체를 만들어주면 좋다. 특히 아이들이 자기의 관심을 좇아서 자기의 아이디어를 탐구하고, 자기목소리를 내는 기회를 제공해야 한다.

1960년대 초 이탈리아 북부 레지오 에밀리아에서 취학 전 아동교육의 획기적인 방법이 등장했다. 레지오접근법(Reggio Approach)으로 알려진 이 방법은 아이들을 지적호기심이 왕성하고, 재능이 많으며, 잠재력이 풍부하다고 여긴다. 커리큘럼을 아동중심으로 짜고 교사는 학생의 흥미에 따라 수업한다.

레지오접근법의 창시자 로리스 말라구찌의 시다.

'어린이는 백가지로 만들어져 있습니다./어린이는 백 가지의 언어, 백 가지의 생각, 백가지의 사랑하는 방법을 갖고 있습니다. 그렇지만 사람들이 아흔 아홉 개는 훔쳐가 버립니다./학교는 몸과 머리를 따로 떼어 놓습니다/사람들이 어린이에게 말하기를/머리를 써서 생각하지 말라/기쁨은 느끼지 말고 이해만 하라/부활절이나 성탄절에만 사랑하고 감탄하라/이미 만들어져 있는 세상을 발견하라.

사람들이 어린이에게 말하기를/작업과 놀이, 현실과 환상, 하늘과 땅, 논리와 꿈들은 같이 섞여질 수 없는 것들이라고/사람들이 어린이에게 말하기를 백 가지가 있지 않다고 합니다/하지만 어린이는 말합니다. 천만에요. 백 가지가 있다고요.(중략)

스스로 문제를 풀고 생각해야 성적이 오른다

신경가소성연구의 선구자 마이클 머제니치 박사는 "학습이 두뇌의 구조를 바꾸며 그 과정에서 학습능력은 더욱 향상된다. 고도의 주의집중이 시냅스의 장기적 변화에 중요하다."고 했다.

아이가 질문했을 때 교사나 부모가 즉시 답을 하거나 문제를 대신 풀어주면 아이의 성적은 올라가지 않는다. 학생이 직접 생각하고 풀어보려고 노력하는 시간이 반드시 선행돼야 사고력이 좋아지고 공부하는 방법도 깨우쳐 성적이 올라간다.

뇌는 새로운 목적이 생기면 쉬고 있는 뇌세포를 모집한다. 더 이상 농구를 하지 않거나 고교시절에 배운 중국어를 연습하지 않으면 다른 기술(축구)이나 목적(영어)이 뇌의 그 영역을 점령하고 자신의 필요에 따라 사용한다. 두뇌 역시 안 쓰면 녹슬고 퇴화한다. 시각을 잃으면 후두엽의 시각담당 부위가 청각과 촉각의 식민지가 되어서 소리를 더 잘 듣게 하고 점자를 읽게 한다.

충분한 숙면과 운동은 학습과 기억에 모두 좋다. 잠은 코티졸 같은 스트레스 호르몬을 줄이고 학습과 기억에 필요한 새로운 뇌세포의 성장을 촉진하고 기억을 담당하는 해마를 돕는다.[185]

위 학생의 어머니는 아이의 학습과정을 늘 아이와 협의하며 아이의 의견을 존중했다. 아이는 자신이 존중받는 다는 점, 자신이 결정했으니 더 잘해야겠다는 동기부여 등으로 공부를 더 열심히 하게 됐다. 그러기 위해서는 부모가 아이에게 가르치기보다는 대화하거나 질문을 해야 한다. 아이들은 하지 못했던 것을 하고, 알아가는 것을 좋아한다.

아이 인생의 경쟁력

위 학생의 어머니는 인성교육에도 무척 신경 썼다. 인성은 삶의 기둥이다. 경쟁은 자연의 섭리다. 건전한 경쟁은 삶을 살찌운다. 다만 인간은 이성과 사랑이 있는 만큼 경쟁의 승자가 패자를 배려하며 같이 살아가야 한다. 그래야만 승자의 승리도 보장되고, 패자의 아픔도 줄어들어 전체적 삶의 수준이 높아진다.

삶의 경쟁력은 무엇일까? 착함과 성실함이다. 그 위에 배려 능력 전문지식 기술 정보 교양 예의 같은 것들이 축적돼야한다. 따뜻하고 고운 성품은 가장 기초적이면서도 최강의 경쟁력이다. 착하지만 성실하지 못하고 게으른 사람이 이룰 수 있는 것 역시 아무것도 없다.

어떤 사람에게 좋은 일이 생기면 "복받았다."고 한다. 과연 복이 하늘에서 떨어지는 걸까? 복은 하늘이 아니라 주변 사람들이 주는 것이다. 나를 만나는 사람들이 내가 착하고 성실하게 살아가는 모습을 보면 나에 대해 신뢰를 갖게 될 것이다. 그 신뢰가 바로 복의 출발점이다.

나에 대한 신뢰나 좋은 평가가 확산되면 나의 가치는 올라간다. 결국 복은 내가 만들어가는 것이다. 게으르고 불성실하다면 내게 힘든 일이 생길 때 사람들이 나를 도와줄까? "그렇게 살더니 당연하지"라며 외면할 것이다.

착함과 성실함을 갖추기 위해 뼈를 깎는 노력은 필요치 않다. 타고난 고운 성품을 더러움에 물들지 않도록 잘 지키면 된다. 비슷한 사람끼리 어울리는 것이 인간의 본성이다. 그러나 발전하려면 나보다 나은 사람, 긍정적이고 적극적이고 생산적인 사람들과 어울려야 한다. 부정적이고 소극적이고 향락적인 사람들과 어울리면 반드시 그렇게 물들게 돼 내 인생도 망가진다. 밝고 맑은 생각을 하라. 우리는 생각한대로 살게 돼 있다. 가장 소중한 재산인 나에게 공을 들여라.[186]

진정한 발전과 진보, 성공은 남보다 앞서가는 것이 아니라 어제의 나보다 오늘의 내가 나아지는 것이다. 나 자신과의 경쟁이 진정한 경쟁이다. 나 자신이 어디로 가고 있는지를 점검하면서 살아가면 된다. 위 학생은 성적 이전에 고운 성품이 평생 자산이 될 것이다.

26장

열등생 딸 눈높이교육으로 공인회계사 만들어

평범한 중산층부모, 딸과 함께 공부해 시너지효과

아버지는 중위권대를 졸업한 은행원, 어머니는 아버지와 같은 대학을 졸업한 전업주부였다. 딸 이양과 세살 아래 남동생 등 4인 가족으로 평범한 중산층이었다. 이양은 초교부터 서울 강동구의 한 고등학교 1학년까지 중간 수준의 성적이었다. IQ도 100 전후. 이양이 다니는 학교는 반에서 5등 안에 들어야 3류 정도의 대학에 들어갈 수 있었다. 이양의 성적으로는 3류 대학도 불가능했다.

그러나 고2가 되면서 성적이 서서히 오르기 시작해 수능시험에서 평균 1.5등급을 받아 서울의 중견대학 회계학과에 당당히 합격하였다. 더욱이 공인회계사가 되어 대한민국 최고의 회계법인에 취직했다. 대단한 성취였다. 어떻게 이런 일이 벌어졌을까?

이양의 어머니도 학창시절 공부를 뛰어나게 잘하지 못했다. 그러나 딸의 양육에서는 아주 슬기로웠다. 이양이 초교에 입학하면서부터 딸의 수준에 맞게 공부를 시켰다. 이양도 무리 없이 공부를 잘 받아들였다.

어머니는 딸의 학교공부를 함께 준비하고 숙제를 잘 하도록 했다. 딸이 필요할 때마다 한두 과목만 적합한 학원을 찾아서 공부하는 데 무리가 가지 않게 했다. 부잣집이었더라면 학원순례에 지쳐 나가떨어졌을지 모른다. 이양은 이런 식으로 무리 없이 중간성적을 유지하다 고2부터 공부의 양을 조금씩 늘려 성적이 올라갔다. 사람의 두뇌는 쓸수록 좋아진다.

고3이 되자 비행기가 이륙하듯 전력 질주했으며 고3 7월부터 성적이 급상승했다. 결국 수능에서 전 과목 1.5등급을 받아 대학에 무난히 합격했다. 그 끈기와 노력을 이어가 공인회계사 시험에도 합격해 회계법인에 취직했다.

어머니의 현명한 선택과 이양의 노력이 시너지효과를 거두었다. 학창시절을 잘 보내고 사회생활을 화려하게 출발했다. 무엇보다 어머니가 과욕을 부리지 않고 딸의 수준에 잘 맞춰서 방향을 잡아준 것이 좋은 결과를 낳았다. 선행학습 없이 무리하지 않은 자기주도 학습으로 좋은 결과를 가져왔다. 어머니의 슬기, 지혜로운 선택이 아니었더라면 이양은 이름 없는 대학을 다니면서 자괴감에 아까운 청소년시절을 방황했을지 모른다.

● 조언과 해법 ●

아이의 특질을 이해하고 장점을 살려라

위의 어머니는 딸의 능력과 성격에 맞게 딸이 결정하도록 했으니 딸은 자신의 결정에 책임감을 느끼고 열심히 했다. 이 세상에 좋은 성격, 나쁜 성격은 없다. 사람마다 고유의 개성이 있을 뿐이다. 아이의 타고난 성격을 고치겠다고 나서면 아이는 위축되고 자신을 부정적으로 보게 돼 자존감이 위축된다.[187]

1968년 과학자들이 '인성형성에 유전과 환경 중 어느 쪽이 더 중요한가.'를 알아보기 위해 미국 뉴욕에서 태어나 각각 다른 곳으로 입양된 일란성 쌍둥이 폴라 베른스타인과 일리스 쉐인 자매를 연구했다. 단편영화 감독이자 작가가 된 일리스가 생모를 찾던 중 입양당시 쌍둥이가 있었다는 것을 알게 되었고 35년 만에 만났다.

이 둘은 식성, 우울증경험, 대학에서 영화를 전공하고 작가가 된 점 등이 닮았다는 것에 깜짝 놀랐고, <일란성 타인>이라는 책을 썼다. 타고난 개인적 특질은 분명히 있으며 단기적으로는 그 특질의 영향력이 강력하다. 장기적으로는 환경과 유전자가 상호작용하면서 성격을 형성해나간다.

2005년 한솔교육연구원 연구팀이 18개월 된 아이 400명을 모집해 5년 동안 발달상황을 측정한 결과 80%의 아이들이 처음에 가졌던 기질을 유지하고 있었다. 아이들의 기질은 18개월 이전부터 형성되어 있었다. 이 연구는 개인마다 특성과 차이가 있다는 점을 보여준다.

부모가 아이의 특질을 이해하고 이에 맞춰주면 아이가 안정적으로 성장할 수 있다. 아이의 자신감은 기질이나 성격과 관련 있지만 부모의 양육방식에 따라서 긍정적인 변화가 가능하다. 아이는 부모로부터 유전자를 물려받았다. 부모가 아이 기질의 긍정적인 면을 살려주는 양육태도를 가진다면 아이의 기질은 조화로운 성격으로 발전할 수 있다.

재능보다 끈기, 일관성이 중요하다

이 학생은 꾸준히 공부했다. 굴곡 없이 꾸준히 한다는 것은 어린 학생에게는 힘든 일이다. 어머니의 동참이 없었다면 불가능했을지 모른다. 보통 재능이 뛰어난 사람들은 재능을 믿고 노력을 덜 하는 경향이 있다. 재능이 뛰어나면 얼마나 뛰어나겠는가? 노력하는 것이 재능이다.

탁월성에 도달하는 지름길은 없다. 전문기술을 개발하고 대단히 어려운 문제를 이해하기까지는 시간이 걸린다. 열정을 지속하는 것이 중요하다. 그리고 나의 신경을 분산시키고 시간과 에너지를 빼앗고 중요한 목표에서 시선을 앗아갈 일은 피하라.

위인과 일반인의 차이점은 무엇일까? 위인은 하루하루의 삶 대신 미래의 삶을 적극적으로 준비하며 확고한 목표를 향해 노력한다. 위인은 단순한 변덕으로 과제를 포기하지 않으며, 하는 일이 지겹다고 다른 일이나 변화를 모색하지 않는다. 위인은 의지력과 인내심이 강해 한번 결정한 사항을 장애물 때문에 포기하지 않고 밀고나간다. 바로 열정과 끈기, 집요함과 완강함이 보통사람보다 강하다.[188] 1926년 스탠퍼드대 심리학자 캐서린 콕스는 역사적으로 큰 업적을 남긴 위인 301명의 전기를 연구한 결과 "지능보다도 끈기가 성공에 더 중요하다"고 발표했다.

아이의 지능은 변한다. 유치원의 영재선발 중 73%가 오류를 범한다. 영재판명은 적어도 11살 이후에 해야 한다. 취학 전 아동의 지능검사와 이후의 성취도 검사는 겨우 40%의 상관관계를 보였다.[189]

두뇌 안에서는 뇌세포끼리 경쟁한다. 사용하지 않는 세포는 제거된다. 살아남은 승자는 자주 사용할수록 하얀 지방질 조직층(미엘린)으로 덮여가면서 기하급수적으로 정보 전달속도를 향상시킨다. 뇌의 일부 영역은 1년 동안 신경조직의 50%가 바뀐다. 지능도 비약적으로 발달할 수 있다. 고등수준의 추론을 위해 반드시 필요한 전두엽피질은 9~12세를 넘어야 발달한다. 따라서 공부는 초등학교 3~4학년 이후부터 시켜야 한다.

합리적 꿈이 아이를 행복하게 만든다

위의 딸과 엄마는 차근차근 계단을 올라갔다. 능력에 넘치는 꿈과 목표를 세우면 상처만 낸다. 인생을 오래 산 엄마가 따뜻하고 현명하게 지켜준다면 너무나 큰 힘이다.

비관적이고 불만 많은 성인이 되는 이유 중 하나는 달성하기 어려운 목표를 설정하는 것이다. 십대의 목표는 그들에게 일어날 일, 살게 될 장소, 행복감에 큰 영향을 미친다.

이 학생은 평범한 가정에서 자랐다. 합리적 목표를 정해 무리하지 않고 지속적으로 순항하는 행복을 느꼈다. 번쩍번쩍 빛나는 것, 호의호식만이 행복은 아니다.

성공적인 삶을 위해 강점을 살려야 한다. 어떤 행동을 반복해서, 만족해하며, 성공적으로 수행할 수 있어야 강점이다. 재능은 무의식적으로 반복되는 사고 감정 행동이고, 지식은 학습과 경험을 통해 얻은 진리와 교훈이고, 기술은 활동에 필요한 것들이다. 강점은 재능 지식 기술의 조합으로 만들어진다. 강점을 기반으로 한 삶을 구축하는 데 가장 중요한 것은 재능이다.

그렇다면 나의 재능을 어떻게 알아낼 수 있을까? 하나의 활동을 시작해 얼마나 빨리 그것을 습득하고, 얼마나 빨리 학습단계를 뛰어넘었으며, 일을 하면서 배우지도 않은 새로운 방식과 변화를 추가한 것이 얼마나 되는 지 생각해보라. 그렇다면 재능이 있는 것이다.

수령에서 탈출해 촛불을 든 아이들

7부

행복은 성적순이 아닐까?

한때 '행복은 성적순이 아니다(A)'라는 말이 크게 유행했었다. 그 말은 '성적'을 학교성적만으로 본다면 참이지만 성적을 '삶의 자세' '총체적 삶의 결과'로 본다면 거짓이다. '학교성적이 인생의 행복을 보장하지는 않는다.'고 해석하면 '행복은 성적순이 아니다'는 말은 참이다. 우수한 학교성적이 행복한 삶의 보증수표는 아니다.

인생을 살아가는 길은 다양하므로 학교성적이 나빴던 학생이 좋았던 학생보다 더 잘 사는 경우가 허다하다. 그런 차원에서 그 말은 의미가 있다.

그러나 그 말(A)은 자연법칙과 인생 전체를 관장하는 삶의 진리에 어

7부

수렁에서 탈출해 횃불을 든 아이들

긋나는 거짓이기도하다. 학교성적이 나빴던 사람이 좋았던 사람보다 나중에 더 잘 사는 것은 그 뒤로 더욱 노력했기 때문이다. 학교성적이 좋다는 것은 기본적으로 학교생활을 열심히 했다는 것이다. 물론 인생의 행복이나 불행이 노력으로만 좌우되는 것은 아니다. 노력과 함께 선택이 더 중요할 때가 많다. 제대로 선택하지 못하면 아무리 노력해도 헛수고일 뿐이다. 그러나 선택보다 앞서는 것이 노력이다. 노력은 인내 결심 추진력 체력 자제력 등 양질의 자양분을 필요로 한다. 이런 자양분들이 바로 인생의 행불행을 좌우하는 핵심요소들이다.

그래서 학교성적이 우수했던 학생들이 더 행복해 질 수 있는 조건들을 갖추게 된다. 사냥하는 사자가 게으른 사자보다 배불리 먹고, 화려한 꽃에 벌과 나비가 많이 꼬이는 법이다. 공부를 많이 하면 정보력, 상황판단력이 좋아진다. 그러니 졸업 뒤에도 그 같은 좋은 자질이 삶에 도움이 된다. '행복이 성적순'이라고 하는 말은 인생을 헛되이 낭비하지 말라는, 사랑하는 자녀에게 보내는 부모님들의 간절한 조언이자 뒤늦게 깨달은 지혜다.

27장

엘리트갑부 조부모, 된장녀 어머니, 망나니 5대독자
전교 꼴찌가 어머니 정성으로 미국 컴퓨터공학박사

오래전 이야기다. 먼발치서 알고 지내던 지인이 어느 날 학원에 왔다. 평소 향수를 짙게 바르고 고급 외제차를 타고 명품 옷만 입고 다녀서 부자라는 생각은 했지만 자녀에 대해서는 몰랐다. 아들이 하나 있는데 5대 독자다. 남편은 무역업을 하고, 자신은 전업주부라고 했다. 시아버지는 미국에 유학을 다녀왔고 시어머니도 국내 유명대학을 졸업했으며 상당한 부자라고 했다. 그러나 부부는 좋은 대학을 나온 것 같지는 않아 보였다.

자녀교육에 대해서는 특별한 열정이나 정보 없이 그저 남들 따라 무작정 공부시킨 것 같았다. 그러다 문제가 터졌다. 초등학교까지 부모 말씀을 잘 따르던 아들이 중학교에 입학하면서 엇나가기 시작한 것이다. 사춘기에 돌입한 것이다. 중3 이후부터 전교 꼴찌를 독차지했다. 어머니는 화려한 차림에 엘리베이터를 같이 타면 향수냄새가 진동해 머리가 아플 정도였다. 한눈에 봐도 사치와 낭비, 허영이 심해 온전한 주부의 모습은 아니었다.

이 학생도 명품 옷만 입고 향수냄새가 많이 났다. 모전자전(母傳子傳). 항상 여학생하고 돌아다니고 공부를 전혀 하지 않았다고 했다. 학교에서는 매시간 교실 뒤에서 잠만 잤다. 설상가상, 고1 어느 날 아버지에게 학교를 자퇴하겠다고 선언했다. 부모에게는 청천벽력이었다. 조부모부터 시작해 집안에 난리가 났다.

아버지는 "5대 독자가 고등학교도 못나오면 어떻게 하냐?" 며 "전교 꼴찌를 해도 좋고, 학교에서 잠만 자도 좋으니 제발 고등학교 졸업장만 가지고와라. 그러면 외제차를 사주겠다."고 했다. 외제차로 아들을 유혹했으니 부전자전(父傳子傳).

가까스로 달래서 학교를 계속 다녔다. 부모님은 거대한 재산은 물려받았으나 아이의 공부에 대해서는 초보적인 지식이나 지혜도 없었다. 보상(외제차)으로 아이를 달래는 것은 공부에 오히려 독이라는 것도 몰랐다. 아이에게 '돈이면 다 된다'는 의식을 심어줄 뿐이다.

이 학생이 다니는 학교의 선생님은 "그 학생은 학교에 자러 온다. 다행히 문제는 안 일으키는 잠자는 기계."라고 비웃듯이 알려줬다. 학생이 이렇게 망가진 것은 예상 가능하다. 그 부모에 그 자녀 아니겠는가? 어머니가 시부모님의 재산을 펑 펑 쓰는 '된장녀'로 사치의 극을 달리는데 아들이 무엇을 보고 배우겠는가?

그러던 어느 날 어머니가 학원에 왔다. 어디서 들었는지 토익으로 대학에 들어가는 특례입학에 대해 진지하게 물었다. 자세히 알려주자 화색이 돌면서 꼭 부탁한다고 간곡하게 요청했다. 시간이 전혀 없다고 해도 막무가내로 지도를 부탁했다.

억지로 맡았지만 막막했다. 학생은 중학교이후 공부를 해본 적이 없어서 공부할 상태가 아니었다. 학교에서 치르는 시험은 이름만 쓰고 제출할 정도였으니 전교 꼴찌는 당연했다. 부유한 집안의 아이로 부족함이 전혀 없이 자라나 모든 생명체가 갖고 있는 경쟁욕구조차 없었다.

고1, 3월쯤 지도를 시작했으나 도저히 수업이 불가능해서 차라리 함께 놀았다. 노래방에 같이 가기도하면서 서서히 공부 쪽으로 유도했다. 고1이지만 중1과정부터 다시 시작했다. 기적이었다. 수업 시작한지 10개월 후인 12월 토익시험에서 괜찮은 점수를 받았다. 그 점수로 모 대학 지방분교 영어교육학과에 합격했다. 그 학생 집에서는 난리가 났다. "우리 아들이 팔자에도 없는 대학을 가게 됐다!!"

이 학생의 어머니는 '된장녀'이기는 해도 하나뿐인 아들에 대해서는 정성을 보였다. 학원에 자주 찾아와 진척과정에 대해 상담했으며 "어떻게든 아들을 대학에만 보내 달라"고 간곡히 부탁하곤 했었다. "제가 할 수 있는 일은 어떤 일이든 하겠다."며 매달렸다. 나는 "매우 죄송스럽지만 건방진 부탁을 하나 드려도 되겠습니까?"고 조심스럽게 물었다. "네. 무슨 말씀이든 하세요." "죄송합니다만 어머님의 옷차림과 생활을 검소하게 하시고 외출을 줄이시고 집에서 아이를 보살피는 시간을 늘려주시면 안되겠습니까?" "네 어려운 일도 아니네요. 꼭 그렇게 하겠습니다."

너무나 미안하고 어려운 부탁이었지만 어머니가 흔쾌히 받아주었다. 나는 같은 부모로서 어머니의 정성을 무시할 수 없었다. 아이도 어머니의 달라진 모습과 생활에 좋은 영향을 받은 듯 했다.

진짜 이야기는 지금부터. 이 학생은 대학 1학년 때 카투사(KATUSA 주한미군에 배속된 한국군)를 지원해 합격했고, 서울에 있는 미군기지에 배치됐다. 카투사로 3년 근무하면서 영어가 엄청나게 늘었다. 제대하자 공부에 대한 욕심이 생겨 미국으로 유학을 갔다. 10년 쯤 후에 어머니로부터 아들이 미국에서 컴퓨터공학 박사과정중인데 곧 학위를 딸 것이라는 말을 들었다. 학생은 카투사에서 그동안 만났던 사람들과는 전혀 다른 부류의 사람들을 만나 자극을 받았고 유학을 결심했다.

전교 꼴찌로 자퇴까지 하려했던 학생이 이렇게 바뀌다니! 모성 앞에는 장애물이 없다. 어머니의 간절함이 존재감 없는 존재로 살아갈 아들의 자리를 잡아주고 길을 뚫었다.

● 조언과 해법 ●

청소년의 반항과 환경변화

위에 소개한 학생은 초교생 때는 그런대로 부모님 말씀을 듣고 공부도 했으나 중학생이 되면서 '문제아'가 됐다. 사춘기의 돌풍이 몰아친 것이다.

사춘기 반항의 원인 중 하나는 규칙, 기준의 부재다. 아이가 무슨 일을 하던 부모가 다 받아주기 때문이다. 아이는 이런 규칙의 부재가 부모가 자신을 좋아하지 않고 무관심하기 때문이라고 생각한다. '방목(放牧)'하면 안 되는 이유다. 청소년의 두뇌는 어린이나 어른에 비해 평범한 수준의 보상이나 자극에 대해서는 반응하지 않는다. 또 성인에 비해 위험을 검토하고 결과를 예측하는 능력이 약하다. 그래서 지루해하고 위험에 도전한다.

위 학생은 영어학원을 다니고 카투사에 들어가면서 완전히 바뀌었다. 생각 즉 뇌가 변하면서 인생행로가 완전히 바뀌었다. 환경변화가 가져온 긍정적 결과였다.

익숙한 행동을 거듭하면 이 행동은 습관이 된다. 따라서 난폭한 청소년이 자동적으로 폭력적인 어른이 되는 것은 아니지만 그렇게 될 가능성이 상당히 높다. 그러면 폭력적인 청소년 중 반듯한 어른으로 성장하는 사람은 왜 그런가? 환경변화 때문이다. 그가 살고 있는 장소, 사회적 환경이 완전히 변한 것이다. 더 좋은 교육을 제공하고, 새로운 학교에서 새 친구들을 만나고, 특히 이성친구들과 어울리면서 또 다른 관계의 원칙과 모범이 크게 작용한다.

본성과 성격은 일생에 걸쳐 변한다. 뇌는 효과나 이득을 얻을 것인지를 계산해 얻는다는 결론이 나면 그 행동을 되풀이한다. 반면 효과나 이득이 없으면 그 행동을 멈춘다. 덕분에 인간은 자연에서 살아남을 수 있었다. 우리가 특정상황에서 특정행동을 하는 것은 나의 성격적 특성 때문이 아니라 호랑이의 출현 같은 위기상황에서 살아남기 위해서다.

뇌는 정서적으로 도움이 되는 것을 원한다. 뇌는 바라던 효과를 얻기 위한 것이라면 선악을 가리지 않고 행동지령을 내린다. 성격이 변하지 않으면 생존에 불리하기 때문에 성격은 상황에 유연하게 반응한다. 뇌가 변한다는 것은 인간이 예측 불가능한 존재이자 가능성과 잠재력이 있다는 뜻이며 불행이 행복으로 바뀔 수 있다는 뜻이기도 하다.

다양성으로 성공하라, 재능은 만들어진다

비슷한 사고방식을 가진 사람끼리만 일을 하면 뇌를 속여 자기만족 상태에 빠지게 돼 성과를 낮추고 혁신과 몰입의 기회를 잃어버릴 수 있다. 그러니 다양한 사람들을 사귀고 다채롭게 경험해야 한다. 두뇌는 우리 자신이 하는 행동과 우리가 목격하는 타인의 행동을 거의 구분하지 않고 비슷하게 반응한다. 그래서 '까마귀 노는 곳에 백로야 가지마라'고 한 것이다.

비슷한 사람끼리 만나니 일단 마음은 편하다. 그러나 그 만남은 소비만 있을 뿐 생산은 없다. 잘 아는 사람끼리 만나면 어떻게 하는가? 놀고, 먹고, 마시고, 노래방, PC방에 간다. 뻔한 스케줄을 반복하며 생산 없고 감동 없이 귀한 시간만 소비한다. 위의 학생은 카투사에 들어가 여러 사람을 만나면서 인생의 행로가 긍정적으로 바뀌었다.

아이가 매일 그 타령으로 발전이 없을 때는 다른 사람을 만나게 하거나 여행을 보내거나 환경을 바꾸어보라. 재능은 타고나기도 하지만 환경 노력 등에 의해 만들어지기도 한다. 위의 학생처럼 망나니로 살다가도 번듯한 컴퓨터공학박사가 되는 것을 보라. 이 세상에 못난 사람은 없다. 부모나 환경이 못난 사람을 만들 뿐이다.

아이를 천재로 키우고 싶다면 첫 교습을 잘 해야 한다. 그 교습이 매우 긍정적이고 따뜻하고 애정이 가득하며 아이를 지지해주는 것이어야 학습을 긍정적으로 생각한다. 따라서 첫 번째 선생님이 가장 중요하다. 첫 번째 선생님은 누구인가? 부모다.

사람의 자제력과 집중력은 한정된 자원이자 재능이다. 이곳에 집중하면 저곳에 집중할 수 없다. 꼭 집중해야 할 곳에만 집중하고 꼭 자제해야 할 것만 자제해야 한다. 여기 저기 관심이 많은 10대들이 공부를 잘하려면 이 소중한 자원을 공부에만 몰아 써야한다.

일단 시작하면 멀리 갈 수 있다

위 학생의 중학생 때 모습을 보면 어느 누구도 미국박사가 되리라고는 상상하지 못할 것이다. '그저 깡패 아니면 건달이나 되겠지'라고 생각할 것이다. 누구도 아이의 미래는 단정할 수 없다. '아이'는 가능성의 집합이다.

새해 초 달리기를 하기로 마음먹지만 대부분은 실천하지 못한다. 그러지 말고 한 번만 달리기를 해보라. 딱 한 번만 달리고 그게 마음에 들면 다음에 한 번 더 달린다. 내가 낼 수 있는 속도만큼만, 내가 기분 좋게 느낄 수 있는 만큼만 달린다. 억지로 달리지 말라. 그러나 한번 달려서 만족하면 멀리 오래 달리게 되는 것이 생명체의 본성이다. 이뤄질 때까지 이뤄진 척 하라. '나는 내가 생각했던 것보다 더 크고 더 나은 인간이다. 내게 그렇게 많은 장점이 있는지 미처 알지 못했다.'(월트 휘트먼)

인간의 뇌는 부정적이다. 오랫동안 수렵채취생활을 해왔기 때문이다. 적과 친구를 구별해야하는 원시자연에서는 나의 목숨을 노리는 적이 훨씬 많았기 때문이다. 학습은 새로운 신경회로를 만드는 작업이다. 뇌는 오랫동안 부정적인 방향으로 판단해왔기 때문에 학습에 대해서도 부정적이다. 나쁜 일이 좋은 일보다 더 오래 더 자주 기억나는데 이런 일이 다시 발생하지 않도록 조심하라는 것이다. 트라우마가 생기는 이유다.

뇌는 당연히 부정적인 결과가 나올 가능성이 있다고 예측되는 상황을 피한다. 뇌는 예상되는 성취보다는 예상되는 실패를 더 피하려하기 때문에 새로운 시도를 하지 않으려 한다.[190] 따라서 시도가 중요하다. 지속적 성장을 위해서는 무엇이든 조금씩 규칙적으로 하는 것이 좋다. 결과에 연연하지 말고 과정에 집중하면 된다. 그러면 지속적으로 오래 하게 된다.

28장

엄마의 맞벌이가 모범생을 문제아로, 그러나 행복한 결말

가출, 술, 담배에 찌든 여학생, 어릴 때 본 부모 성실함이 버팀목 돼

초등학교까지는 모범생이었다. 이 학생의 어머니도 딸을 서울 강남의 학원가를 순회시켰다. 딸은 독서도 많이 해서 성적이 좋았다. 그러나 딸에게 변화가 찾아왔다. 초교 6학년 때 어머니가 직업을 갖게 되었다. 사춘기가 시작되는 시점이었다. 설상가상 아버지는 지방으로 발령이 났다.

학교를 마쳐도 의지할 데가 없어졌다. 어린 나이에 혼자 학원을 다니게 된데다 학교공부, 학원공부를 챙겨줄 사람이 갑자기 없어진 것이다. 공부에 대한 열의가 완전히 식었고 성적도 점점 떨어졌다. 엄마 말을 잘 듣고 학원도 잘 다니던 딸이 중학생이 되면서 불량학생들과 어울리기 시작했고 생활도 완전히 바뀌었다.

결국은 학원을 모두 그만두었다. 친하게 지내던 친구들은 전부 학원에 가고 함께 놀 수 있는 친구들이 없었다. 자연히 공부를 포기한 학생들과 놀 수밖에 없었다. 그 이후부터는 부모의 말도 전혀 안 듣게 됐다. 어린 아이가 술도 마시고 담배도 피웠다. 학교에 빠지는 날은 더 많아졌고 학생들의 금품도 빼앗을 정도로 완전한 불량배가 돼버렸다.

부모는 회초리도 들고 집에 가두기도 했지만 모두 허사였다. 가출도 밥 먹듯이 했다. 부모는 수시로 학교와 경찰에 불려 다니고 전학가라는 경고를 수 없이 받았다. 부모는 다른 학교로 전학을 시도했지만 받아 주는 학교가 없었다. 딸의 상태는 점점 더 심각해졌다.

전교꼴찌는 당연했다. 아빠는 명문대를 졸업해 대기업에 재직 중이었고, 엄마는 중위권 대학을 나와 전업주부를 하다 취직했다. 이 학생은 고2까지 전 과목 7~9등급이었다. 시험지를 백지로 냈고 시험시간이나 수업시간에 잠을 자거나 다른 학생들과 잡담으로 시간을 보냈다.

반전이 찾아왔다. 고 3이 되자 위기감을 느꼈다고 했다. 이러다 남들 다 가는 대학도 못가고 거리의 아이로 인생을 망치고 마는 것인가 하는 회의가 들었다고 했다. 5년 동안 헛된 짓을 하고 다닌 자신이 한심스럽다는 생각이 들었다. 생명체의 생존본능이 발동한 것이다.

아이는 부모의 성실한 삶의 자세, 부모가 늘 책을 읽는 모습을 보며 자랐다. 그것이 아이의 근본심성을 지킨 버팀목이었다. 어린 시절 보고자란 부모의 성실함이 아이에게 마지막 보루가 된 것이다.

특히 어머니는 아이의 방황이 자신 때문이라며 괴로워했다. 어머니는 늘 딸의 방황을 사랑으로 감싸며 달래고 위로했다. 절대 야단치지 않았다. 언젠가는 제자리로 돌아올 것이라는 희망을 놓지 않고 기다렸다. 아버지는 딸을 혼내기도 했으나 결국은 어머니에게 딸을 맡겼고 어머니의 사랑이 딸을 살려냈다고 했다.

고3, 7월 어느 날 학생과 어머니가 학원으로 찾아왔다. 테스트한 결과 이해력이 아주 좋았다. "현재 성적은 7~8등급이지만 수능까지 3~4개월 남은 기간을 열심히 공부하면 1등급도 가능하다." 학생도 부모도 믿지 않았다.

무엇보다 다른 과목의 성적에 관계없이 영어 한 과목만 2등급이상이면 서울에 있는 대학을 갈 수 있다고 했더니 무섭게 공부했다. 실제 수능에서 영어 2등급을 받았다. 나머지 과목은 6~8등급이 나왔다. 서울과 경기도 소재 대학 두 곳에 당당히 합격했다.

인생의 수렁에서 빠져나와 성취감을 맛봤다. 즐거운 고민에도 빠졌다. 두 대학 중 어느 곳을 갈까 고민하다 서울을 택했다. 학생은 대학에 합격하자 신바람이 났다. 대학 1학년 1학기까지 원 없이 놀고 또 놀았다.

학생이 상담 차 찾아왔다. 편입학 공부를 해보겠다는 것이다. 내 귀가 의심스러웠다. 공부를 원수같이 여기던 학생이 편입이라니! 편입학은 입학인원이 너무 적어 정규대입시보다 더 어렵다. 너무 기특해서 편입에 대해 자세히 설명했다.

강한 집중력으로 하루 종일 공부만 했다. 서울의 중견명문대 네 곳에 지원해 전부 합격했다. 믿을 수가 없었다. 전교 꼴찌에 심각한 문제학생이 네 군데나 합격하다니!

● 조언과 해법 ●

아이는 집에서 언제나 환영받아야 한다

이 아이는 어릴 때 엄마가 맞벌이에 나서면서 잘못된 길에 들어섰다. 학교에서 돌아오면 따뜻하게 안아주는 엄마가 있는 집과 텅 빈 집에 홀로 들어가야만 하는 어린애를 상상해보라. 빈 집에 들어가기는 어른도 싫다. 어린 아이가 그 외로움과 허전함을 견디며 제 갈 길을 잘 가기란 너무나 어렵다.

부모는 아이에게 살아있는 모범을 보여주고 구체적 기회를 제공해야 한다. 아이는 '우리 집은 언제나 내가 환영받는 곳'이라고 생각할 수 있어야 안정감, 안전감을 얻는다.

아이가 가족을 통해 자신의 가치를 인정받으면 모험을 시도하고 능력을 개발하는 힘을 얻는다. 공동의 목표가 있고, 의사소통이 왕성하며, 신뢰가 바탕이 되는 가정에서 자란 아이는 더 행복해진다.

아이가 사랑받지 못한다고 느끼거나, 무능력하다고 느끼거나, 끊임없이 죄책감에 빠지거나, 부모에게 통제받는다고 느끼면 자신이 사랑과 인정을 받아 마땅하다는 점을 증명하려고 쉬지 않고 애쓰면서 힘을 소진한다. 또 도전과 성취의 즐거움을 누리지 못하면 자신의 중요성을 입증하고 싶어 폭력, 반항으로 나가기도 한다.

부모는 아이에게 따뜻하고 진지하게 물어야 한다. 네가 가장 중요하게 생각하는 게 무엇인가? 삶을 마감할 때 어떤 사람이 되고 싶은가? 이런 질문과 준비를 통해 실력을 갖추게 된다.

불안하면 배우지 못해 감정을 배출해야한다

위 학생은 늘 같이 있던 엄마가 취직하면서 갑자기 분리됐다. 당연히 불안하다. 아이가 "우리엄마는 멋진 직업인이야"라며 자부심을 느끼고 존경하며, 엄마가 아이와 같이 있는 시간을 밀도 있게 보낸다면 괜찮을 수 있다.

지속적인 불안상태는 아이가 생각하고 배우고 관계 맺고 성장하는 능력을 손상시킨다. 아이가 자신의 고통스런 감정을 표현하도록 도와주어야 한다. 아이들은 부모가 자신을 소중히 여기며, 자신의 감정을 받아준다고 믿어야 잘 성장할 수 있다. 아이의 감정과 선택을 부정하고 심판하는 것은 아이를 불안에 떨게 만든다.[191]

자신을 표현할 수 있는 아이는 다른 사람의 감정을 파악하고 배려하는 능력을 발달시킨다. 두려워하는 아이는 자기 뜻을 말하지 못하고 외로워한다. 불안감과 공포는 집중력을 떨어트린다. 자신감이 있어야 지적 능력도 발달한다. 자신감 자존감이 부족한 아이들은 지나치게 예의바르고 순종적이며 협조적이다.

'입장 바꿔 생각하기'가 가장 필요한 곳이 부모자식간이다. 남들은 이해하려고 하면서 왜 내 자식은 이해하려 하지 않는가? 부모가 아이의 생각을 들어보고 아이의 입장이 돼보려고 노력하면 아이는 '아, 부모님이 나를 인정하시는구나.'하고 마음을 연다. 그러면 아이는 자신의 문제를 인정하고 마음의 평화를 얻고, 부모와 함께 개선점을 찾고자한다.

강압 과보호 방임은 바보의 길이다

헬리콥터부모는 아이에게 "피아노 연습하자"며 아이 주변을 항상 빙빙 돌며 감시하고 지시하고 무슨 일이든 대신 해준다. 방임형 부모는 아이가 식당에서 뛰어놀든 말든 내버려두고, 8살이 돼도 신발 끈을 매주며, 아이를 밖으로 내보낸다. 아이는 자신이 자유롭고 독립적이라고 믿지만 사실 부모가 내준 임무를 홀로 수행하는 중이다.[192]

감시하는 것이나, 응석받이로 키우면서 달래는 행동은 모두 '과보호'에서 나온다. 부모가 자녀를 둘러싼 세상을 안전하게 만들 수 있다는, 잘못된 신념의 증거다. 이들은 부모가 잘하면 그 무엇도 자녀를 방해할 수 없으며 자녀에게 해를 끼칠 수 없다고 믿는다. 자녀를 고통과 실패와 슬픔에서 보호할 수 있다고 믿는다. 망상이다. '사랑받기 위해서가 아니라 혼자서만 사랑받기 위해서 죽자 사자 노력하지 않도록 하라.'(시인 위스턴 휴 오든)

18세 자녀에게 수학만점을 요구하는 것이나 8살 자녀의 신발 끈을 묶어주는 것은 같은 일이다. 둘 다 자녀를 혼자서는 아무것도 못하게 만든다. 부모는 아이의 능력이나 개성은 생각하지 않고 아이에게 최선을 다할 것을 주문한다. 부모도 최선을 다하지 못하면서.

중고교는 배움이 아니라 인내력을 테스트하는 곳이 돼버렸다. 엄청난 무게를 잘 견딘 학생만 좋은 대학 입학이라는 보상을 받는다. 이제 호기심 배양, 올바른 품성과 공동체의식교육, 민주시민으로서 능력개발, 놀이의 기쁨과 자유의 중요성 등은 어디서 배워야 하는가? 아이에게 행복할 수 있는 기회를, 자유로울 수 있는 기회를 주어야 한다. 점수로 줄 세우기를 해서는 안 된다.

흡연 음주하면 IQ가 10이 낮아진다

우리나라의 청소년 흡연, 특히 여학생들의 흡연이 늘고 있다. 청소년의 흡연은 성인의 흡연보다 더 깊은 상처를 남긴다. 흡연은 폐암 주의력결핍 과잉행동장애 기억손실 지능저하 우울증 등을 초래하는 심각한 질병이다.

학습과 중독 모두 청소년의 뇌가 자극에 반복적으로 노출될 때 일어나며 계속하면 점점 더 강화된다. 학습은 유익한 기억이 되지만 중독은 갈망이 증가하면서 점점 더 목마르게 한다. 담배 한 개비에는 비소 카드뮴 암모니아 일산화탄소 등 4천 종 이상의 원소와 화학물질이 들어있다.[193]

이스라엘에서 군 입대 남성 2만 명을 대상으로 측정했다. 하루에 담배를 한 갑 이상 피우는 사람의 IQ가 대략 90정도였다. 군인들의 IQ는 84~116

정도로 평균 100이었으니 흡연으로 10이나 낮아진 것이다. 담배는 뇌세포를 죽인다.

10대가 흡연을 많이 할수록 이성(理性)을 담당하는 전두엽의 활동이 줄어들어 의사결정능력이 떨어진다. 청소년은 담배를 몇 개비만 피워도 뇌가 스스로 리모델링을 시작해서 새로운 니코틴 수용체를 만들어내므로 성인보다 금연이 훨씬 어렵다. 청소년은 한 달에 한 개비만 피워도 중독된다. 청소년기에 흡연을 하면 음주를 시작할 가능성이 3배나 높아지고 술에 대한 내성도 증가한다. 흡연자는 비 흡연자보다 술 중독에 걸릴 확률이 10배나 높다.

알코올은 새로운 시냅스형성에 핵심적인 역할을 하는 글루타메이트를 차단하고, 기억을 관장하는 해마의 크기를 줄인다. 이는 과학자들이 쥐의 해마에 알코올을 투여해 실험한 결과 밝혀졌다. 해마가 술에 젖으면 기억을 못한다. '필름'이 끊기는 것이다.

뇌에서 유아기부터 성인기까지 계속해서 새로운 뉴런을 만들어내는 것이 딱 두 곳인데 해마가 그중 하나다. 해마는 기억을 담당하는데 술은 해마의 뉴런생성을 막는다. 술은 청소년의 기억력을 10% 이상 저하시켜 학습에 문제를 일으킨다.

정보가 전달되는 속도와 효율성을 높이는 뇌의 백질은 성인기까지 계속해서 발달하는데 술은 이 백질에도 손상을 입힌다. 좌우 양반구의 뇌를 연결하는 뇌량도 손상을 입는데 그러면 청각 시각 운동감각 수면 등에 장애가 나타난다. 술 담배는 악마의 꼬드김이다. 술 중독의 원인의 50%는 유전이다. 그러니 부모는 아이 앞에서 절대로 술을 마시지 말아야 한다.

아이를 이해하고 인정하라 성취하면 더 똑똑해진다

부모가 보기에 사소하고 당연한 일도 아이에게는 큰일인 경우가 많다. 부모는 아이의 이런 감정을 모른 체해서는 안 된다. 부모가 아이의

감정을 이해하고 다독여주면 아이의 상처는 금방 아물고, 현실에 대응할 수 있는 힘을 얻는다.[194]

부모는 아이의 행동이나 생각이 부모의 인생관 세계관 가치관에 맞지 않을 때 야단친다. 아이 행동의 잘잘못을 따지는 기준이 부모의 생각이다. 그런데 그 생각이 완벽하고 절대적인가? 아니다. 장강의 뒷 물결이 앞 물결을 밀어낸다. 부모의 생각은 흘러간 물이라고 생각하라.

성공에는 두 가지가 필요하다. 다른 사람과 원만히 지낼 수 있는 사회성과 문제를 해결할 때까지 물고 늘어지는 힘, 끈기다. 둘 다 부모와의 관계 속에서 길러지는 자질이다. 부모로부터 충분한 사랑을 받은 아이가 사회성과 끈기를 기른다. 아이를 혼자 두어서는 안 된다. 사랑하는 사람과 함께 하는 건 축복이다.

부모가 행복한 삶을 보여주면 아이도 행복한 삶을 살아간다. 좋은 부모는 자신의 말보다 아이의 말에 귀를 기울이고, 열 번 들어주고 한 번 말하며, 아이와 함께 하려고 노력한다. 아이를 변화시키기보다 내가 먼저 변해야 한다.

위 학생은 작은 성취로 인해 큰 길로 나갔다. 승리는 남성호르몬인 테스토스테론과 행복호르몬인 도파민을 담당하는 뇌 부위를 강화해 생각과 감정을 바꿔놓는다. 이렇게 되면 어떤 사안에 대해 자신의 의지를 관철하려 하고 행동하려 한다. 그래서 아이는 작은 승리를 맛보면 점점 더 큰 승리로 접근하게 된다. 승리는 테스토스테론의 분비를 늘려 더 행동적이 되고, 도파민이 늘어나 더 행복해지는 선순환에 들어간다. 그래서 승리는 아이를 점점 더 똑똑하게 만들어준다. 따라서 부모가 아이에게 자신의 일을 직접 결정하고 성취하도록 자율권을 주어야 더 크게 성장, 발전할 수 있다.

공부는 오늘 못하는 일을 내일은 할 수 있게 해준다. 인간의 매력은 내면적인 빛, 즉 앎(지知)에서 나온다. 그리고 이 앎은 내 안에서 성장하는 것이다. 그러나 내 안에서 완결되는 앎은 없다. 가치 있는 지식이나 지성은 타인과의 관계 속에서 성숙, 발효한다. 놀이가 중요한 이유다.

부처님 예수님 등 인류의 성자는 생각을 많이 했다. 사람이 사람다우려면 공부, 독서를 많이 해야 하는 것은 물론이지만 생각도 많이 해야 한다. 생각 없이 공부만 많이 하면 근심 걱정이 늘어나고 지혜는 얻지 못한다. 지혜는 공부 외에 깊은 사색이 바탕이 돼야 얻을 수 있다.

그런데 요즘은 아이들이 좀체 생각할 환경이 아니다. 공부와 문제풀이는 과외선생이나 학원선생이 대신 해주고, 어려운 일이 있으면 부모가 대신 해주고, 숙제는 인터넷이 다 해주니 언제 생각을 할까싶다.

'고통은 인간을 생각하게 만들고, 사색(思索)는 인간을 현명하게 만들고, 지혜는 인생을 견딜만한 것으로 만든다.' 나 자신에게 질문을 던지고 끊임없이 고민하고 생각해야 한다. 생각이 깊지 못한 사람은 행동이 경망스럽다. 머리에서 떠오르는 대로 입으로 나오고, 행동으로 옮기니 그 말이나 행동이 오죽 경박하겠는가?

사고는 생각에 빠지는 것, 즉 몰입이다. 즐거운 마음으로 몰입하면 위대한 성취를 얻을 수 있다. 생각나는 대로 생각하라. 반 고흐는 꽃에 대한 고정관념, 피카소는 여인의 얼굴에 대한 고정관념을 깨고 자기 뜻대로 그렸다.

29장

동기유발로 미군전투기 조종사 되다

놀기만 하던 아이 미국에서 충격 받고 성공의 길로

오래전 일이다. 경기도 O고 2학년생 박 모 군. 미국에 있는 부모님과 합류하기 위해 자퇴를 하고 미국 영주권이 나오기를 기다리고 있었다. 아버지가 모 언론사 미국특파원으로 미국에서 영주권을 받았다. 그러나 박 군의 영주권은 쉽게 나오지 않았다. 들뜬 마음으로 오랫동안 영주권이 나오기를 기다리다 보니 공부는 엉망이었다.

경기도 친척 집에 기거하면서 생활이 엉망이 되었다. 잔소리하는 사람도 없고 학교도 안가니 그저 살판이 난 것이다. 마음대로 술 담배 게임에 젖었다. 노는 아이들과 어울리며 밤의 세계에 빠져들었다.

그러다 생각해봤다. '영주권이 나오는 대로 미국에 가야하는데 영어 하나는 해놓고 놀아도 놀자.' 이 학생은 2학년 때 자퇴를 하고 몇 개월을 놀다가 "아차"하고 학원에 온 것이다.

그러나 초등학교 때 책을 많이 읽지 않아서 문제가 컸다. 테스트를 하나마나 실력은 바닥이었다. 학교를 안가니 시간은 많았다. 책과 영어원서를 많이 읽도록 하고 숙제도 많이 내줬다. 처음에는 힘들어했다. 1년간 영어만 공부해서 토플 PBT(Paper Based Test)에서 580점(만점 677점) 정도를 받았다. 그 후로는 미국 CNN 방송, 미국드라마 등을 시청하도록 했으며 시사주간지 Time, Newsweek를 읽도록 했다. 잘 따라왔다.

1년간 열심히 공부한 결과 미국 뉴스를 어느 정도 들을 수 있게 됐다. 그러던 중 드디어 미국 영주권이 나왔다는 소식이 왔다. 19살에 미국으로 갔다. 미국에서 고등학교 과정을 처음부터 다시 시작했다.

오랫동안 소식이 없다가 어느 날 연락이 왔다. "선생님, 저 박 모인데 기억하세요? 지금 일본 오키나와 미군 공군기지 비행장에 도착했어요." 하와이 미군기지에서 오키나와 미군기지로 오간다는 것이다.

나는 이 학생이 미국에서 고등학교 다닐 때 미국을 방문할 기회가 있어서 그 학생 집에서 잠깐 만난 적이 있었다. 그때 학생은 "선생님 저 열심히 공부하고 있습니다. 한국에서 왜 그렇게 생각 없이 놀았는지 후회합니다. 그래도 선생님을 만나 영어공부를 열심히 한 게 얼마나 다행인지 몰라요."라고 말했다.

이 학생은 미국에 가서 학교에 입학하기 전에 여기저기 여행을 다니면서 자신이 우물 안 개구리였다는 사실을 깨달았다고 했다. 광활한 자연과 도시의 역동성, 아이비리그대학과 도서관, 문화 및 산업전시회, 실리콘밸리 등 다양한 경험을 하면서 큰 충격을 받았다고 했다. "다시는 예전처럼 허송세월하지 않겠다고 다짐했습니다. 열심히 해서 꿈을 찾고 그 꿈을 이룰 겁니다." 학생은 내게 한 다짐 그대로 실천했다.

그러나 전투기 조종사가 되겠다는 말을 들어 본적이 없어서 많이 놀랐다. 박 군은 아내와 아들 둘이 있다고 사진까지 보내왔다. 이렇게 기쁠 수가! 내 일처럼 기뻤다.

어떻게 그 어려운 전투기 조종사가 되었을까? 전투기조종사는 지덕체(智德體)를 다 갖춰야 되지 않을 까싶다. 아마 피나는 노력을 했을 것이다. 중요한 것은 학생의 공부하려는 의지와 동기다. 또 잘 이끌어 줄 수 있는 안내자다. 누구보다도 부모님이 그 역할을 하는 것이 당연하다. 뛰어난 학생은 아니었더라도 깨달으면 뛰어난 사람이 될 수 있다. 이 학생은 스스로 깨우치고 피나는 노력을 통해 꿈을 이루었다.

조언과 해법

재미 꿈 자신감이 잘하게 만든다

무슨 일이든 재미있어야 한다. 공부도 마찬가지다. 그래야 오랫동안 스스로 할 수 있다. 그 재미를 느끼려면 독서할 때 그냥 읽지 말고 질문하면서 읽으면 더욱 재미있다.[195]

예습이 공부를 즐겁게 만들고 복습이 내 것으로 만든다. 공부는 불가사의를 찾아가는 여행이다. 지식이 증가하면 알고 싶은 것도 늘어난다. 공부가 재미난 점 중 하나다. 궁금하면 관련 서적을 읽고 내 것으로 만들면서 지식의 네트워크를 구축하게 된다.

공부는 살아가는 원동력이자 인생 최대의 오락이다. 공부는 인격형성과 직결된다. 풍요로운 인간성은 공부로 배가된다. 배우지 않으면 독단에 빠지기 쉽다. 공부하며 느끼는 지적흥분은 최고의 행복감 중 하나다. 독서를 하며 가슴이 뛰고 눈물이 글썽거리는 경험을 해보라. 얼마나 행복한지 알 것이다. 감미로운 중독이다.

공부로 지식이 축적되면 작은 발견으로도 놀라는 지적감동이 일어난다. 상상력의 날개가 생겨 언제 어디서든 어디로든 날아갈 수 있다. 지적 여행이다. 교양이 풍부하면 존경받는다.

'청운의 꿈', 오래된 말이다. 요즘 아이들은 꿈이 없는 것인가? 어느 고등학교의 졸업식장에서 졸업생들이 한명씩 연단으로 올라와 자신의 꿈을 밝혔다. 고3이면 대부분 꿈을 찾았을 나이다. 학생들이 말하는 꿈은 요리사, 소방대원, 축구선수, 간호사, 선생님, 현모양처, 회사원이 었다.

이것이 과연 인생을 시작하지도 않은 10대의 꿈인가? 현모양처, 회사원이 꿈인가? 요리사는 꿈이 아니다. 그냥 직업이다. 요리사가 아니라 '한국최고의 요리사' '세계최고의 요리사'가 꿈이다.

꿈은 나이가 들수록 점점 작아진다. 꿈이 커야하는 이유다. 꿈이 있어야 자기인생의 주인으로 산다. 내가 선택하고 내가 그 선택에 책임을 져야 나의 인생인 것이다. 종속적인 삶이 아닌 주도적인 삶을 살아야 사는 것이다. '나는 지금의 나로부터 출발해 세계 최고의 요리사가 될 것이다. 세계최고가 되기 위한 그 치열한 노력의 과정을 당당하게 즐길 것이다.'

인생은 자신에 대한 도전이며 이전에는 하지 못했던 일을 할 수 있도록 배우는 것이다. 자신에게 말하라. "나는 열심히 배운다. 결과가 안 좋지만 개선해나갈 거야. 아직 못 한다고 상심할 것 없어. 나는 목표를 높게 잡을 거야."[196]

지능과 재능에 대한 나의 신념을 새롭게 하고, 낙관적인 자기대화를 계속하면 뇌가 변하고 내가 변한다. "나는 할 수 있어. 나는 성공할거야. 나는 잘할 거야." 주문이 현실이 된다.

문화는 기존의 적응체계다. 이 학생은 문화충격을 받고 심기일전했다. 낯선 세계에 내던져지는 것은 새로운 인식과 출발을 강제하는 것이다. 아이를 바꾸고 싶다면 외국으로 여행을 보내는 것도 좋다. 우리나라보다 잘 사는 선진국, 명승지보다 도시로 가야한다. 그래야 보고 배우고 느끼는 것이 많다. 독서토론모임 등 다양한 문화활동, 학습활동모임, 동호회 등에 가입하는 것도 새로운 자극으로 '꿈 찾기'에 도움이 된다.

나를 창조하고 재능을 발견하라

"나는 인생을 나 자신을 위해 내가 쓴 한 편의 훌륭한 드라마라고 생각한다. 내 삶의 목적은 최대한 즐겁게 내가 맡은 역할을 연기하는 것이다."(미국 영화배우 셜리 매클레인)

영국의 화가이자 작가인 로드 주드킨스는 "자신을 발견하지 말고 창조하라. 어디에 있던, 어떤 상황이던 일단 시작하라."며 "레오나르도 다빈치는 폭 넓은 교양과 지식을 갖춘 르네상스맨이었다. 그는 17점의 그림밖에 남기지 않았는데 상당수는 미완성이다. 그는 수학자였지만 수학발전에 이렇다 할 이바지를 못했고, 음악가였지만 음악을 기록으로 남기지 못했다. 건축가였지만 그가 설계한 건축물 중 실제로 건축된 것은 없다. 조각가였지만 남긴 조각품은 없다. '최후의 만찬' '앙기아리 전투' 7미터가 넘는 '스포르자 기마상' 같은 대규모 프로젝트는 완성되지 못했다. 그는 실패자인가?"라고 했다. 그는 천재로 추앙받고 있다.

우리는 모두 가치 있는 대상에 도전하고자 한다. 도전한다고 다 성취하는 것은 아니지만 도전 자체가 의미가 있는 것이다. 이 학생은 미국에서 여러 가지를 체험하며 가슴으로 느꼈다. 생각이 확장된 것이다.

'역사에서 배우지 않으면 그것을 반복하기 마련이다.' 자신의 과오를 반성하고 다시는 그러지 않겠다고 다짐하지만 보통은 똑같은 실수나 과오를 되풀이 한다. 미성숙한 10대들은 오죽하겠는가? 아이들을 닦달하지 말자. 인생은 문제를 산뜻하고 깔끔한 상자에 담아 배달해주지 않는다. 아이와 같이 노력하자.

학교에서 꼴찌였던 학생이 전투기 조종사가 된 것은 확실한 동기부여가 있었고 노력하면서 자신의 재능을 찾았기에 가능했을 것이다. 재능을 발견할 수 있는 세 가지 실마리가 있다. 동경(憧憬)이다. 누구나 하고 싶은 것, 가지고 싶은 것, 되고 싶은 사람이 있다. 이런 것에서 재능을 발견할 수 있다. 절친인 배우 맷 데이먼과 벤 에플렉은 열 살 때 학교식당에서 연기에 대해 의논했다. 피카소는 열세 살 때 성인미술강좌에 등록했다.

두 번째는 학습속도다. 위대한 화가 앙리 마티스는 21살까지 붓을 쥐어본 적이 없다. 변호사 사무실 서기였던 그는 항상 우울한 사람이었다. 어느 날 어머니가 아들의 기분전환을 위해 미술도구를 선물했다. 그는 에너지가 용솟음치는 것을 느끼고 4년 동안 혼자서 그림을 공부했다. 그리고 파리명문미술학교에 들어가 귀스타브 모로에게서 배워 유명화가가 됐다. 무엇을 배울 때 남보다 학습속도가 유난히 빠른 분야가 있다면 자세히 살펴보라.

다음은 만족감이다. 어떤 활동을 할 때 기분이 좋아진다면 재능을 사용하고 있을 가능성이 높다. 어떤 일을 하면서 "이 일이 언제 끝날까?"라고 생각하면 재능이 없는 것이고 "이 일을 언제 또 할까?"라고 기대하면 그 일을 즐기고 재능이 있는 것이다.[197]

자신을 통제해야 먹잇감이 안 된다

나는 종속변수인가 독립변수인가? 남을 따라가기만 하는가 선도하는가? 상황에 따라 다를 것이다. 그것은 나의 육체 때문이다. 나의 몸은 끊임없이 에너지를 흡수해야 생존한다. 나의 머리, 생각도 마찬가지다. 지식과 정보를 지속적으로 받아들이지 않으면 생각은 정체되고 남에게 끌려 다니는 노예가 되고 만다.

생명은 스스로 성장 발전하려는 본능이 있다. 자신의 유전자를 전파하고, 자신의 지식과 이념을 확산시키고자 한다. 이런 증식과 전파를 위해 에너지를 흡수해야 한다. 가능한 많이 먹으려하고, 가능한 돈과 권력, 명망과 사랑을 많이 갖고자 한다. 그래야 영향력이 커지고 유전자와 지식전파가 쉬워지기 때문이다.

돈 권력 명예 사랑 존중을 많이 차지하는 방법을 아는 사람은 더 많은 것을 갖게 된다. 더 많은 자유를 누리고 더 많은 선택을 주체적으로 할 수 있게 된다. 그러나 혼자서만 누리면 오래가지 못한다. 남들을 배려하고 사회와 조화를 이뤄야 한다.

욕망에 지배당하면 조화, 배려 같은 공동선이 무너진다. 사람이 자신의 의식, 욕망을 통제하지 못하면 그렇게 된다. 그런 통제력을 배우는 것이 공부다. 공부를 안 하면 그저 생물학적 욕망만 쫓다가 정글의 먹잇감으로 전락하고 만다.

자수성가한 미국의 백만장자 컨설턴트 브라이언 트레이시는 "인생이란 비밀번호를 맞춰서 여는 자물쇠와 같다. 올바른 비밀번호를 순서대로 돌리기만 하면 자물쇠는 열린다. 그건 기적도 행운도 아니다. 비밀번호란 성공적인 인생을 성취하기 위한 올바른 사고방식과 행동양식의 조합이다. 그 조합은 찾고자 하면 얼마든지 찾을 수 있다. 건강 부 행복 성공 마음의 평화는 모두 동일한 원칙에 뿌리를 두고 있다. 올바른 일을 올바른 방식으로 한다는 것이다. 내가 진정으로 원하는 것이 무엇인지 알면 다른 사람들이 과거에 어떤 방식으로 그것을 성취했는지 알아내게 되고 그 방식대로 하기만 하면 그들과 비슷한 결과를 얻게 된다. 남녀노소 인종 빈부 지위와는 상관없다. 자연법칙은 그런 것을 가리지 않는다. 내가 준만큼 더도 덜도 아닌 꼭 그만큼 돌려준다. 얼마만큼 노력할 것인지는 내 자신이 결정한다."고 했다.

30장

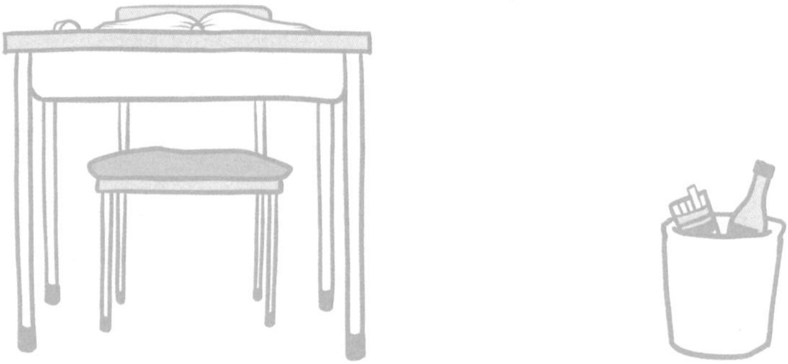

가난한 부모님 이혼, 일진폭력배가 명문대생으로

돈 없어 학원 못가고 책도 못 사, 교과서 통째 외우며 학교공부 몰입

어릴 때는 그럭저럭 살았으나 아버지가 실직하면서 집안이 어려워졌다. 부모님은 다투는 일이 많아졌으며 학생이 중학교에 들어가면서 결국 이혼했다. 학생은 어머니, 동생과 함께 살게 되었다. 아버지가 가끔 생활비를 주었으나 그것도 나중에는 끊겼다. 경제적 어려움은 커져만 갔다. 집안 살림을 맡게 된 어머니는 식당일 등으로 집안을 꾸려갔으나 생활비, 학비 등을 감당하기에는 턱없이 부족했다. 동생은 결국 시골의 외할머니 댁으로 보내졌다.

학생은 중1때부터 엇나가기 시작했다. 문제학생, 그것도 폭력서클 '일진'의 멤버가 됐다. 아이들의 돈을 뺏는 일이 다반사가 되었고 가끔 가게 등에서 좀도둑질도 했다. 술 담배 게임으로 귀중한 시간을 탕진

했다. 정학처분 끝에 다른 학교로 전학도 갔다. 경찰에 잡혀가는 것도 여러 번이었다.

학생은 일진이라는 것에 양심의 가책도 느끼지 못했다. 어머니도 아들이 그렇게 된 것이 부모 탓이라고 생각해서인지 야단치지 않았다. 그러나 사람에게는 하늘이 부모님을 통해서 선물한 양심이라는 것이 있다. 이 학생은 자신이 사고 칠 때마다 학교로 경찰서로 불려가는 어머니, 지친 몸으로 잠자리에서 소리죽여 우는 엄마의 모습을 보며 스스로를 돌아보게 됐다. 중3이 되자 일진생활도 시들해졌다. 친구들 중에는 일진을 탈퇴해 공부를 시작하는 아이들도 있었다.

학생은 고1이 되자 공부를 해야겠다, 어머니에게 효도해야겠다며 마음을 다잡았다고 했다. 이 학생은 어디서 소문을 들었는지 5월 어느 날 어머니와 함께 상담하러왔다. 어머니는 어두운 표정에 옷차림 등에서 힘들게 산다는 것을 한눈에 알 수 있었다. 학생도 불량기는 남아 있었으나 상담을 해보니 타고난 천성은 착하다는 것을 느꼈다.

어머니는 아이를 잠깐 나가있으라고 하고서는 “선생님 제발 부탁합니다.”며 쌓이고 쌓였던 설움과 울음을 터트렸다. 서울 강남에 산다고 다 부자는 아니다. 여자 혼자 막일을 하며 아이 둘을 키운다는 것이 얼마나 힘들었겠는가? 우리나라에는 이런 생활고에 시달리는 사람들이 참으로 많고 그 자녀들 중 방황하는 아이들도 너무나 많다. 참으로 안타깝다.

나는 학원비는 능력 되는대로 주라고 하고 아이를 맡았다. 마음이 달라진 아이는 정말 열심히 했다. 모든 과목이 기초가 전혀 안 돼 있었으나 영어에 자신이 붙으면서 다른 과목도 아주 조금씩 나아지기 시작했다. 영어이외에는 돈이 없어 학원에 다닐 수가 없어 혼자 공부했다. 사실 학원비는 거의 받지 않았다. 참고서 살 돈도 없는 학생은 학교공부에 매진했고 교과서를 통째로 외웠다. 선배들로부터 참고서를 물려받기도 했다.

그런데 기초학력이 전혀 안 돼 있는데다 어린 시절 오랫동안 술과 담배, 게임에 절어 뇌가 파괴돼서 그런지 성적이 마음만큼 올라가지는 않았다. 이 학생은 어린 시절의 술 담배 게임중독은 치명적이라는 사실을 새삼 느끼게 했다. 방황하더라도 술 담배 게임만큼은 절대 안 된다는 것을 아이들이 명심했으면 좋겠다. 성적이 안 올라가는 만큼 아이는 더 노력하고 애썼다.

중간 중간 과거 일진친구들의 유혹, 게임과 술 담배의 유혹이 있을 때마다 나에게 고백했다. 나는 그때마다 아이를 데리고 나가 먹을 것을 사주며 오랫동안 대화를 나누고 마음을 다잡도록 했다. 아이는 지나온 날들을 생각하며 흐느껴 울기도 했다. 어머니는 학원비를 못내는 대신 떡 김밥 등을 자주 가지고 와 아이에 대해 대화를 나누곤 했다. 자신이 할 수 있는 한 정성을 보였다.

아이는 고등학교 내내 학원에 나왔다. 성적은 전 과목에서 굴곡 없이 조금씩 꾸준히 올라갔다. 아이는 "선생님 저는 정말 열심히 살 겁니다. 그래서 고생하시는 어머니에게 반드시 효도할거에요"라고 다짐하곤 했다. 얼마나 기특한가. 10대는 상하좌우로 변화가 심하다. 그러니 잘못된 길로 들어섰다가도 다시 제자리로 돌아올 수 있다. 그 좌표의 중심에는 부모가 있어야 한다. 자녀의 삶의 등대는 결국 부모의 인격, 인성, 삶의 모습이다.

요즘은 10쌍이 결혼하면 절반 정도가 이혼한다. 이건 아니다. 어린아이들이 감내해야하는 고통 중에 최악은 부모의 사망과 이혼이다. 평생 상처로 남는다. 아이에게 '부모의 기본'은 못할망정 상처는 주지 말자.

이 학생은 결국 해냈다. 원하는 중견 K대 법학과에 합격했다. 그 뒤로도 가끔 연락이 왔다. "선생님 이번 학기는 장학금도 받았습니다." 이런 학생은 다시는 엉뚱한 길로 빠지지 않을 것이고 자신이 원하는 길에서 한줄기 빛이 될 것이라고 확신한다.

조언과 해법

10대의 충동적인 생활

"문제아는 없다. 문제부모가 있을 뿐."(미국 문화평론가 닐 포스트먼)

메릴랜드 베네스타 국제건강센터의 신경과학자 제이 지이드는 MRI를 도입해 뇌를 연구한 최초의 학자다. 결과는 뇌는 2~3세 정도에 1차 성장을 마치고 11~12세에 2차 성장에 들어간다. 이때 전전두엽 피질에서 수상돌기가 과잉 생산되면서 성격의 극적인 변화가 나타난다. 전전두엽 피질은 충동조절기능을 담당하는데 청소년기는 지속적으로 성장하는 중이어서 충동을 통제하지 못한다.

청소년에게 이런 충동은 평생 처음 겪는 감정이기에 당연히 조절하는 것을 배워야 한다. 부모는 분명하게 아이에게 지침을 설명하고 어길 경우의 후유증도 설명해야 한다.

플로리다대학 로이 바우마이스터 심리학교수는 "자기조절의 본질은 하나의 선택을 위해 다른 자극을 무시하는 것이다. 자기통제는 오랫동안 지속할 수 없다. A라는 유혹을 통제력을 발휘해 무시하고 있을 때 B라는 유혹이 오면 거기에 넘어간다. 자기통제력은 무한대가 아니라 고갈되는 자원이기 때문이다. 그러나 자기통제력은 근육과 같아 사용할수록 강해진다."고 했다.

부모는 이처럼 자제력이 부족한 청소년에게 통제력을 요구하거나 강압해서 될 일이 아니다. 아이 스스로 자제력을 키우도록 유도해야 한다.

10대는 아직 미완성이기에 장점을 강화하고 실수를 줄일 시기이기도 하다. 대학에 진학하기 전에 1년간 다른 경험을 하는 것도 좋다. 유럽에서는 고교졸업 후 1년 동안 세계여행, 자원봉사, 일을 하며 자신을 성숙시키는 나라도 있다.

아이가 술 담배 본드 등을 하는 것은 또래들이 권하거나 스트레스를 줄

이기 위해서, 호기심에, 권위에 저항하기 위해서 하는 경우가 대부분이다. 또 남성다움 과시, 불안과 고독, 남에게 의지하려는 마음이 있는 아이들이 흔히 술 담배 게임에 빠진다. 이런 것들을 하면서 또래들과 동류의식, 소속감을 느끼고 마치 성인이 된 듯 착각에 빠진다.

아이가 술을 마시면 좋은 점과 싫은 점, 술이 미치는 영향 등에 대해 물어보라. 음주 후 위험행동, 최악의 경우를 상상해보게 하라. 또 친구들의 태도는 어떤지 물어보고, 음주를 줄일 경우와 계속할 경우 미래의 자신의 모습을 그려보라고 하라.

음주 흡연 본드흡입과 장래 목적 간의 불일치가 술 끊는 동기가 될 수 있다. 청소년이 운동실력의 향상을 바란다면 "만약 음주량을 줄인다면 네 경기력은 어떻게 달라질까?" "여자들은 담배냄새를 싫어한다는 걸 아니?"[198]라고 질문하라. 나쁜 습관을 없애려면 그 행동을 가급적 실행하기 힘든 일로 만들어야 한다. 텔레비전을 안 보려면 리모컨의 건전지를 빼서 찾기 힘든 곳에 두는 것이다.

결핍과 부정적 경험은 나쁜 성격을 만든다

이 학생은 어둠의 길에서 다행히 제자리로 돌아왔다. 이런 경우는 드물다. 양육과 배움이 없는 환경에서 성장하면 본능과 충동에 운명을 맡길 수밖에 없다. 유전자 속에 나쁜 짓을 하라는 프로그램은 없다. 사람을 망치는 것은 유아기의 경험, 특히 부정적인 경험이다.[199]

아이는 어린 시절 버림받거나 사랑받지 못한다는 불안감 때문에 복종, 순응한다. 아이들은 소망이 거부되면 무력감 박탈감을 느낀다. 복종하면서 분노하는데 그 분노를 제대로 알지는 못하고 희미하게 어떤 느낌을 갖는다. 그 분노의 대상은 아이에게 중요한 사람들이다. 그래서 분노를 표출하지 못하고 억눌러 무의식에 묻어버린다.

성격은 마음 밑바탕에 깔려있는 분노나 만족감 같은 감정을 두고 형성된 행동패턴이다. 분노의 억압이 지속되면 공격성, 불안, 고혈압, 소화불량, 편두통에 걸린다. 성격이 원활하게 형성된 사람은 문제가 생겨도 공격보다는 상황을 신중하게 생각해 적절하게 처리할 수 있다.

위에 소개한 아이가 잘못된 길에 들어서 고통을 겪은 가장 큰 원인은 부모님의 이혼이다. 이혼할 경우 아이에게 이해를 구하고 부탁해야 한다. 아이들이 가장 불안한 것은 부모에게 버림받는 것이다. 이럴 때 생기는 극렬한 분노를 해소시켜주지 않으면 나쁜 성격이 형성된다.

중독의 노예에서 자유인 되기

알콜 마약 게임중독에 걸리고 싶은 사람은 없다. 그런데 왜 걸릴까. 고통을 잊기 위해서 시작했는데 마음이 편안해지니 중독된다. 애완용으로 키우던 동물이 괴물이 돼서 잡아먹히는 꼴이다. 그러나 모정(母情)은 괴물보다 강하다. 이 아이는 결국 애끓는 모정을 보고 후회와 각성, 노력의 길로 들어섰다. '사람의 길'이다.

습관이 되면 뇌는 적은 에너지로도 그 행동을 하게 된다. 일상생활의 행동 중에 습관적 행동이 45%에 이른다. 모든 행동을 의식적으로 하면 뇌는 과부하가 걸리고 곧 피곤해진다.

좋은 습관을 들이기 위해서는 먼저 목표를 정하고 목표를 향한 첫 발자국을 어떻게 뗄 것인지 생각하라. 다음 두 세 발자국 나간다. 다시 원래의 나쁜 습관으로 돌아갔다면 거기서 배우고 다시 시작한다. 내가 해내면 자신에게 작은 보상을 하라. 우리의 뇌는 보상이 곧 주어질 것이 확실하지 않다면 변화를 위협으로 생각하도록 진화해왔기 때문이다.

습관을 만들기 위해서는 신호, 일상화, 보상을 통해야 한다. 새 습관을 만들려면 그 행동을 특정행동과 연계시키는 것이 좋다. 독서를 습관화하겠다는 목표를 세웠으면 밥을 먹고 양치질을 하면 책을 읽는다는 신호를 하나로 묶으면 좋다. 독서를 하면 잘했다는 보상을 주어 강화한다. 스스로 자신에게 소리 내어 "길동아 참 잘했어. 너는 할 수 있어"라고 칭찬하거나 아니면 참았던 케이크를 한 조각 먹는다.

게임을 하고 싶으면 파란 하늘을 보거나 맛있는 음식을 먹으라. 잠시라도 그 욕구를 다른 데로 돌리는 것이다. 게임을 하고 싶을 때 마다 손목에 찬 고무줄을 튕겨서 자신에게 고통을 준다.

이렇게 주의를 다른 행동으로 돌릴수록 이 다른 행동이 강화되고 나쁜 습관의 힘은 약해진다. 그것이 두뇌가 작동하는 방식이다. 과거는 서서히 잊고 새로운 습관이 생긴다.

알콜중독자는 먹고 싶어서 술을 먹는다. 그가 술을 마시는 것은 자유인가? 그는 술을 마시고 싶어 마시는 것이 아니라 마시지 않을 수 없어서 마시는 것이다. 술의 노예가 된 것이다. 담배, 게임도 마찬가지다. 술을 즐기는 사람과 술 없으면 못사는 사람은 다르다. 자유는 선택의 문제가 아니라 능력의 문제다. 자유는 지키는 게 아니라 만드는 것이다.[200]

즐기는 것과 얽매여있는 것을 어떻게 구분할까? 게임을 하지 않으면 불안하고 공부도 안 되고 신경질이 나는가? 그러면 게임의 노예다. 중독은 자유를 억압하는 것이고 다른 모든 것을 누릴 자유를 빼앗는다. 게임을 그만둘 때 자유로워진다.

말은 효험(效驗)이 있다

우리는 흔히 입방정 떨지 말라고 한다. 좋은 일은 입 밖에 내지 말라고 한다. 왜 그런 말을 할까? 다 이유가 있다. 전문가들의 연구를 보자.

사고습관은 영구불변이 아니다. 선택이 가능하다. 극복할 수 없는 부정적인 상황에 지속적으로 노출되면서 '어떤 시도나 노력도 결과를 바꿀 수 없다'고 생각해 무기력해지는 것을 '학습된 무기력'이라고 한다. 입시에서 계속 떨어지면서 아무것도 안하는 무기력에 빠지든가, 가정폭력 피해자들이 계속해서 폭력을 참아내는 원인이 바로 이 때문이다.

포기하는 사람들은 자신의 불행에 대해 "내 탓이야" "어찌해도 소용없을 거야"라고 말한다. 이런 식의 사고방식은 아동기와 청소년기에 학습된다. 자기를 개선하고자 노력하는 사람은 실제로 자기를 개선시킨다. 변화가 불가능하다고 믿는 사람은 정말로 변하지 못한다.[201]

우리는 노년을 생각하면 노인처럼 행동하는 경향을 보이고 그렇게 행동하면 노년에 대한 생각이 다시 강화된다. 이를 관념운동효과라 한다.[202] 아이들에게 꿈을 심어주거나, 성공에 대한 목표의식을 심어주거나, 장래의 자신의 모습을 심어주면 아이는 거기에 걸맞게 행동한다.

기적은 작은 곳에서 시작된다. 운 좋은 사람들은 자기 삶을 대부분 스스로 만들고 결정짓는다. 좋은 운을 얻는데 적극적으로 나섰고 기회를 만들고 기회를 붙잡을 자신감이 있었고 그런 태도를 견지하며 행동했다. 노력해서 운을 잡는다.[203]

나의 가슴이 뛰게 하는 일을 찾아 그 일을 하라. 가슴이 뛴다는 것은 육체를 통해 번역되어 나에게 전해지는 신의 메시지다. 가슴이 뛸 때 행동으로 옮기느냐 마느냐는 나에게 달려있다. 우주는 전 에너지를 동원해 내가 생각하는 바를 실현시켜 준다.[204]

31장

도전과 끈기

학생 스스로 골프유학→학교수업→영어로 노선 변경해 성공

오래전 영어만으로 대학입학이 가능했던 때가 있었다. 공인영어 점수로 뽑는 영어성적우수자 선발전형이다.

K군. 서울 소재 고교 2년생이었고, 성적은 하위권이었다. 골프로 대학을 가려고 호주유학을 1년 정도 다녀왔다. 골프가 여의치 않자 다시 일반고에 진학했는데 기초가 많이 부족해 힘들어했다.

학생은 토익으로 대학을 가겠다며 개인과외를 부탁했다. 나는 시간이 없어 거절했다. 다음날 학생의 아버지가 찾아와서 토익과외를 받고 싶다고 요청했으나 정중히 거절했다. 나중에는 승낙하고 말았는데 학생의 절실함이 마음을 움직였다.

고등학생쯤 되면 성격, 인간유형이 어느 정도 드러난다. 여러 유형 중에서 자주 만나는 유형은 노력은 안하면서 꿈만 크게 꾸는 학생들이다. K군은 노력 형이었다. 10대가 토익공부를 하겠다고 결단할 것을 일단 높이 사줄만 했다. 토익시험은 크게 듣기와 문법으로 나뉜다. K

군은 문법실력이 크게 모자랐다. 먼저 기초를 다져야했다. 다행히 K군의 의지가 강해서 딱딱한 문법 강의를 일주일에 두 번씩 3개월 만에 일단 끝냈다. 호주에 다녀왔던 경험도 있고 어릴 적부터 영어공부를 한 덕분에 듣기는 그리 나쁜 편이 아니었다. 그러나 토익시험을 당장 치를 실력은 아니었다.

3개월 기초문법강의가 끝나갈 무렵 K군에게 토익시험을 보게 했다. 990점 만점에 405점. 당시 서울 소재 대학에 가려면 최소한 850점대 이상, 서울 중위권대학에 가려면 900점은 받아야했다.

처음부터 기초를 다시 시작했다. 다시 2개월! 5개월 만에 K군이 받은 점수는 610점. 아직 갈 길은 멀지만 발전하고 있었다. 수업을 시작한 지 7개월, 드디어 805점을 받았다. K군은 실력이 붙자 서울 소재 대학에서 서울 중위권이상의 대학으로 목표를 높였다.

K군은 자신이 해야 할 일을 잘 알고 있었다. 8개월 들어서면서, K군이 3학년이 된 그해 5월 쯤 문법을 4~5개 틀리기 시작했다. 결국 905점을 그달에 따냈다. 대단한 점수였다. 서울의 어지간한 대학에 들어갈 수 있는 점수였다.

K군은 950점을 받아 서울의 중견대학 두 곳에 당당히 합격했다. 마지막으로 본 시험에서 만점에 가까운 980점을 맞았다. 그러나 점수결과가 대학면접일보다 늦게 나와 신청하지는 못했다. K군과는 대학입학 뒤 소식이 끊어졌다.

K군이 이런 결단을 내리지 않았다면 중견대학진학은 꿈도 꾸지 못했을 것이다. 10대 소년이 자신의 위치를 정확히 진단하고, 자신이 결정한 것을 그대로 밀고나가 결국 자신의 운명을 스스로 결정지었다.

요즘 아이들은 많이 약해졌다고 걱정한다. 부모님이 뭐든 다 챙겨주면서 약하다고 걱정한다. 자가당착이다. 당당한 사회인이 되었을 K군의 삶이 궁금해진다. 자신에게 부여된 몫을 제대로 해내고 있을 것이다.

● 조언과 해법 ●

인생의 기본품세는 노력

이 학생은 스스로 자신의 노선을 선택했다. 자신의 선택에 책임을 진 것이니 어린 학생으로서는 대견하다. 살아가면서 '최선을 다했고 그 순간이 행복했다'고 하는 기억이 있다면 평생 뿌듯하다. 아이들은 그런 황홀한 몰입의 경험을 가져야 한다. 그런 몰입은 동기부여, 자제력, 노력이 합쳐진 결과물이다. 학교에서 돌아와 텔레비전을 보고, 재미없게 숙제나 하는 등의 일과들이 생각 없이 반복되는 그런 삶에는 희망이 없다. 자질구레한 일들로부터 멀어져야 한다. 그러면 나의 운명을 내가 통제한다는 자신감 자존감을 갖게 될 것이다.

공부를 재미로 해야지 깡으로 해서는 오래 못한다. 열정적으로 느끼고 있는 뚜렷한 목표가 있고 그 목표를 향해서 효과적으로 노력해야 한다. 주의를 분산시키는 것, 마음이 끌리지만 궁극적으로 잘못된 결정들, 하지 말았어야 할 약속들을 버려야 한다. 게임과 스마트 폰을 중단하고, 작은 욕망에 흔들리지 말고, 내 삶에 충실하겠다고 다짐해야 한다.

사람은 자신이 하는 일이나 주변 사람들과 의미 있는 관계를 맺지 못하면 그 공허함을 다른 데서 채우려 한다. 공허함이 클수록 다른 곳에 점점 깊이 빠져든다. 부모가 손을 잡아줘야 그 늪에서 빠져나온다.

이 학생은 골프를 하려다 실패했다. 그러나 실패에 좌절하지 않고 스스로 일어서 다른 노선을 선택했고 그 길에서 열심히 해 결과를 얻었다. 자신의 잠재력을 믿어라. 타고난 능력이 모자라서 실패하는 경우는 없다. 그것을 간절히 원하느냐 아니냐가 문제다. 기회는 언제나 우리를 스쳐지나간다. 놓치지 말자.

간절하게 노력하면 우주가 도와준다

꿈이 간절하면 온 우주가 그 꿈이 이루어지도록 돕는다. 우주는 나의 꿈이 간절한 지, 그 간절함을 이루기 위해 얼마나 노력하는 지 지켜보고 있다. 임계점은 어떤 물질의 구조와 성질이 다른 것으로 바뀌는 지점인데 나의 노력이 임계점에 도달하면 드디어 온 우주가 나서서 나의 꿈이 이뤄지도록 도와준다. 꿈의 크기보다 더 중요한 것은 '위대한 실천'이다. 기회는 준비된 사람에 온다. 임계점을 넘는 노력을 할 때 우주가 주는 선물이 기회다. 노력하지 않으면 기회가 와도 잡을 수 없고, 게으르면 기회가 오는 줄도 모른다.

아직 기회가 안 왔다고, 사람들이 나를 알아봐주지 않는다고 화가 나는가? 아직 노력이 부족한 것이다. 겸손하게 더 노력하라. 큰 날개로 하늘 높이 나는 날을 상상하며 견디기 힘든 날을 보내야한다. 시간을 투자해야 한다. 공부는 시기가 있다. 학생시절이 가장 좋은 때이다. 이 때는 땀만 흘리면 되지만 이 시기를 놓치면 피땀을 흘려야 한다. 땀 흘리지 않고 얻은 것은 언젠가는 갚아야 할 빚이다.[205]

아기들은 걸음마를 시작할 때 수 없이 넘어지면서도 싫은 표정 하나 없이 될 때까지 일어서다 마침내 걷는다. 부모도 즐거운 마음으로 동참한다. 그런데 시간이 지나고 아이들이 좀 더 크면 부모가 다른 반응을 보인다는 걸 아이는 눈치 챈다. 부모는 아이가 실수하거나 실패하면 인상을 찌푸린다. 자녀에게 무엇을 잘못했는지 지적하는 것이다. 그래서 어떤 가르침을 주는가? 부끄러움, 두려움, 수치심을 줄 뿐이다. 아이는 '실패는 나쁜 거구나.'라는 마음을 갖게 된다. 그러면 아이는 실패로부터 자신을 보호하기 위해 모험을 피하고 최선을 다하지 않는다.[206]

8부

도대체 공부는 왜 해야 하나?

8부

그대들의 거리를 베수비오산 중턱에다 건설하라

공부하기 좋은 사람은 별로 없을 것이다. 그러나 공부삼매(工夫三昧)를 느껴본 사람들도 많다. 공부가 주는 고유의 재미가 있다. 모르는 것을 알아가는 재미, 풀 수 없었던 문제를 풀어가는 재미가 있다.

그러나 무엇보다도 공부는 나의 일생이 걸린 문제다. 특히 가난한 집 아이들에게 가난의 질곡(桎梏)에서 벗어날 수 있는 가장 쉬운 길이 공부다. 이른바 금수저로 태어난 아이들은 공부를 못해도 그냥저냥 부모님의 유산으로 살아갈 수 있다.

그런데 흙수저로 태어난 아이들은 공부를 안 한다면 탈출이 힘들다. 예체능에 재능이 있다고 치자. 흙수저로 태어났다면 아무리 재능이 있어도 우리나라의 교육체제하에서는 힘들다. 예체능의 재능을 살리려면 엄청난 돈이 들기 때문이다.

요즘 아이들은 너나 할 것 없이 연예인이 되겠다고 한다. 연예인이 되는 데는 또 얼마나 많은 돈과 시간을 투자해야 하는가. 이 또한 돈이 없으면 못한다. 설사 연예인이 됐다고 치자. 한때 반짝 하다 사라진 별들이 얼마

도대체 공부는 왜 해야 하나?

나 많은가? 인기를 끌었던 수많은 가수와 탤런트가 흔적조차 없다.

돈이 있어도 문제다. 그림을 잘 그리는 아이가 대학에 가려면 공부도 어지간히 해야 한다. 우리나라는 그림만 잘 그리는 천재는 갈 곳이 없다. '천재 화가'의 재능을 보이는 학생이 다른 학과공부를 못하면 '천재화가'는커녕 오히려 '그림 잘 그리는 바보'로 만드는 것이 우리의 교육현실이다. 나중에는 귀중한 인재를 사장(死藏)시킨다.

그렇다면 가난한 집의 아이들은 무엇으로 살아야 하는가? 생각해보라. 공부는 돈이 없어도 된다. 시간은 청소년들 누구에게나 공평하게 주어졌다. 공부에는 재능도 필요 없다. 오로지 하고자 하는 의욕, 동기, 꿈만 있으면 된다. 의욕 동기 꿈은 누구나 가질 수 있다.

공부는 여전히 가장 확실한 투자다. 공부를 잘하면 사회에서 여러 가지 길이 열린다. 여기서 말하는 공부는 꼭 초중고교의 학교공부만을 말하는 것은 아니다. 자신이 잘하는 것을 열심히 하라는 것이다. 공부를 잘하면 돈(장학금)을 받아가면서 공부할 수 있다. 요리를 잘하면 외국의 유명요리학교에서 장학금 줄 테니 공부하러 오라고 한다.

운명의 여신은 젊은이들을 사랑한다. 젊은이들은 덜 신중하고 더 거칠고 더 과감하다. 내가 운명에 굴복하지 않으면 운명이 결국 나에게 굴복할 것이다. 운명의 여신은 강한 사람을 좋아한다.

독일의 철학자 프리드리히 니체는 "생존의 가장 큰 즐거움을 수확하는 비결은 위험하게 사는 것이다. 그대들의 거리를 베수비오산(이탈리아의 활화산) 중턱에다 구축하라. 그대들의 배를 미지의 해양으로 띄워 보내라. 그대들 자신과 싸우며 살라. 암사슴처럼 숲속에 숨어사는 시절은 얼마 안가 지나가 버린다."고 했다.

32장

이럴 수가!! 미국유학과 부모님 고생을 물거품 만든 형제

도전의욕 창의성 부족한 형제 귀국 후 다시 대학 가려고 재수

오래전 일이다. 장성한 청년이 학원에 왔다. "어떻게 왔습니까?" "네, 대입영어 때문에요."

재수할 나이가 아니었다. 이 청년은 28세. 국내에서 초중학교를 마치고 고교, 대학을 미국에서 나왔다. 아버지는 서울 강남에서 개업한 의사였고 어머니는 명문대를 나온 주부였다. 이 청년은 형이었고 동생도 같이 미국에서 고교, 대학을 나왔다. 두 아들을 유학 보내는데 든 비용만 14억 원. 한국에서는 평생 14억 원을 못 버는 사람이 거의 전부다.

아무리 의사라고는 해도 두 명을 유학보내기가 힘들었을 것이다. 매년 2억 원을 보내는 것이 어디 쉬운가. 부모는 물려받은 재산도 크게 없었다. 그런데 큰 아들이 유학을 마치고 국내에 들어와 직장을 잠깐 다니다 그만 두었다. 직장은 국내 대그룹 계열사로 탄탄했다.

청년의 말. "적성도 안 맞고 월급도 적었습니다. 그리고 유학까지 하고 온 제가 하기에는 허드렛일이었습니다." 자존심이 상한다고 덜컥 직장을 그만뒀다. 직장에 들어가면 어느 회사든 신입사원들에게는 잡일부터 시킨다. 그러면서 배워나가는 것인데 그런 기본적인 조직생리조차 몰랐거나 거부한 것이다.

"어떤 일을 할 계획인가요?" 한의사가 되겠다는 것이었다. 한의사가 되려면 유학은 왜 갔는가? "유학하고 오면 잘 나갈 줄 알았습니다. 뭔가 모양새 나는 일, 성취감을 맛볼 수 있는 직장을 잡을 줄 알았는데 그게 아니었습니다." 부모가 그 오랜 세월 고생했고, 자신도 유학생활이 쉽지마는 않았을 텐데 한 순간에 물거품을 만들었다.

이 학생은 미국에서 경영학을 공부했다. 영어는 기본적으로 돼 있었고, 경영학을 했으니 직장생활에 적응하지 못하면 직장에 다니면서 아이디어를 강구해 창업을 하던가, 아니면 직장에 보탬이 되는 아이디어로 일을 했어야 했다. 넌지시 창업에 대해 말했더니 "창업이 쉬운가요. 무엇보다도 창업자금이 있어야 하는데 부모님이 저희들 유학 보내느라 돈이 없더라구요." 남의 말 하듯 했다. 부모가 성인이 된 아들의 창업자금까지 대줘야 하나?

경영학을 공부했으면 여러 가지 창업아이디어가 나올 법하고 창업자금도 다양한 방법으로 조달을 시도할만한데 시도조차 하지 않은 것이다. 창의성이 기본인 경영학도가 창의성도 없었고 도전의욕도 없었고, 전공을 살릴 생각도 안했다. 도전욕구는 생활이 조금 부족해야 나온다. 부유한 집에서 어려움 없이 자란 사람들이 빠질 수 있는 약점이 도전의욕 부족이다.

이 학생은 영어는 기본이 돼 있었으니 문법 등 입시에 필요한 부분만 나에게서 몇 개월을 배웠다. 그러나 다른 과목은 배운지 오래돼서 쉽지 않았다. 첫 번째 국내대학입시에서 떨어졌고 재수해 지방 소재 한의대에 입학했다고 들었다. 그러니 유학생활, 한국에서 다시 다닌 대학생활 등 부모님의 고생과 자신의 소중한 청소년기를 날려버렸다.

그런데 더 기막힌 일은 이 청년의 동생도 수년 뒤 나에게 영어를 배우겠다고 온 것이다. 동생도 미국에서 고교, 대학을 나와 귀국해 취직했다. 형이 재수해서 한의대에 간 것을 보고 동생도 그 길을 가겠다며 형의 소개로 학원에 온 것이다. 동생은 몇 개월 학원에 나오다 "영어는 됐다"며 그만두었다.

두 형제 다 심성은 착했으나 아이디어나 도전의욕, 근성이 없었다. 그 이전에 꿈, 인생의 좌표가 없었다. 일생을 걸만한 꿈이 있었다면 이렇게 시간과 돈, 부모님의 땀을 허비하지는 않았을 것이다. 그냥 스펙을 쌓기 위해 유학을 갔거나 남들이 가니 따라서 간 것이다. 유학을 다녀오면 취직하는데 도움이 되겠지 하는 단순한 마음으로 갔으니 피땀 흘려 성취할 것도 없고 다녀와도 그걸로 그만이었던 것이다. 단순히 취직하기 위해 그 많은 돈을 써가며 유학을 갔다는 것이 이해가 안됐다.

최강 선진국, 미국에서 공부한 청년들이니 4차 산업혁명시대에 필요한 자질을 살려서 무언가 시도했어야 했다. 그 뒤 동생이 어찌됐는지는 연락이 끊겨 알 수 없었다.

동생도 한의대에 입학했다면 두 형제가 유학경험을 살려 '창의적인 한의사'가 되기를 바랐다. 아니면 아버지의 병원경영의 경험과 청년의 상상력을 합쳐 4차 산업시대에 맞는 신 개념 병원을 운영하기를 희망했다. 4차 산업은 융합의 시대인 만큼 두 형제들이 배운 학문과 한의학을 접목해 새로운 영역을 개척한다면 그동안의 투자가 빛을 보지 않을까 생각했다.

4차 산업혁명시대에 대비하느라 전 세계가 야단이다. 유럽 미국 중국 일본 싱가포르는 물론 유럽의 소국 에스토니아(인구 140만 명)까지 정부가 나서서 4차 산업혁명의 거대한 조류를 선도하기 위해 적극 투자하고 있다. 4차 산업에 대비하기위해서는 교육의 틀을 완전히 바꿔야 한다. 산학(産學)이 협력하고 정부정책과 예산이 뒷받침돼야 한다. 어린이들을 잔인하게 경쟁시키는 우리나라의 주입식교육으로는 그 거대한 쓰나미에 휘말려 날아가고 말 것이다.

일본은 오래전부터 정부가 나서서 IB(international baccalaureate 국제바칼로레아)를 도입해 가르치고 있다. 싱가포르는 전 세계의 유명 기업체와 자국 대학의 연계로 4차 산업혁명에 대비하고 있다. 우리는 이와 관련한 교육정책이 전무하다시피하다. 두세 개 고교가 자체적으로 IB식 교육을 시도하고, 두 개 지방교육청이 2019년 IB도입을 위한 MOU를 맺었을 뿐이다.

창의력은 지식을 주입하듯 하루아침에 길러지는 것이 아니다. 오랜 지적훈련과 토론 상상 협력 감수성 실험 현장체험 등이 융합, 발효면서 나오는 것이다.

조언과 해법

도전정신과 창의력을 키우라

꿈은 인생을 밀고 가는 엔진이다. 꿈이 없으면 엔진 없는 자동차와 같다. 꿈이 있어야 좌절할 때 일어서고, 더 열심히 살게 된다. 꿈은 도전 모험 위험이다.

위의 두 형제가 꿈과 신념이 있었다면 그 엄청난 돈과 시간을 날려버리지는 않았을 것이다. 꿈이 없다면 지금이라도 꿈을 찾으면 된다. 꿈에 유효기간, 소멸시효는 없다. 우리는 평생 꿈꾸어야 한다. 노인도 꿈을 꾸면 청년이다. 청년도 꿈이 없으면 작은 욕구에도 흔들리는 피동적인 고깃덩어리에 불과하다.

모든 세상사는 창의적인 소수가 의제를 설정하고 우선순위를 결정한다. 미래와 공동체를 위한 신념이 단단해야 청소년이라 할 수 있다. 푸른 꿈이 없는 이기적인 단세포는 결코 청소년이 아니다.

경험을 통해서 나의 생각 감정 행동을 조정해 나가야 한다. 내게 주어진 문화코드만을 준수하고 사회적 통제만 따르면 진정한 나를 잃게 된다. 내가 누구인지는 앞으로 무엇을 하는 가로 결정된다. 보다 큰 목적, 초월적인 목적에 나를 투신할 때 나는 일상적인 존재로서 겪는 두려움이나 실패에 겁먹지 않는다. 거대한 진화의 역사, 전진의 대하(大河)에 합류하면 훗날 의미 있는 삶을 살았다고 자부할 수 있을 것이다.

<월스트리트저널>이 318개 미국 기업의 CEO를 대상으로 조사한 결과 93%의 CEO가 지원자의 대학전공보다는 비판적 사고력, 의사소통과 문제해결능력, 책임감과 도전정신을 지닌 사람들을 채용하고 있었다.

또 다른 조사에 따르면 기업들은 이제 재무 회계 생산력 등 하드스킬(hard skill)보다 소프트 스킬(soft skill-의사소통 협상 협동력 창의력 등)을 갖춘 인재를 찾고 있다. 하드스킬은 배우면 되지만 소프트스킬은 오랜

기간 개발이 필요하기 때문이다.

월스트리트에 의하면 '대학졸업생들이 자사에 반드시 필요한 능력을 갖추고 있다'고 여기는 CEO는 44%에 불과하다. 졸업생들은 조직에서 의사소통하고 협업하는데 문제가 있고, 복잡한 문제들을 다양한 각도에서 바라보지 못한다.

주입식으로 입력된 지식은 앞으로 살아가는데 오히려 장애물이 될 수 있다. 배우는 법을 아는 것이야말로 가장 중요한 배움이다. 이 두 형제는 경영학과 회계학(동생)을 공부한 다음 한의학을 공부했으니 두 학문을 융합해 창조적인 일을 시도할 수 있을 것이다. 두 학문이 결합하면 단순한 교집합이 아니라 전혀 새로운 영역이 탄생할 수 있다.

면역학연구로 노벨상을 받은 샤를 니콜은 "새로운 사실의 발견, 전진과 도약, 무지의 정복은 이성이 아니라 상상력과 직관이 하는 일."이라고 했다. 수학자들은 수식 안에서만, 작가들은 단어 안에서만, 음악가들은 음표 안에서만 생각한다.[208]

학교는 필요한 재료의 절반만으로 요리를 하고 있다. 교사들은 '생각하기'의 절반만 이해하기 때문에 절반의 방법으로 가르치고, 학생들은 절반만 배운다. 이는 창조적 사고과정을 빠뜨린다. 통찰은 상상 속의 느낌, 감정, 이미지 속에서 태어난다. 아이는 창조적 상상력의 기반인 느낌 감정 직관의 사용법을 배워야 한다.

습관이 차이를 만든다. 학습내용을 적극적이고 의미 있게 검토하라. 창의력과 좋은 성적은 학습내용을 면밀히 검토, 평가하고 다른 주제와 연결고리를 찾아야 얻을 수 있다. 암기보다 이해가 먼저다. 학습내용을 일정한 간격을 두고 복습하고 다른 문제들과 연관성을 생각하며 공부하라.

자신보다 더 흥미로운 대상을 찾으라. 성공과 창의성은 당면한 과제에 전념할 때 부수적으로 온다. 자신에게 중요하게 느껴지는 일에 관심을 쏟고 그 열정으로 살아야 한다. 자신이 세상에 기여할 수 있는 바를 깨닫고 다른 사람들의 창작물을 통해 배우는 능력을 기른다면 창의적이고 호기심 많으며 비판적인 사고력을 갖춘 사람으로 성장할 수 있다.[209]

쉽게 떠오르는 답을 거부하자. 우리는 습관적으로 생각하고 행동한다. 배움은 정신 속에 뿌리 깊게 박혀있는 버릇들을 벗어던지는 것이다. 성공한 학생과 평범한 학생들의 가장 큰 차이는 뭔가를 쉽게 얻지 못하면 바로 포기해버리는 가 여부다. 끈기가 능력을 기른다. 세상을 바꾸는 혁신적인 창작은 느리고 꾸준한 전진을 통해 이루어진다.

집단에서 벗어나 상상하자

우리는 예전에 누군가가 꿈꾸었던 것의 결과 속에서, 누군가의 몽상의 산물(産物) 속에서 살고 있다. 우리가 사는 세상은 꿈으로 만들어졌다. 세상의 창조에 기여하는 사람이 되어야 한다. 영국작가 조지 버나드 쇼는 "사람들은 어떤 대상을 보고 '왜 이것이 있지?'라고 묻는다. 그러나 존재한 적이 없는 무언가를 머릿속에 그리고는 '왜 이것이 없지?'라고 물어야 한다."고 했다.

로드 주드킨스는 "통제와 예측가능성은 창의력의 적이다. 의심스럽고 불확실하며 불안정한 세계에 마음의 문을 열라. 질문하라. 답을 찾았을 때보다 답을 찾는 과정에서 더 많이 배운다. "며 "남과 다르다는 것에 자부심을 가져라. 독특함은 장점이다. 독창적인 사람은 자신의 분야의 관행을 기계적으로 채택하지 않는다."고 했다.

미국의 조직심리학자 애덤 그랜트는 "집단사고는 독창성의 적이다. 사고의 다양성 대신 가장 지배적인 사고에 강제로 순응하라는 것이다. 소수의견이 중요하다."며 "다양한 가치를 포함해야 문화가 힘을 갖는다. 조직문화에 적합한 사람이 아니라 조직문화를 풍성하게 하는 사람이 좋은 사람이다. 사려 깊게 원칙을 비판해야 한다."고 했다.

관련 없는 것 사이의 관계를 알아보고 이를 연결하는 것이 창의력이다.

창의력에는 실패의 위험, 상식을 깨야하는 위험, 이단아가 되는 위험을 감수하고 모험을 할 용기가 필요하다.

무엇보다도 기준이 되는 틀을 벗어나야 한다. 창의력은 탄탄한 지식이 바탕이 돼야한다. 예술은 철저한 자기훈련이다. 현장에서 직접 자신의 일을 하면서 영감이 떠오른다. 창의적인 본능에 비전을 결합해야 한다. '얼마나 똑똑한가.'보다는 '어떤 면에서 똑똑한가?'가 더 중요하다.[210]

창의력은 수년간 목적의식을 갖고 한 가지 일에 매달리는 추진력과 집중력에서 나온다. 꿈을 갖고 목표를 만들 때 그걸 채울 아이디어가 나온다. 그 밑바탕에는 성공에 대한 희망이 있어야 한다. 그래야 견딘다.

운명의 여신은 청년과 준비된 사람을 좋아한다. 청년은 좌충우돌 저돌적으로 돌격하기 때문이다. 운은 창조적인 일을 하는 사람이 자신의 목적에 맞는 일을 할 때 나타난다. 성공하면 행복하고 실패하면 지혜를 얻는다. 우리가 잠시 회피해버리면 인생은 그냥 흘러가버린다. 아인슈타인은 "문제를 만드는 것이 해결하는 것보다 더욱 중요하다. 문제를 만들려면 상상력을 토대로 의문을 제기하고 예전 것들을 새로운 각도에서 바라보아야 하는데 바로 이것이 과학의 진정한 발전을 가져올 수 있다"고 했다.

창의력은 끈기와 파괴에서 나온다

창의력은 타고나는 것이 아니라 배울 수 있는 기술이다. 창조적인 사람은 끈질기다. 행복은 문제가 없는 상태가 아니라 문제를 해결하겠다는 의지 자체다. 참신하고 독창적인 아이디어는 수 없이 많다. 그런데 진짜 참신한 아이디어를 식별해내는 능력이 있는 사람은 부족하다. 피카소는 유화 1,800점, 조각 1,200점, 도자기 2,800점, 드로잉 1만1천점을 창작했으나 일부만 찬사를 받았다. 모차르트는 35세에서 세상을 떠나기 전까지 600곡, 베토벤은 650곡, 바흐는 1천곡을 작곡했다. 아인슈타인은 248편의 논문을 냈다. 에디슨은 특허가 1,093개다. 이 많은 작품들 중에서 극히 일부만 빛을 봤다.

미국의 SF소설가 레이 브래드버리는 매주 한 편씩 단편소설을 썼다. 그는 10년간 520편의 단편을 완성한 뒤 훌륭한 한 편의 소설을 출판하는데 성공했다. 우리나라에는 <화성연대기> <화씨451> <민들레와인> <일러스트레이티드맨> 등이 출판됐다.

찰스 다윈은 어느 날 문득 자연선택이론에 영감을 받았다. 그러나 그 영감을 다듬어 세상에 이론으로 공표하는 데는 20년이 걸렸다. 창의적인 사람들은 장소나 기분에 무관하게 일을 한다. 프랑스작가 장 주네는 교도소에서 몇 편의 소설을 썼다. 종이를 구할 수 없어 마대자루용 천에 글을 써서 외부로 밀반출하는 식으로 썼다.[211]

'난 피곤해' '조용한 곳이 필요해' '난 밤에만 공부해' '두통 때문에 공부 못하겠어' 등은 핑계에 불과하다. 꾀부리지 마라. 스스로 부끄럽지 아니한가?

독창성은 현재상태에 대한 의문에서 출발한다. 늘 봐온 익숙한 것이지만 그것을 새로운 시각으로 봄으로써 기존문제를 새로운 방식으로 해결할 수 있다.

위대한 역사적 인물 중에는 신동(神童)이 거의 없다. 신동이 어른이 되어 세상을 바꾼 사례는 없다. 독창성이 없기 때문이다. 신동은 평생 부모 선생으로부터 인정과 칭찬을 받으려 애쓴다. 어린 시절 신동이라고 떠들썩했던 아이들은 다 어디 갔는가? 그 아이들은 자신이 신동이라는 평가에 매달려 어려운 도전을 포기한다. 어려운 도전을 하다 실패하면 신동이 아니기 때문이다. 결국은 신동을 둘러싼 어른들의 호들갑이 신동을 평범한 아이로 만든다.

독창성은 현 상황에 대한 창조적인 파괴행위다. 창시자들은 불확실성을 기꺼이 받아들이고 사회적으로 인정받는 일 따위는 개의치 않는다. 불가능을 가능하다고 믿어야 한다. 그러나 창시자들도 두려움, 우유부단함, 회의(懷疑) 등으로 주저한다.

8-1

공부하는 이유와 목적

공부는 나의 영토를 확장한다

아이들이 부모님으로부터 가장 듣기 싫지만 가장 많이 들어온 말이 "공부 열심히 해라"는 말이다. 그 아이들이 나중에 자식을 낳으면 똑같은 말을 할 것이다.

그렇다면 부모들은 왜 그리도 자녀의 공부에 집착할까? 공부를 해야 하고, 그것도 잘해야 하는 분명한 이유가 있기 때문이다. 첫째, 공부는 아이의 인생 전체, 인생의 근본적 문제에 영향을 미친다. 둘째, 공부는 현실적 삶을 직접적으로 좌우한다.

첫째 이유부터 알아보자. 공부는 생계수단이전에 인간존재의 근원인 세상에 대한 이해와 상상, 표현과 문제해결 같은 기초적 능력을 키워준다. 인생은 문제의 연속이다. 문제에 봉착했을 때 필요한 정보를 선택하고, 합리적으로 판단하고, 보다 나은 해결책을 찾아내기 위해 공부하는 것이다. 잘 살기 위해서는 이기심을 통제하고 사리를 분별해야 한다. 선악을 구분하고, 사람의 도리를 행해야 된다. 이것은 태어난 그대로의 자연상태에서는 안 되고 공부를 통해서만 가능하다.

공부를 하면 자연스럽게 사색(思索)을 병행하게 된다. 사색은 정신세계의 깊이를 더해준다. 공부한 만큼 배려심과 같은 좋은 품성을 갖게 된다. 짐승 같은 욕구나 이기심을 공부, 사색을 통해 통제할 수 있게 되는 것이다.

두 번째, 공부해야하는 현실적 이유다. 적자생존, 약육강식은 자연질서를 설명한 말이지만 인간사회라고 크게 다르지 않다. 자연에서 경쟁은 기계적 질서일 뿐이다. 동식물은 서로 먹고 먹히지만, 필요이상으로 취하지 않는다. 그러나 인간은 다르다. 인간은 지능이 발달하면서 자연의 주인이 되고, 사회의 지배자가 되고자 했다. 더욱 경쟁적이 되고 필요 이상으로 취하게 되었다. 약하면 먹히는 자연의 섭리를 과도하게 넘어섰다. 이런 상황에서 공부는 생존력과 경쟁력을 높여준다.

우리는 안경이 필요하면 안경가게에 가고, 안경에 대한 지식이 없기에 안경사의 지시에 따라야만 한다. 모르면 아는 사람에게 종속되는 것이다. 공부를 통해 주체적 독립성을 확보할 수 있다. 선진문물을 몰랐던 조선은 선진문명을 습득한 일본에게 먹혔다. 그것이 공부의 힘이다.

공부를 잘하는 것은 쉬운 일이 아니다. 본능적 욕구를 억제해야만 한다. 공부는 당장 힘들지만 인생이 끝나는 날까지 힘과 행복을 준다. 공부를 잘하면 현실적 삶의 대안이 많아진다.

한때 "공부가 제일 쉬웠어요."라는 말이 풍미했었다. 살아보면 알게 되는 진실이다. 공부가 제일 쉽다. 이 세상에서 살아가면서 겪는 모든 일들은 남과 연관된 일이지만 공부는 나 혼자 하면 되는 일이다. 남이 관련되면 절대로 나 혼자만의 생각이나 의지대로 되지 않는다.

우리나라나 외국이나 공부를 잘하면 선택지, 대안이 많아진다. 이렇게 조건이 좋은 사업은 없다. 그런데 대부분의 아이들은 이런 이치를 학창시절을 한참 지나고서야 깨닫는다.

부모가 자식에게 공부하라고 잔소리하는 것은 이런 깨달음을 전해주려는 것이다. 그런데 자식은 이런 삶의 지혜를 잔소리로 치부하고 만다. 자신이 부모가 되고서야 "아~. 그때 부모님이 왜 공부하라고 잔소리하셨는지 알겠다."고 후회한다. 늦었다!

공부는 삶을 통제하는 눈과 즐거움을 준다

공부는 사람을 보다 똑똑하게 만들고, 주도적으로 창의성을 발휘하게 하며, 목표에 정신을 집중하게 하고, 보다 행복하고 자신감 있게 만든다.

무엇이 진정한 승자를 만들까? 진정한 승자는 다른 사람들이 필요한 자원들을 나눠주며 영향력을 행사한다. 진정한 승자는 자기가 거둔 성공이 유전적으로 보장된 것이라거나 자신의 특성덕분이라고 생각하지 않는다. 그런 믿음이 성공의 가장 큰 장애물이다.

진정한 승자는 삶을 스스로 통제한다고 느낀다. 이 통제감은 스트레스를 막아주며, 보다 나은 성공을 거두고, 오래 살며, 행복하다고 느끼게 해준다. 그러나 자아는 위험하기 짝이 없는 '사나운 개'라는 사실도 인식한다. 사나운 개를 조련하는 것이 공부다. 진정한 공부는 내가 맞는다고 생각해온 것이 진정 맞는지를 따져보는 것에서 시작한다. 공부는 보지 못한 것을 보는 눈을 준다.[212]

공부는 어떻게 살아야하는가라는 질문에 답을 주는 가장 훌륭한 도구다. 공부를 하기 전에는 사랑이 변하지 않을 거라고 생각한다. 그러나 공부하면 사랑이 변하고 나도 변할 수 있으며 내가 사랑을 강요한 것은 아닌가라는 생각을 하게 된다. 공부를 통해 인생과 사랑을 알게 되는 것이다.

공부를 통해 새로운 지식, 새로운 사고법을 익힌다면 내가 쓸 수 있는 도구가 많아진다. 여러 가지 생각의 틀을 갖고 있다면 다각적으로 문제를 분석하고 창의적인 해결책을 찾을 수 있다. 우리는 눈을 갖고 태어나지만 아직은 이 세상의 진리를 볼 수 없다. 공부는 우리의 두 눈을 번쩍 뜨게 만든다. 이것을 안목(眼目)이라하고 더 깊어지면 통찰력이라 한다. 눈을 떠서 볼 수 있는 것이 많아지는 순간을 패러다임의 확장이라고 한다.

사과나무에서 사과가 떨어지는 것을 누구나 다 보았지만 만유인력의 법칙을 발견한 사람은 뉴턴뿐이다. 그는 과학공부를 통해 눈에 보이지 않는 진리를 볼 수 있는 눈을 갖게 됐다.[213]

미술점수는 높으나 미적 안목이 없고, 음악점수는 높은데 음악을 향유할 수 있는 귀는 없고, 수학점수는 높은데 논리적 사고력이나 문제해결력이 부족하고, 체육점수는 높으나 체력이 없고, 역사점수는 높으나 역사의식은 없고, 언어점수는 높으나 의사소통 능력은 없는 사람들이 많다. 공부는 분별의 힘을 키워가는 과정이다. 분별의 힘이 있을 때 대상에 압도당하지 않고 대상을 향유할 수 있게 된다. 모르면 즐길 수 없다. 무지하면 아름다움 앞에서 기쁨이 아니라 답답함을 느낄 뿐이다. 공부를 통해 경험에서 교훈을 얻고, 장래를 예측하고 대비한다. 성찰과 예측의 힘이 커지면 자신의 현재와 미래를 통제하는 힘도 커진다. 이런 힘이 공부에서 나온다.[214]

자녀의 재능을 찾아내 인류에게 선물하라

질리언 린은 8살 때 학업성적은 낙제점이고 과제는 제때 내는 법이 없고 글도 쓸 줄 모르며 산만해서 다른 아이들의 수업까지 방해했다. 몸을 가만히 놔두지 못하고 항상 움직이며 창밖을 멀뚱멀뚱 내다보고 교사들의 지적을 수없이 받았다.

학교는 부모님에게 특수학교 입학을 제안하기도 했다. 1930년 대 일이었으니 망정이지 요즘 같으면 쉽게 주의력결핍과잉행동장애(ADHD) 판정을 내려 약물치료를 받거나 병원에 입원했을 것이다.

질리언의 엄마는 아이를 데리고 심리상담가를 찾았다. 상담가는 질리언에게 이것저것 물은 뒤 "엄마랑 둘이 이야기할 게 있으니 여기서 조금만 기다려줄래."라며 라디오를 틀어주고 나갔다. 복도로 나간 뒤 "여기서 아이가 뭘 하는지 잠깐 지켜보시죠."라고 했다. 질리언은 라디오에서 나오는 음악에 맞춰 춤을 추었다. 질리언의 얼굴은 행복해 보였다. "질리언은 산만한 아이가 아닙니다. 무용의 끼가 넘치는 아입니다"

질리언은 무용학원을 다녔고 런던의 로열발레학교에 입학했다. 졸업하고 로열발레단에 들어가 솔로이스트로 선발됐고 전 세계에 공연을 다녔다. 마침내 작곡가 앤드루 로이드 웨버를 만났고 그와 함께 <캐츠> <오페라의 유령>같은 세계적인 작품을 만들었다. 그녀가 안무했다. 한 사람의 현명한 판단이 그녀의 장점과 재능을 살려주고 인류에게 커다란 선물을 선사했다.

맷은 학교성적도 괜찮고 시험도 잘 봤다. 그러나 학교생활이 지루했다. 그래서 수업 중에 그림을 그리기 시작했고, 교사도 고개를 숙이고 그림을 그리는 걸 공부하는 줄 알았다. "나는 수업 1교시 동안 30장까지 그림을 그린 적도 있다. 그림에 제목을 붙이기도 했다. 어느 순간 그림그리기가 한계에 온 것 같아 스토리 짜기에 몰입했다. 그게 더 재미있었다."

애니메이션 <심슨가족>의 창작자로 유명한 맷 그레이닝은 여러 사람의 영향을 받으며 성장해 나갔다. 그러나 그의 부모는 다른 진로를 선택해 안정적인 삶을 살기를 희망했다. 그러나 그는 가슴 깊이 열망을 품고 있었다. "나는 놀이하듯 신나게 이야기를 지어내면서 살고 싶다" 30분짜리 심슨가족은 무려 19년 동안 폭스TV에 방영됐다. 그가 현실적인 직업을 찾아보라는 주변 사람들의 말을 들었다면 이런 일은 없었을 것이다.

우리는 재능의 다양성, 다양한 재능의 유기적 연관성, 변화의 잠재력이 상존하고 있다는 사실을 모른다. 타고난 소질과 열정이 만나야 한다. 자신이 하고 싶은 일을 하면서 그 일을 통해 진정한 자아를 찾아야 한다. 그럴 때 시간의 흐름마저 다르게 느끼고 그 어느 때보다 생기와 활력이 넘치고 몰입하게 된다. '내 소질을 알았어. 난 이 일이 정말 좋아. 이 일을 진짜 하고 싶어. 어떻게 해야 할까?'의 단계를 거쳐야 한다.[215]

8-2

공부를 잘하려면

자신을 사랑하고 좋은 친구를 사귀라

쾌락주의의 역설-행복을 직접적으로만 추구하면 절대 행복을 얻을 수 없다. 즉 기분 좋아지는 일만 하거나, 감각적 말초적 행복만 추구하면 종국에는 불행해진다. 예를 들면 음주가무 게임중독 도박 등이다.

성적만으로 자신을 평가하면 시험, 과제, 실험 등 성적에 영향을 미치는 모든 것이 불안과 긴장을 유발한다. 성적보다는 배움 그 자체에 중점을 두어야 한다. 배움보다 성적에만 매달리면 성적도 놓친다. 공부하느라 공부와 무관한 책은 잘 읽지도 않았다? 공부와 무관한 책은 없다. 책이 던지는 의미를 모색하고 책의 주장, 증거에 대해 의문을 제기하라. 배움 그 자체와 비판적 사고의 즐거움을 만끽하라. 그러면 성적은 저절로 올라가고 긴 인생에서 큰 성취를 얻을 것이다. 오로지 좋은 성적이 목표가 되면 나 자신에게 가혹해지고 비판적 사고력도 기를 수 없다.

자신을 사랑하고, 폭넓은 분야를 탐색하자. 창의적이고 지적이고 온정적이고 의식 있는 인간이 되어야 한다. 세상을 탐구하는 건 좋지만 모든 분야에서 우수할 필요는 없다.[216]

긍정적인 요소에 꾸준히 집중할 때 행복, 감사하는 마음, 낙관주의라는 선물을 받는다. 부정적이면 시야가 좁아진다. 기회는 공평하게 주어지지만 그 기회를 발견하는 것은 운이 아니라 개인적 태도에 달려 있다. 긍정적인 사람이 기회를 포착할 가능성이 높다.

상황이 아니라 상황에 대처하는 태도가 성공여부를 가른다. 목표를 달성하기 위해서는 자신의 힘으로 변화를 이룩하고 스스로 운명을 개척해나갈 수 있다는 강한 믿음이 가장 중요하다.

수많은 심리학자들의 연구에서 공통된 결론은 사회적 관계(사랑)가 행복을 결정하는 가장 중요한 요인이자 생존의 필수요소다. 친밀한 사회적 교류를 나누면 옥시토신이 분비되는데 이는 긴장을 즉각 완화시켜주고, 집중력을 높이고, 심장과 내분비기능, 면역체계를 강화한다.

따라서 수험생 같이 스트레스를 많이 받는 아이들은 돈독한 가족관계는 물론이고 친한 친구들이 많으면 크게 도움이 된다. 사회적 관계가 부족한 성인들은 혈압이 30% 높고 우울증에 두 세배 더 걸린다. 옆 사람의 손을 놓는 순간 죽는 것이다.

심리학자 벤저민 블룸은 운동 예술 과학에서 세계적 수준의 기술을 습득한 120명과 그들의 부모 코치 교사를 면담하고 “공부보다 놀이가 먼저”라고 했다. 블룸에 따르면 학습을 즐겁고 보람 있게 만드는 것이 중요하므로 놀이처럼 학습해야 한다. 자율성이 중요하다. 고압적인 부모나 교사는 아이의 내적동기를 파괴한다. 좋아하는 일을 스스로 선택해서 관심사를 열정으로 발전시켜 나가야 가능성이 커진다.

경쟁자를 만들고 낙관적으로 연습하라

양현 군 등 6명이 저술한 <우리가 공부를 결심해야하는 이유(예담 2014)>에 나오는 수험생들의 솔직한 이야기를 들어보면 '힘들지만 잘 참아내고 드디어 해내는 아이들'에 대해 고마운 마음이 든다.

"나는 공부를 잘하기 위해 나에게 모범이 될 만한 친구를 참고하거나 경쟁자를 한 명 골라 그와 마음속으로 경쟁했다. 롤 모델의 사진이나 가고 싶은 학교의 사진, 장래희망과 관련된 사진 등을 책상 앞에 붙여 놓으면 좋다."

"인생에서 딱 한번만이라도 최선을 다해보자. 엄마가 강요한 공부가 아니라 내가 진심으로 좋아하고 하고 싶은 공부를 찾아서 최선을 다 해보자고 다짐했다. 엄마는 초교입학 때부터 공부를 강요하셨다. 시험점수에 굉장히 민감하셨다. 공부 때문에 게임도 운동도 못했다. 엄마의 뜻에 따라 동아리도 정했다. 엄마의 강요로 학원뺑뺑이를 돌았다. 학원에 안가겠다고 울며 소리쳤었다. 드디어 스스로 공부하게 되었다. 혼자 공부하며 내가 좋아하는 천문학에 빠졌다. 내공부고 내 학문이란 생각에 정말 열심히 했다."

우리는 모차르트가 되려고 피아노를 치는 것은 아니다. 우리는 재능과 기회에서 한계에 직면한다. 그러나 스스로 부여한 한계가 너무 많다. 시도했다 실패하면 가능성이 없다고 한다. 겨우 몇 걸음 가보고 방향을 바꾼다. 가볼 수 있는 곳까지 가보자. 그곳에는 영원한 광활함이, 빛나는 경이로움이 기다리고 있다. 그곳에 도착하면 찬란한 박수갈채가 나를 더 높은 곳으로 데려 갈 것이다. 목표를 향해 한걸음씩만 나아가면 된다.

예습복습과 원리숙지는 기본, 공부방해물을 제거하라

미국 코넬대학에서 개발한 '공부 잘하는 방법'에 따르면 먼저 예습하고 수업 중에는 열심히 받아 적는다. 수업이 끝나고 노트를 요약하여 핵심어를 적어놓는다. 집에 와서 수업내용을 소리 내어 되풀이한다. 이 때 질문이 생기고 정리되고 기억된다. 예습-수업-복습-복습-복습하면 공부를 못할 수가 없다.

백은영 선생에 따르면 집중도를 실험한 결과 잘 아는 내용, 모르는 내용, 어렴풋이 아는 내용 중 가장 집중도가 높은 것은 어렴풋이 아는 것이었다. 의문을 갖거나 한번 얼핏 본 내용에는 집중한다. 그래서 예습이 꼭 필요하다. 예습은 무심코 보내는 수업시간을 나의 시간으로 만든다. 복습이 공부, 시험의 핵심이다. 기억하려면 반복해야 한다.

아무리 공부해도 성적이 좋아지지 않은 데는 이유가 있다. 완벽하게 알지 못하는 지식은 새로운 정보가 들어오면 금세 잊혀 지기 때문이다. 설명할 수 있을 정도로 완벽하게 이해하고 반복해서 복습하는 것이 최고다. 특히 수학 과학 같은 과목은 원리와 공식을 충분히 이해해야 한다. 그래야 응용문제를 풀 수 있다. 새로운 것을 배우는데 급급해 지금 배우는 것을 대충 이해하면 아무리 공부를 해도 성적이 오르지 않는다.

공부하는 데는 여러 가지 방해가 많다. 친구의 유혹이나 부탁을 거절하지 못하면 공부와 꿈은 물 건너간다. 성공한 사람은 대부분 일정기간 이기적이었다. 사소한 일들은 결정을 자동화하면 에너지와 시간을 절약할 수 있다. 미국 오바마 대통령은 "저는 회색이나 파란색 셔츠만 입습니다. 어떤 옷을 입을지에 대해 고민하고 싶지 않아서요. 중요한 의사결정에만 에너지를 쏟고 나머지는 습관적으로 해야 합니다."고 말했다. 독일 메르켈총리도 옷감과 색만 달라질 뿐 항상 같은 디자인의 옷만 입었다.

하루를 제대로 보내려면 스마트 폰과 컴퓨터의 각종 알림기능을 모두 끄는 것이 좋다. 집중하는 시간을 10분, 20분, 30분으로 늘려나가면 90분까지 늘릴 수 있다. 그리고 10분 쉬라.

아침마다 긍정적인 말로 결의를 다져라

우리는 언어로 생각하고 그 생각이 삶을 바꾼다. 그러니 안 좋은 말을 쓰지 말고, 나쁜 상황을 예상하지 말고, 성공하는 상황을 기대해야 한다. 그러면 성공할 확률이 높아진다.

언어를 효과적으로 사용하면 실력향상에 도움이 된다. '하지 말아야 할 일' 위주로 생각하면 안 된다. 운동선수들에게 조언할 때 "집중력 잃지 마. 공을 놓치지 마. 실수하면 안 돼"라는 말은 하지 말라. 이런 말을 하면 선수들은 이런 말로 머릿속을 채우게 된다. 머리에 그런 행동이 떠오르면 그렇게 되기 쉽다.

하고 싶은 일을 생각하고 어떻게 그것을 성취할지를 생각해야 한다. "패스 잘하자"라고 하면 성공하는 것을 떠올린다. 실수하지 않는 것이 중요한 게 아니라 성공하는 것이 중요하다. "맹렬하게 밀어 붙여!" 는 열정이 부족하다는 지적이다. 대신 "잘하고 있어. 그런 식으로 집중하면 성공이야"라고 하라.[217]

캐럴라인 웹은 "우선순위와 가정(假定)은 놀라울 정도로 생각과 행동에 영향을 미친다. 적절한 목표를 설정하면 업무수행능력뿐만 아니라 자신감을 높일 수 있다. 무엇을 상상하느냐에 따라 실제로 경험이 바뀔 수 있다." 며 "아침에 일어나면 그날 할 일 중 가장 중요한 일이 무엇인지 정하고, 그 일의 목적이 무엇인지를 생각하라."고 했다.

다양한 공부법을 시도하고 글을 쓰라

나는 세상의 극히 일부만 알고 있다. 겸손하게 항상 배워야 한다. 내가 살아가는 세상과 타인에 대한 관심과 존중을 잃지 말아야 한다. 불확실성의 시대에 살아가면서 과거의 지식에 기반한 생각의 틀에 얽매여서는 안 된다. 변화가 극심하고 새로운 지식과 문명이 쏟아지는 시대에 내 생각은 쉽게 편견이 될 수 있다.

과거의 공부법에 비춰 현재의 공부법을 검토하지만 말고 다른 공부법은 없는지 생각하면 좋다. 사회심리학자 제임스 페니베이커가 개발한 글쓰기훈련법에 따르면 사나흘 동안 계속해서 하루에 15분 정도 자신의 문제에 대해 글을 쓰면 심신의 건강과 행복에 장기적으로 크게 도움이 된다. 글쓰기는 우리가 미처 의식하지 못했던 문제를 직접 재구성해 문제를 해결하게끔 만든다.

제프리 코언은 미국의 아프리카계 중학생들에게 자신의 삶에서 학업성적 외에 소중하게 생각하는 것에 대해 글을 쓰게 했다. 아이들은 학기 중 3~5번 15분씩 글을 썼다. 아이들은 그 후 2년 동안 성적이 향상됐다.

8-3

4차 산업혁명시대의 교육

4차 산업혁명시대가 던지는 파장과 인재상은?

기계가 어느 때보다 더 많은 노동을 대체하고 있다. 미래는 새로운 제품과 서비스, 비즈니스 모델을 창조해내는 혁신적인 사람들이 주도한다. 소수의 승자가 대부분의 이익을 차지한다. 미래는 아이디어가 노동과 자본보다 더 희소한 투입요소가 되고, 아이디어맨이 엄청난 보상을 받을 것이다.

자동화, 디지털화는 모든 형태의 인간노동을 조정하면서 기술과 재능에 대한 보상을 재조정해 부와 권력을 더욱더 편중시킬 것이다. 저숙련 및 중간숙련의 일자리는 위험하다. 궁극적으로 소수의 거대한 승자와 다수의 패자가 나타날 수 있다.

로봇 디지털애플리케이션 금융서비스업은 부가가치를 창출하나 제조 소매 배송 단순사무직 등은 저임금, 단기계약, 상시해고 등에 직면할 것이다. 노동력이 감소해 세수도 감소하나 사회서비스지출은 늘어나고 경제적 불평등은 커질 것이다. 복지에 위기가 올지 모른다.

안정적 장기적 일자리보다는 일시적인 프로젝트에 따라 협업하는 형태가 더 일반적이 될 것이다. 업무가 임시적 형태로 바뀌면서 일과 휴식, 휴가 사이가 모호해질 것이다.[218]

앞으로 교육은 변화만이 유일한 길이다. 오늘날 아이들이 배우는 것의 대부분은 앞으로 30년 후인 2050년이면 소용이 없어질 것이다. 그런데 지금은 너무나 많은 학교들이 학생들에게 정보를 주입시키는 데에만 열중하고 있다. 정보는 이미 학생들에게 차고 넘친다. 그보다 더 필요한 것은 정보이해능력, 중요한 정보 식별능력, 정보를 조합해서 세상에 관한 큰 그림을 그릴 수 있는 능력이다.

학생들에게 비판적 사고, 의사소통, 협력, 창의성을 가르쳐야 한다. 학교는 기술적 기량의 교육보다는 종합적인 목적의 삶의 기술을 강조해야 한다. 변화에 대처하고 새로운 것을 학습하며 낯선 상황에서 정신적 균형을 유지하는 능력이다.[219]

우뇌가 필요한 시대, 다르게 질문하라

체스챔피언과 이세돌기사가 인공지능 컴퓨터에 졌다. 컴퓨터의 계산능력은 인간 좌뇌의 계산능력을 능가했다. 18세기 농경시대에는 농부, 19세기 산업화시대에는 강한 체력의 대량생산 공장노동자, 20~21세기 정보화시대에는 좌뇌형 재능을 갖춘 지식근로자, 21세기 이후의 4차 산업혁명시대에는 타인과 공감하는 우뇌형 인간이 필요하다.

미국 의대생들은 공감능력을 배우고 있으며, 일본은 창의성 예술성을 강조하면서 인성교육에 초점을 맞추고 있다. 미국의 GM은 자동차 산업을 예술산업이라고 재규정했다. 기업체는 이제 경영학석사가 아니라 미술학석사를 찾으러 유명한 디자인스쿨과 아트아카데미를 순회한다. 지난 10년간 미국의 그래픽디자이너는 10배가 늘었으며 전업작가는 30%, 작곡가는 50% 늘었다.[220]

IQ와 사회적 성공은 4~10%밖에 연관이 없다. IQ는 우뇌적 능력, 즉 상상력, 남을 즐겁게 하는 능력, 재치, 동정심, 배려 등은 측정할 수 없다. 우뇌형 인재는 주입식 교육이 대세인 우리나라 교육으로는 길러지지 않는다.

그러니 부모는 아이를 닦달하며 전통적인 공부에 매달릴 필요가 없다. 다르게 가르쳐야 한다. 주입식 교육의 시대는 사라지는 중이다. 아이들이 대학을 갈 필요가 없는 세상이 오고 있다. 미국 대학의 30%만이 정원을 채웠다. 최강 선진국 미국의 청소년들은 이제 대학을 인생의 필수코스로 보지 않는다. 우리도 곧 그렇게 될 것이다. 앞으로 15년 내에 현존 직업의 45%가 사라진다.

미국 경영컨설턴트 캐럴라인 웹은 아이에게 “너는 할 수 있어”보다는 “너는 이걸 어떻게 할 생각이니?” 라고 물으라 했다.

상상하고 공감하라

비행기를 발명한 라이트형제는 나무에 걸려있는 달을 따려고 나무를 올라갔었다. 바로 이 호기심으로 인해 비행기를 발명했다. 창조력은 유연한 사고, 상상력에서 나온다. 라이트형제는 비행기를 만들기 위해 수많은 실패를 경험했지만 결코 포기하지 않았다. 상상력과 실험정신, 포기를 모르는 집념이 인류에게 역사를 앞당긴 위대한 선물을 준 것이다. “나는 특별한 재능이 있는 것이 아니다. 단지 굉장히 호기심이 많을 뿐이다. 창조적인 일에는 상상력이 지식보다 중요하다”(아인슈타인)

다양한 경험을 쌓도록 하라. '슬럼독 밀레어니어'(빈민가의 백만장자)라는 인도영화가 국내에서 인기를 끌었었다. 이 영화의 주인공 소년은 어린 시절 부모를 잃고 뒷골목에서 구걸을 하고 쓰레기더미를 뒤져 먹을 것을 찾는다. 책을 볼 수 있는 환경이 아니다. 그러나 쓰레기더미 에서 버려진 신문지를 보는 등 수많은 실전(實戰) 속에서 살아있는 지식을 체득하게 된다. 이렇게 쌓은 지식을 바탕으로 퀴즈프로그램에 출전해 당당히 최고승자가 돼 엄청난 상금을 받는다. 이 아이가 습득한 지식은 몸으로 배운 것이기에 평생 잊어버리지 않는다.

화가 폴 호건은 "존재하지 않는 것을 상상할 수 없다면 새로운 것을 만들어낼 수 없다. 자신만의 세계를 창조하지 못하면 다른 사람이 묘사한 세계에 머무를 수밖에 없다"고 했다.

공감은 다른 사람의 감정 생각을 읽어보는 것, 그 사람의 눈으로 세상을 보는 것이다. 공감은 인류의 진화에 도움을 줬다. 공감을 통해 논쟁을 해결하고, 비탄에 잠겨있는 사람을 위로하며, 노여움을 자제한다. 공감은 유대를 맺고, 함께 일하며, 사회윤리의 발판이 된다.

미셸 보바에 따르면 공감력은 아이들이 친구들과 협업으로 과제를 해결하는데 필요한 역량으로 4차 산업혁명시대의 핵심역량이다. 공감력은 건강 부 행복 대인관계 역경을 이겨내는 능력과 직결된다. 친절함, 사회친화적 행동, 도덕적 용기를 고취시키고 왕따, 공격성, 편견, 인종차별을 예방한다. 리더십의 핵심이다. 통계에 따르면 요즘 10대들은 공감력이 30년 전보다 40% 떨어졌고 나르시시즘은 58% 늘었다.

친절하지 않은 아이는 우등생이 돼도 성공한 인생을 살 수가 없다.
실제 사례다. 명문 S대를 나오고 미국유학을 마친 갑순씨가 귀국해 회사에 입사했다. 이 회사의 팀장이 회사가 갑순씨에게 맡긴 프로젝트 이외에 다른 일을 시켰다. 갑순씨는 "팀장님 저에게 이런 일 시키지 마세요. 저는 제가 맡은 프로젝트 외의 일은 하지 않을 겁니다."고 말했다. 팀장은 너무나 황당하고 민망해 얼굴이 붉어졌고 회사는 이 '사건'을 공론화했고 숙의 끝에 갑순씨의 너무나 당돌한 반발에 대해 사회성, 예의, 인간성 결핍으로 결론내리고 권고사직을 결정했다. 그러나 갑순씨는 노동법 위반을 이유로 사직하지 않았고, 회사는 갑순씨에게 일거리를 주지 않았다. 결국 갑순씨는 견디지 못하고 퇴사했다.

이런 성품의 갑순씨가 다른 회사에 입사한들 그 조직에 동화돼 구성원들과 마찰 없이 일을 잘 할 수 있을까? 30년 넘게 형성돼온 품성이 하루아침에 달라지기는 힘들 것이다. 만약 달라진다 해도 갑순씨 본인은 내적 갈등과 고민으로 한참을 마음 고생해야 한다.

베풀라, 현장과 연계하라

저명한 심리학자 샬롬 슈바르츠는 30년 동안 전 세계 70개국의 시민들을 대상으로 연구했다. 목록 1=돈 권력 쾌락 성취, 목록 2=유익함 책임 정의 동정심에 대해 어느 것을 선호하는 지 조사했다. 결론은 거의 모든 국가에서 대부분의 사람들이 목록 2를 선택했다. 이타적 행동양식을 삶의 가장 중요한 원칙으로 삼는다는 것이다. 마틴 루터 킹은 "사람들은 누구나 창조적인 박애주의의 빛 속을 걸을지, 파괴적인 이기주의의 어둠 속을 걸을지 선택해야 한다."고 했다.

'일단 누군가를 만나면 내가 이 사람을 어떻게 도울지 생각하라' 인맥은 자신뿐 아니라 모두를 이롭게 하는 수단이다. 남을 위해 5분만 투자하라. 성공의 열쇠는 관용이다. 주는 자가 얻는다. 독식하면 문제가 생긴다. 승리를 독차지 하지 않을 때 많은 것을 얻을 수 있다. 이 세상은 뛰어난 사람, 노력하는 사람, 자신을 희생하는 사람들이 이끌어간다.

잉글랜드 노팅엄셔 그레인지 초교생들은 시장 시의회 신문사 방송국 미술관을 운영한다. 수업에서 배우는 것을 실생활과 연계해 체험한다. 수학은 금전등록기를 운영하며 배우고, 읽기 쓰기 글짓기는 영화 시나리오를 채택해보며 실질적 맥락을 키운다. 아이들의 성적과 품성이 엄청나게 좋아졌다.

미국 오클라호마주 A+스쿨은 역사를 연극으로 공연하고, 과학을 춤으로 표현하고, 라이브공연으로 학업정보를 결합하고, 지도제작, 주제의 연계, 학과 간 교류로 통합주제를 개발하고 활용한다. 학생 간, 학생과 교사 간, 학교와 지역 간의 협력도 중시한다.

기존의 과목서열화를 없애야 한다. 이것은 산업주의 모델이고 다양성의 원칙에 어긋나며 재능을 살리지 못하게 한다. 예술 과학 인문 등으로 구별하지 말고 통합해야 한다.

특히 커리큘럼을 개인맞춤화하고 교사들에게 권한을 주어 학생 개개인이 지닌 독자성과 역동성을 살리도록 해야 한다. 소질은 개인이 지닌 원초적 잠재력이다. 이 능력을 찾아내 갈고 닦고 활용해야 한다. 능력은 교육과 숙련으로 계발된다. 틀에 박힌 교육은 능력을 너무 좁은 시각으로 보고 학생 개개인의 학습방법에 맞춰 교육하지 못한다.[221]

부모의 잔소리

부모는 자녀가 건강하게 자라준 것만도 너무나 감사합니다. 그것으로 만족해야 하지만 자식의 행복을 바라는 간절함을 버릴 수가 없습니다. 자식 잘되기를 바라는 소망은 죽어서야 끝납니다.

자식들은 부모의 말씀을 잔소리로 생각하고 듣기 싫어하지만 부모는 피가 시키는 일이라 걱정하지 않을 수 없고, 그 걱정을 표현하지 않을 수 없습니다. 부모가 자녀에게 하는 말은 대부분 옳은 말일 것입니다. 부모는 자녀에게 하는 잔소리대로 꼭 그렇게 모범적으로 살아온 것은 아닙니다. 때로 실수나 잘못을 저지르며 후회하면서 살아왔습니다. 다만 성실하고 정직하게, 정의롭게 살려고 노력했으며, 지금도 노력하고 있을 것입니다. 그것이 보통의 삶입니다.

부모의 잔소리는 살아오면서 터득한 지혜이기에 자녀들의 장래에 조금은 도움이 될 것입니다. 부모는 지금도 지혜롭지 못한 행동에 종종 후회하지만 자녀가 가야할 길을 먼저 걸어본 인생의 선배로 그 경험을 들려주는 것입니다.

부모의 잔소리는 자녀의 인생 항로에서 작은 등대 정도는 될 것입니다. 그 등대가 적어도 표류나 난파는 막아줄 것입니다. 부모의 잔소리는 자녀가 앞으로 살아가는데 꼭 필요한 기본적인 소양과 교양, 타인에 대한 배려를 심어주기 위한 것입니다. 또 자녀가 삶을 대하는 기본적 성실성, 노력한 만큼 살 수 있는 인생의 공정성을 전하고자 하는 것입니다.

인간은 몸을 갖고 있기에 비슷한 환경에서는 비슷하게 반응합니다. 그래서 속담과 옛말은 틀리지 않고, 역사는 반복됩니다. 부모의 유전자를 갖고 태어났기에 자녀도 부모의 장점과 단점을 갖고 있습니다. 부모의 잔소리는 실수를 줄이고 장점을 키우고자하는 것입니다.

부모의 품에 있을 때 항해실력을 쌓아야 합니다. 그 실력을 바탕으로 마음껏 능력을 발휘하며 자부심과 자존감, 성취감과 행복감을 느끼길 간절히 바랍니다. 그것이 현실을 사는 사람이 지향하는 길입니다. 이 세상은 참 아름답습니다! 가볼만한 곳도 많고, 하고 싶은 일도 얼마나 많습니까! 부모가 후원할 때 실력을 키우지 않으면 나중에 고생합니다. 인생은 때가 있습니다. 그 때를 놓치고 엉뚱한 길로 들어섰다가 되돌아오려면 수 십 배의 고통을 감내해야 합니다. 가야할 길과 가지 말아야 할 길을 알려주는 것이 부모의 잔소리입니다.

자녀는 부모님의 말씀을 잔소리로 듣지 말고 가슴에 새겨야 합니다. 세상은 미로와 같습니다. 헤매지 않고 출구를 찾는데 부모의 말이 조금은 도움이 됩니다. 부모의 잔소리에는 인생을 먼저 살아온, 먼 조상으로부터 내려온 삶의 지혜가 녹아있기 때문입니다. 자녀도 어른이 돼서 아이를 낳으면 자신의 부모와 똑같은 잔소리를 반드시 하게 됩니다.

너무 애태우지 말자

인간은 빙하, 지구대폭발, 거대운석의 지구충돌 등 지구의 혹독한 환경변화를 극복하고 진화해온 최강생명체입니다. 사람은 모든 생명체와 마찬가지로 스스로 성장, 발전하려는 본능을 타고났습니다. 진화는 생존본능과 경쟁이 낳은 자연의 섭리입니다.

지구생명체의 역사를 보면 우리는 환경의 산물, 환경의 종속변수였습니다. 그런 운명은 앞으로도 마찬가지일 것입니다. 40억년 후 지구가 생명을 다하고 우주에서 사라지기 전까지 지구는 지금까지 그래왔듯 또 몇 번의 빙하기와 대폭발, 운석충돌이 있을 수 있습니다. 그때 지구생명체는 거의 절멸하고 과거에 그랬듯 극소수만이 살아남을 것입니다. 그때 인류는 살아남을까요?

그런데 거대한 지구환경에 비하면 보잘 것 없는 이 종속변수인 생명체가 때로는 환경에 역으로 변화를 가져오고 그 변화에 의해 스스로 도약했다는 점이 놀랍습니다. 바다 생명체가 공기 중에 산소를 내보내 육지로 올라올 수 있는 터전을 마련한 것이 한 가지 사례입니다. 무기물-유기물-박테리아-물고기-인간에 이르는 경이로운 진화의 역사는 환경과 생명체의 상호작용이 있었기에 가능했던 것입니다.

태아의 몸속에는 생존 성장 발전욕구를 가진 유전자가 내장돼 있습니다. 아이는 스스로 성장하고 발전하려 합니다. 부모는 그런 자연의 섭리를 억누르지만 않으면 됩니다. 부모는 아이의 입장에서 볼 때 가장 중요한 환경입니다. 그 환경이 아이의 성장본능을 비틀고 억압하지만 않으면 되는 것이 교육의 본질입니다. 또 억압과 마찬가지의 결과를 초래하는 방치를 해서도 안 됩니다. 억압과 방치 사이의 적절한 보살핌이 필요합니다.

자녀의 생명본능이 제대로 꽃을 피울 수 있는 환경만 만들어주면 됩니다. 많은 부모님들이 사는데 바빠서 그 환경을 만들어주는 방법을 잘 모르거나 알아도 못합니다. 그러나 부모의 몸속에는 자식을 키우는 노하우도 이미 내장돼 있습니다. 조금만 배우고 조금만 신경 쓰면 자녀를 잘 키울 수 있습니다.

지구상에서 유년기가 가장 긴 동물은 사람입니다. 앞으로 성인이 돼서 사회에서 살아가는 방법을 제대로 가르치고 배우는 기간입니다.

얼룩말은 태어나자마자 포식자가 우글거리는 초원 위를 어미를 따라 걷습니다. 쉽게 먹잇감이 되곤 합니다.

사람은 다를까요? 인간에게는 '경쟁'이 초원입니다. 그 경쟁에서 살아남으려면 수렵시대의 선조들이 힘을 모아 사냥했듯이 혼자 힘으로는 안 됩니다. 타인을 경쟁대상으로만 봐서는 생존할 수 없습니다. 현대인간의 뇌는 수렵시대 선조의 뇌와 똑같습니다. 다른 사람들과 화합 협력 공조해야만 합니다. 동물들 중에서 눈에 흰자위가 있는 생명체는 사람뿐입니다. 흰자위가 있으면 눈이 어디를 보고 있는지를 상대방이 알 수 있습니다. 약육강식이 극심한 동물의 세계에서는 눈이 어디를 향하는지를 상대가 알게 되면 전투에서 불리합니다. 그러나 덩치가 큰 포식자를 상대했던 인간들은 서로 협력하기 위해 흰자위가 생겼습니다. '나는 널 보고 있다'는 것을 상대에게 알려주기 위해서입니다. 눈을 통해 협력과 사랑이 오고갔습니다. 눈이 마음의 창입니다. 사람은 남과 협력해야만 생존력도 강해지고 성장, 발전할 수 있는 존재입니다. 그러면서 돌도끼를 만들고 청동기 철기를 발명한 선조처럼 자신만의 노하우, 능력을 키워나갑니다.

지구상에는 멸종한 인류가 20여종이나 됩니다. 현생 인류인 호모사피엔스와 마지막으로 같이 살았던 유럽의 네안데르탈인들은 왜 사라졌고 호모사피엔스만 살아남았을까요? 두 인종의 차이점은 언어에 있었습니다. 네안데르탈인은 생체구조상 풍부한 언어를 가질 수 없었습니다. 현생 인류는 풍부한 언어덕분에 먹잇감이 어디 있는지, 어떻게 사냥하는지를 서로에게 알려주었고 협동해서 포식동물, 추위와 배고픔 같은 공동의 적에 대항했습니다. 이런 소통과 협력을 바탕으로 생존과 번영을 위한 문명과 문화를 구축해나갔습니다. 결국 언어가 네안데르탈인과 현생인류의 멸종과 생존을 가른 것입니다. 이 책에서 한 결 같이 강조한 독서(풍부한 어휘력, 사고력, 판단력의 배양)는 결국 생사의 갈림길을 알려주는 이정표인 것입니다. 독서는 아이의 좋은 대학 입학은 물론 인생 전체를 좌우하는 뿌리입니다. 남과의 소통, 협동, 배려는 성장과 발전을 위한 도약대입니다.

부모는 자녀의 공부환경을 잘 조성해주고 혹 엇나가지 않게 살펴보는 것으로 충분합니다. 억압하지 않고 방치하지 않으면 아이는 스스로 성장합니다. 부모가 자녀의 본보기가 되면 교육은 100% 된 것입니다. 본보기는 어릴 때만 하면 됩니다. 아이가 태어나서 초교입학 전, 엄마 품에 안긴 두세 살까지가 가장 중요한 시기입니다. 공부는 습관이 되면 그걸로 끝인데 그 습관은 초교 저학년 때까지 형성돼야 합니다. 부모는 그때까지 몇 년 만 고생하면 됩니다. 요즘은 학업수준이 높아져서 부모는 초교 고학년 이상은 가르치기도 힘듭니다. 그러니 아이가 태어나서 10여년 정도만 고생하면 아이 공부에 대한 노력과 걱정은 끝납니다. 그 정도는 부모로서 감내해야 하지 않을까요? 아이가 공부습관이 들 때까지만 고생하면 됩니다. 너무 애태우고 조바심 내는 게 문제입니다. 느긋하게 지켜보시면 좋겠습니다.

인용서적

1부

1장

1) 수잔 포워드 <독이 되는 부모가 되지마라/김형섭(푸른육아2008)>
2) 줄리 리스콧-헤임스 <헬리콥터부모가 자녀를 망친다/홍수원(두레2017)>
3) 나오미 알도트 <믿는 만큼 성장하는 아이/이영(북로그컴퍼니2011)>
4) 이안 로버트슨 <승자의 뇌/이경식(RHK2013)>
5) 윌리엄 데레저위츠 <공부의 배신/김선희(다른 2015)>
6) 미셸 보바 <셀카에 빠진 아이 왜 위험한가?/안진희(보물창고2018)>
7) 프레데리케 파브리티우스, 한스 하게만 <뇌를 읽다/박단비(빈티지하우스2018)>
8) 모기 겐이치로 <뇌가 기뻐하는 공부법/이근아(이아소2009)>
9) 다니엘 핑크 <새로운 미래가 온다/김명철(한국경제신문사2010)>
10) 닐스 비르바우머, 외르크 치틀라우 <뇌는 탄력적이다/오공훈(메디치미디어2015)>
11) 하임 기너트 <부모와 아이사이/신홍민(양철북2016)>
12) 줄리 리스콧-헤임스의 전게서(앞에 인용한 책)

2장

13) 하야시 나리유키 <공부두뇌를 키우는 결정적 순간/김정연 (테이크원2012)>
14) 윌리엄 데레저위츠의 전게서
15) 켄 베인 <미국최고의 교수들은 어떻게 가르치는가/안진환 허형은(뜨인돌2006)>
16) 포 브론슨, 애쉴리 메리먼 <양육쇼크/이주혜(물푸레2010)>
17) 에이미 엘리스 넛 <10대의 뇌/김성훈(웅진씽크빅 2019)>
18) 질 스탬 <0~3세 두뇌육아/김세영(아침나무2011)>
19) 대니얼 길버트 <행복에 걸려 비틀거리다/서은국 최인철 김미정(김영사2016)>

3장

20) 켄 베인의 전게서
21) 미첼 레스닉 <평생유치원/최두환(다산사이언스 2018)>
22) 숀 아처 <행복의 특권/박세연(청림출판2013)>
23) 나오미 알도트의 전게서
24) 하임 기너트 <교사와 학생사이/신홍민(양철북2016)>
25) 하야시 나리유키 <공부두뇌를 키우는 결정적 순간>
26) 줄리 리스콧-헤임스의 전게서
27) 캐롤드웩 <성공의 새로운 심리학/정명진(부글북스2011)>
28) 이무석 <나를 사랑하게 하는 자존감(비전과 리더십2009)>
29) 나오미 알도트 <믿는 만큼 성장하는 아이>

30) 힐 마골린 <공부하는 유대인/권춘오(일상과이상2013)>
31) 이안 로버트슨 <승자의 뇌>
32)미하이 칙센트미하이 <자기진화를 위한 몰입의 재발견/김우열 한국경제신문 2009)>
33) 대니얼 길버트 <행복에 걸려 비틀거리다>

4장
34) 데이비드 리코 <어떻게 진짜 어른이 되는가/김미나(자음과 모음2017)>
35) 슐로모 브레즈니트, 콜린스 헤밍웨이 <생각을 확장하다/정홍섭(흐름출판 2016)>
36) 제프리 슈워츠, 레베카 글래딩 <뇌는 어떻게 당신을 속이는가/이상원(갈매나무2013)>
37) 에이미 커디 <자존감은 어떻게 시작되는가/이경식(RHK2017)>
38) 벤저민 하디 <최고의 변화는 어디서 시작되는가/김미정(비즈니스북스2018)>
39) 프랜시스 젠슨, 에이미 엘리스 넛 <10대의 뇌>
40) 폴 터프 <아이는 어떻게 성공하는가/권기대(베가북스2013)>
41) 미하이칙센트미하이 <자기진화를 위한 몰입의 재발견>
42) 나오미 알도트 <믿는 만큼 성장하는 아이>
43) 마틴 셀리그만 <낙관성 학습/우문식 최호영(물푸레2012)>

5장
44) 존 메이어 <성격, 탁월한 지능의 발견/김현정(추수밭2015)>
45) 마틴 셀리그먼 <낙관성 학습>
46) 에드워드 데시, 리처드 플래스트 <마음의 작동법>
47) 애덤 그랜트 <오리지널스/홍지수(한국경제신문사 2016)>
48) 포 브론슨, 애슐리 메리먼 <양육쇼크>
49) 미셸 보바 <양육솔루션/남혜경(물푸레2010)>
50) 하임 기너트 <부모와 십대사이/신홍민(양철북2006)>
51) 데이비드 월시 <10대들의 사생활>
52) <EBS 60분 부모(문제행동편)/지식너머2013>
53) 나오미 알도트 <믿는 만큼 성장하는 아이>
54) 아사노 아츠코 등 8명 <10대의 부모로 산다는 것/정은지(아름다운 사람들2012)>

6장
55) 다니엘 핑크 <드라이브/김주환(청림출판사2011)>
56) 알프레드 아들러 <인생에 지지않을 용기/박미정(미래엔2014)>
57) 나오미 알도트 <믿는 만큼 성장하는 아이>
58) 데이비드 호킨스 <의식혁명/백영미(판미동2011)>
59) 수잔 포워드 <독이 되는 부모가 되지 마라>
60) <EBS 파더쇼크/쌤앤파커스 2013>

61) 다니엘 샤피로, 로저 피셔 <원하는 것이 있다면 감정을 흔들어라/이진원(한국경제신문사2016)>
62) <EBS 부모(청개구리 길들이기 편)/지식너머(2015)>
63) 나오미 알도트 <믿는 만큼 성장하는 아이>
64) 토드 휘태커 <훌륭한 교사는 무엇이 다른가/송형호(지식의 날개2010)> 2부

2부

65) 피터 싱어 <이렇게 살아도 괜찮은가/노승영(시대의창2014)>
66) 나폴레옹 힐 <성공을 위한 365일 명상/민승남(국일미디어2001)>

7장

67) 수 거하트 <이기적 사회>
68) 1990년 '아동심리와 정신의학저널'에 실린 에드워드 멜휘시 논문
69) 클랜시 블레어/미국 펜실베니아주립대 발달심리학자
70) 피오나 로빈슨 <세계화하는 돌봄>
71) 질 스탬<0~3세 두뇌육아>
72) 수잔 포워드 <독이 되는 부모가 되지마라>
73) 데이비드 리코 <어떻게 진짜 어른이 되는가>
74) 다니엘 샤피로, 로저 피셔 <원하는 것이 있다면 감정을 흔들어라>
75) 야노 케이조 <내 아이 천재로 키우는 공부방의 비밀/황미숙(예문2015)>
76) 데이비드 월시 <10대들의 사생활>
77) 질 스탬<0~3세 두뇌육아>
78) <EBS 60분 부모-김미라 정재은 최정금/경향미디어 2009>
79) <파더쇼크-EBS (쌤앤파커스 2013)>
80)데이비드 월시 <10대들의 사생활>
81) <파더쇼크-EBS (쌤앤파커스 2013)>

8장

82) 폴 터프 <아이는 어떻게 성공하는가>
83) 리처드 탈러, 캐스 선스타인 <넛지/안진환(리더스북2018)>
84) 이상화 <평범한 아이를 공부의 신으로 만든 비법(스노우폭스북스2017)>
85) 이안 로버트슨 <승자의 뇌>
86) 모기 겐이치로 <뇌가 기뻐하는 공부법>
87) 이안 로버트슨 <승자의 뇌>

9장

88) 이안 로버트슨 전게서
89) 폴 터프 <아이는 어떻게 성공하는가>

90) 프랜시스 젠슨, 에이미 엘리스 넛<10대의 뇌>
91) 백은영 <네 꿈은 뭐니?>
92) 류선정 등 9명 <세계최고의 교육법(이마 2017)>
93) 윌리엄데레저위츠 <공부의 배신/김선희(다른 2015)>
94) 김은미 서숙원 <말만 하는 부모, 상처받는 아이(별글2016)>

10장
95) 마커스 버킹엄, 도널드 클리프턴 <위대한 나의 발견 강점혁명/박정숙(청림출판2016)>
96) 앤절라 더크워스 <GRIT 그릿/김미정(비즈니스북스2016)>
97) <EBS 60분 부모/(지식너머 2013)>

11장
98) 미셸 보바 <양육솔루션>
99) 요코미네 요시후미 <아이의 잠재력을 키우는 부모의 말/김희연(스프링업2015)>
100) 하임 기너트 <부모와 십대사이>
101) <파더쇼크-EBS(쌤앤파커스 2013)>
102) 하임 기너트<교사와 학생사이>
103) 미셸 보봐 <양육솔류션>
104) 류선정 <세계최고의 교육법>

12장
105) 질 스탬 <0~3세 두뇌육아>
106) 미하이 칙센트미하이 <자기진화를 위한 몰입의 재발견>
107) 하야시 나리유키 <공부두뇌를 키우는 결정적 순간>
108) 하임 기너트 <부모와 십대사이>
109) 토니 험프리스<투덜이의 심리학/이병렬(다산북스2009)>
110) 마틴 셀리그만 <낙관성 학습>

3부
111) 아놀드 하우저 <예술의 사회학/최성만(한길사1996)>

13장
112) 백은영 <네 꿈은 뭐니?>
113) 카바사와 시온 <나는 한번 읽은 책은 절대 잊어버리지 않는다/은영미(나라원 2016)>
114) 강백향 <초등공부 독서가 전부다/한스미디어2013>
115) 이상화 <평범한 아이를 공부의 신으로 만든 비법>
116) 모기 겐이치로 <뇌가 기뻐하는 공부법>

117) 박기복 <청소년 독서콘서트(행복한 나무2014)>
118) 미하이 칙센트미하이 <자기진화를 위한 몰입의 재발견>
119) 로드 주드킨스 <천재들의 창의력/마도경(새로운 제안2018)>
120) 미하이 칙센트미하이 전게서

14장

121) 데이비드 월시 <10대들의 사생활>
122) 알프레드 아들러 <인생에지지 않을 용기>
123) 애덤 그랜트<기브 앤 테이크/윤태준(생각연구소2013)>
124) 아사노 아츠코 등 <10대의 부모로 산다는 것/정은지(아름다운 사람들2012)>
125) 로버트 치알디니 <설득의 심리학>
126) 카바사와 시온 <나는 한번 읽은 책은 절대 잊어버리지 않는다>

15장

127) 김민영 정지연 권선영 <생각정리 공부법(학교도서관저널 2016)>
128) 최승필 <공부머리 독서법>
129) 켄 베인 <최고의 공부/이영아(미래엔2015)>
130) <EBS 60분 부모-김미라 정재은 최정금/경향미디어2009>
131) 켄 베인 <최고의 공부>
132) 슐로모 브레즈니트, 콜린스 헤밍웨이 <생각을 확장하다>
133) 에릭월 <창의력특강>
134) 마틴 셀리그만 <낙관성 학습>
135) 하임 기너트 <부모와 10대사이>
136) 마커스버킹엄, 도널드 클리프턴 <위대한 나의 발견 강점혁명>
137) 수잔 제퍼스 <도전하라 한 번도 실패하지않은 것처럼(노혜숙/웅진싱크빅2007)>

16장

138) 윌리엄 데레저위츠 <공부의 배신>
139) 이안 로버트슨 <승자의 뇌>
140) 박기복 <청소년 독서콘서트>
141) 켄 베인 <최고의 공부>

4부

17장

142) 미하이 칙센트미하이 전게서
143) 니콜라스 카 <생각하지 않는 사람들/최지향(청림출판2018)>
144) 제프리 슈워츠, 레베카 글래딩 <뇌는 어떻게 당신을 속이는가>

145) 캐서린 스타이너 어데어, 테레사 바커는 <디지털시대 위기의 아이들/이한이(오늘의 책2015)>
146) 포 브론슨, 애쉴리 메리먼 <양육쇼크>
147) 빅터 프랭클 <죽음의 수용소에서>
148) 제프리 슈워츠, 레베카 글래딩 전게서
149) 에드워드 할로웰<하버드 집중력 혁명/박선령(토네이도2015)>

18장

150) 김형효 교수/서울신문
151) 캐서린 스타이너 어데어, 테레사 바커 <디지털시대 위기의 아이들>
152) 니콜라스 카 <생각하지 않는 사람들>
153) 벤저민 하디 <최고의 변화는 어디서 시작되는가>
154) 엘 모어<밀레니얼세대:이들의 미래를 구할 수 있는 마지막 기회>
155) <우리아이 성격의 비밀-EBS/김현수(블루앤트리 2016)>
156) 이혜성 <내 아이를 변화시키는 놀라운 정리습관(미디어윌 2009)>

5부

19장

157) 캐롤 드웩 <성공의 새로운 심리학>
158) 바버라 프레드릭슨의 '확장과 수립이론'(1998)

20장

159) 프랜시스 젠슨, 에이미 엘리스 넛 <10대의 뇌>
160) 에드워드 데시, 리처드 플래스트 <마음의 작동법>
161) 대니얼 카너먼 <생각의 해부>
162) 백은영 <네 꿈은 뭐니?>

21장

163) 앤젤라 덕워스 <GRIT그릿>
164) 캐롤 드웩 <성공의 새로운 심리학>
165) 다니엘 핑크 <드라이브>
166) 미하이 칙센트미하이 전게서
167) 야마구치 마유 <결과를 만들어내는 노력의 기술/김명선(이보라이프2016)>
168) 미첼 레스닉 <평생유치원>
169) 백은영 <네 꿈은 뭐니?>
170) 데이비드 호킨스 <의식혁명>

22장

171) 사이토 다카시 <내가 공부하는 이유/오근영(걷는 나무2014)>
172) 대니얼 길버트 <행복에 걸려 비틀거리다>
173) 에이미 커디 <자존감은 어떻게 시작되는가>
174) 마틴 셀리그만 전게서
175) 데이비드 리코 <어떻게 진짜 어른이 되는가>
176) 앤절라 더크워스 <GRIT 그릿>

23장

177) 제프리 슈워츠, 레베카 글래딩 <뇌는 어떻게 당신을 속이는가>
178) 모기 겐이치로 <뇌가 기뻐하는 공부법>
179) 에릭 카플란 <5분 동기부여/이지민(동해출판2013)>

6부

24장

180) 줄리 리스콧-헤임스 전게서
181) 하이 기너트 전게서
182) <EBS 60분 부모-김미라 정재은 최정금/경향미디어 2009>
183) 로버트 루트번스타인 부부 <생각의 탄생/박종성(에코의서재2008)>
184) 류선정 등 9명 <세계최고의 교육법-(이마 2017)>

25장

185) 프레데리케 파브리티우스, 한스 하게만 전게서
186) 나폴레옹 힐 <성공을 위한 365일 명상/민승남(국일미디어2001)>

26장

187) 김현수 <우리아이 성격의 비밀-EBS(블루앤트리2016)>
188) 앤절라 더크워스 전게서 189)포 브론슨,애쉴리 메리먼 <양육쇼크>

7부

27장

190) 데이브 알레드 <포텐셜/이은경(비즈니스북스2017)>

28장

191) 나오미 알도트 전게서
192) 윌리엄 데레저위츠 <공부의 배신>
193) 프랜시스 젠슨, 에이미 엘리스 넛<10대의 뇌>
194) 폴 터프 <아이는 어떻게 성공하는가>

29장

195) 사이토 다카시 <공부의 힘>
196 앤절라 더크워스 전게서
197) 마커스 버킹엄, 도널드 클리프턴 전게서

30장

198) 실비 나르 킹, 마리안 수아레즈 <청소년을 위한 동기강화상담>
199) 헨리 켈러만 <어떻게 성격을 바꾸는가?/마도경(소울메이트2015)>
200) 프레데리케 파브리티우스, 한스 하게만 <뇌를 읽다>
201) 마틴 셀리그먼 전게서
202) 대니얼 카너먼 <생각의 해부>
203) 켄 로빈슨 <엘리먼트/정미나(21세기북스2016)>
204) 다릴 앙카 <가슴 뛰는 삶을 살아라/류시화(나무심는사람1999)>

31장

205) 백은영 <네 꿈은 뭐니?>
206) 앤절라 더크워스 <GRIT그릿>

8부

207) 마키아벨리 <군주론>

32장

208) 로버트 루트번스타인 전게서
209) 켄 베인의 전게서
210) 데니스 셰커지안 <천재들의 생각수업(김혜선/슬로미디어 2018)>
211) 로드 주드킨스 <천재들의 창의력>
212) 이안 로버트슨 전게서
213) 백은영 전게서
214) 엄기호 <공부 공부>
215) 켄로빈슨 <엘리먼트>
216) 켄 베인 <최고의 공부>
217) 데이브 알레드<포텐셜>
218) 클라우스 슈밥 등 <4차산업혁명의 충격/김진희 손용수 최시영(흐름출판2016)>
219) 유발하라리 <21세기를 위한 21가지 제언/전병근(김영사2018)>
220) 다니엘 핑크 <새로운 미래가 온다>
221) 애덤 그랜트 <기브 앤 테이크>
222) 켄 로빈슨 <엘리먼트>

독이 되는 부모
약이 되는 부모

발행일 2020년 7월 10일 | 초판 1쇄

지은이 곽영승·유윤상

발행인 박은경

펴낸곳 생각을 나누는 나무(한국애드)

출판등록 2011년 10월 28일 | 제2011-18호

주소 대구광역시 남구 이천로 142

대표전화 053-765-1770

이메일 hkad1770@chol.com

ISBN 979-11-86181-31-7(03370)